主编简介

韦克俭 中共党员，北京师范大学研究生院毕业，经济学硕士，现为广西外国语学院教授、副校长。曾在中共广西壮族自治区委党校、中国包装进出口广西公司、广西职业技术学院工作。主编或参编25本著作和教材，在北京大学出版社、清华大学出版社、中国人民大学出版社、北京师范大学出版社等单位出版；公开发表论文102篇。

广西外国语学院本科教育教学改革发展系列成果之三

经济管理专业本科
教育教学改革与创新

以广西外国语学院为视角

韦克俭◎主编

人民日报学术文库

人民日报
出版社

图书在版编目（CIP）数据

经济管理专业本科教育教学改革与创新／韦克俭主编．
—北京：人民日报出版社，2019.2
ISBN 978－7－5115－5814－5

Ⅰ.①经… Ⅱ.①韦… Ⅲ.①经济管理—教学改革—
研究—高等学校 Ⅳ.①F2

中国版本图书馆 CIP 数据核字（2019）第 019864 号

书　　　名：经济管理专业本科教育教学改革与创新
主　　　编：韦克俭

出 版 人：董　伟
责任编辑：杨冬絮
装帧设计：中联学林

出版发行：人民日报出版社
社　　　址：北京金台西路 2 号
邮政编码：100733
发行热线：（010）65369509　65369846　65363528　65369512
邮购热线：（010）65369530　65363527
编辑热线：（010）65363486
网　　　址：www. peopledailypress. com
经　　　销：新华书店
印　　　刷：三河市华东印刷有限公司

开　　　本：710mm×1000mm　1/16
字　　　数：314 千字
印　　　张：17
印　　　次：2019 年 3 月第 1 版　　2019 年 3 月第 1 次印刷

书　　　号：ISBN 978－7－5115－5814－5
定　　　价：68.00 元

序　言

办学以教师为本,教学以学生为本。一所学校可持续快速发展的关键是师资的素质、能力和水平,以及学校对教育教学改革的推进。办学 14 年来,学校特别是升为本科 7 年来,教育教学质量和社会声誉获得快速提升,与学校重视教师队伍建设,重视教育教学改革密不可分。实践证明,办学以教师为本,促进教师专业化发展,不但要有学校制度上的支持,更离不开教师自身对教育教学工作不断地进行思考与研究、总结与反思,透过撰写论文进行理论、能力和水平提升,更好地在教学中以学生为本,提高教学质量,做好教学工作。

当前,学校有一大批教师不但有工作上的热度,更有对教育教学认识的高度和对所教学科理解的深度,他们在紧张纷繁的日常工作之余,笔耕不辍,将自我的教育教学改革研究与思考写成论文,其中有许多已经在专业学术刊物上公开发表,在实践中应用,这不单是教师们实践工作总结、反思的过程记录,更是他们教育教学智慧的结晶,是学校的一笔宝贵财富。为了珍惜这笔财富,加强教育教学改革研究论文成果的交流与推广,让更多人得惠于此;同时,也为了感谢他们的辛勤付出,营造更加浓厚的教育教学研究氛围,鼓励更多教师"用脑想事、用心办事、用力成事"①,深入地开展教育教学改革研究,让更多人养成总结与反思的习惯,更好地促进教师专业水平提升,真正推动学校的内涵发展和教育教学质量的提升。为了深入推进本科教学合格评估,更好地做到"以评促建,评建结合",我们把学校升为本科 7 年以来教师在教育教学改革中所撰写并公开发表的论文编印成《语言文化特色育人中的高校党建与德育工作》、《语言文化教育视野下的本科教学改

---

① 2016 年 6 月 15 日,时任教育部党组副书记、副部长杜玉波同志检查学校党建工作时,对学校办学工作给予充分肯定。"用脑想事、用心办事、用力成事"是他对学校办学工作的评价。

革探索》、《经济与管理专业本科教育教学改革与创新》等书，以记载学校升为本科7年来的教育教学改革成果。

　　本书《经济与管理专业本科教育教学改革与创新》以学校国际经济与贸易学院、工商与公共管理学院和会计学院等为单位收集了经济、贸易、金融、投资、管理、会计、审计、税收等方面的论文共54篇，约22万字。内容包括学科及教学团队建设、专业建设改革、课程教学改革、教学模式及方法改革、应用实践教学改革和提高教学质量的改革等等。由于时间仓促和篇幅有限，还有许多老师的众多论文未及收录，是为憾。这些论文是学校发展的记载，是学校宝贵财富的积累，是学校进一步发展的基石！

广西外国语学院副董事长　黄灿　博士、教授

2018年8月30日

目 录
CONTENTS

三、课程教学改革

四、教学模式及方法改革

五、应用实践教学改革

六、提高教学质量的改革

一、学科及教学团队建设与改革

"双创"背景下应用型本科院校创新创业师资队伍的培养探析

广西外国语学院工商与公共管理学院　覃思涵

摘　要：在"大众创业、万众创新"的时代背景下,创新创业教育已经成为社会的共识,应用型本科院校应当在面向市场需求,大力培养"创新型"的应用型人才,而要更好地做好这项工作,应该大力做好创新创业师资队伍的培养工作。本文首先分析了应用型本科院校"双创型"的内涵、双创背景下应用型本科院校教育模式及特点,再在此基础上分析了增加这类院校创新创业师资队伍培养的必要性及培养建议。

关键词：双创；本科院校；师资队伍；培养

引言

随着时代发展,社会对于高等人才的需求越来越大,对人才培养的要求也越来越高。在"大众创业、万众创新"(以下简称"双创")的社会背景下,应用型相关本科院校进行人才培养时应当注重培养人才"创新创业"的能力与素质,让"创新创业"从本质上为现代本科生带来真正的好处。从整体形势看,当前社会对于人才的需求与人才数量供给之间处于供大于求的状态。各个学科中,专业性人才并不缺乏,而对于处于转型期的我国来说,更需要的是"创新业"人才,这就需要应用型本科院校根据社会发展需求调整人才培养计划,这样才能更好地依托创新型人才服务于国家与社会。

一、应用型本科院校中"双创型"师资队伍培养内涵

应用型本科院校这一概念最早产生于 20 世纪 90 年代,它是指建立在专业教育基础上并且依托学科发展,为满足社会经济发展并且满足社会新型化人才需求的应用型高层次人才的培养院校。从世纪末期开始,我国高等教育通过借鉴国外发达国家的大众化教育模式,设立众多的职业型高校,促使我国"应用型"高校的

出现与发展。直至今日,应用型高校为了满足社会新型人才需求以及社会经济发展需求,强调在人才的培养过程中侧重人才的技能性与应用性。

"双创型"人才培养是指对于人才的创新创业能力的培养。而创新教育的本质意义是创造与更新,在学术教育中,创新教育不止是一种教育活动,而是这种教育活动所建立的创新意识、创新精神与创新能力。在人才培养的创新教育中,要求人才的创新意识、创新精神与创新能力都得到提升,从而使得人才能够更好地实现在社会中的发展。而创业能力的培养,不是建立在盈利的基础上,而是对于学生的社会个性与创新型素质进行培养的教育方式。

要保证"双创型"人才培养的顺利进行,首先要保证教学团队师资力量的培养,在进行创新型师资队伍的培养基础上,才能进一步保证双创型人才培养的顺利进行。

二、"双创"时代应用型相关本科院校教育模式及其特征

"双创型"教育模式是一种具有独立性的教育模式,将创新作为教育中的主要部分,具备一定的计划性与步骤性,并且拥有明确的目的性,将创新的思想潜移默化地加入进日常的学科教育中,并且通过一定的实践活动使学生通过实践锻炼创新能力,在教育中实践与理论结合,教学思想与教学方法相结合,通过全面的教学,达到锻炼学生创新创业能力的目的。

在"创新创业"的教育中,一方面要以专业的实际应用能力作为教育的重心,使理论与实践相结合,这也是现代应用型院校发展中的主要要求;另一方面,还要强调人才素质中的创新性,在人才素质培养中,提倡培训学时的创新精神、人文素养等方面。因此,在教学师资队伍的培养中,应当注意对于教学课程与教学方式的进一步完善,进一步完善课程体系,建立全面的、理论与实践相结合的创新型人才的培养体系。在进行教学时,立足于实践性的人才培养,注意教学与行业性的结合,以保证当前应用型本科院校与当地政府与就业单位良好结合,为当地的经济发展提供长足的保障。

三、加强创新创业师资队伍培养的必要性

目前在我国高校教学发展中,存在着教育规模与教学发展质量不协调、办学趋于同质化等问题。在目前社会发展过程中,并不缺少专业型人才,这就需要"双创型"人才的培养为应用型本科院校提供新的人才培养道路,创新创业型人才培养教育模式为我国人才培养提供了新的视角与方向,基于此,我国应用型本科院校应当更多地关注创新创业型人才培养,从学校发展目标、学科建设、师资队伍培

养等相关角度进行人才培养的研究,在应用型人才与双创型人才培养这两个方向总结出适合目前我国高校培养计划的经验。

四、"双创"背景下应用型本科院校发展中师资队伍的培养建议

(一)顺应时代发展,更新教育观念

在教学与师资队伍的培养过程中,思想理念是主要的引导与方向,只有思想观念是正确的,才能进行正确的教学与培养。当前我国的社会发展中,"双创型"教学代表着目前我国人才培养发展的主要方向,因此,在应用型本科院校的建设中,首先应该树立创新创业的思想理念,并将这一理念渗透进教学师资队伍中。用先进的理念指导行动,强化行动力,在教学中应当做到理念与实践相结合,认清学生的成长提高是教育活动的本质,注重学生创新创业思维与能力的培养,只有通过对学生的良好培养,才能把创新型教育的发展落到实处。在师资力量的培养中,应当鼓励在教学中将培养实践能力为主要目标进行教学,将培养学生相应创业能力与创新意识作为核心教学目标之一。

(二)健全教学体系,完善教学方式

在教学过程中,教学体系的建设与教学方式方法探索提高是两项重要的工作,只有建立了健全的教学体系、完善相应的教学方式,才能进一步提高教学效果。在教学师资队伍的建设中,应当更新"创新"的观念,构建起立体化、多层次的教学课程体系,这是"创新创业"教育能够顺利开展的关键环节,将创新型的教育内容融入日常的教学中,不断探索新型的教学模式。在学生培养过程中,不仅是进行理论的教学,同时也要锻炼其实践能力,将教学体系变得立体化、层次化,在不同的教学阶段,针对不同特点的学生采用不同的教学模式,全方位地提高学生的创新创业能力。

(三)建立完善的管理平台与机制

当前,很多应用型的本科院校与其教师对于学生创新能力的重视程度还远远不够,为了保证创新型教育的长足稳定发展,建立完善的管理平台,构建创新型教育的长效机制,从各个方面保证创新型教学的稳定发展,这样的方式可以增加学校与教师对于学生创新能力培养的重视程度。在此基础上还要建立健全教学管理体系,端正教师的态度,监督教学的实施,提升教学的水平,同时建立起科学合理的教学评价机制,通过科学、客观评价教师队伍的教学,促进创新创业教学的进一步开展。教学评价机制应强调学生的参与,这样就能够保证不只是学校对教师进行监督,还能够保证学生对于教师教学水平的监督,督促教师的教学更加贴近学生,符合学生发展的需求,让教师的教学真正做到以学生的发展为中心,促进师

资力量的进步,保证"创新型"教学的发展。

(四)强化"创新型"师资队伍培训

在应用型本科院校的建设中,除了从学校与学生的角度出发,还应该从教师的角度进行建设。在创新创业的教学中,有学生的积极学习是远远不够的,教师的高素质与良好的教学能力是保证完成高水平教学的关键因素。对于创新型教学来说,强化"创新型"师资队伍的培训应该成为应用型本科院校的重点工作之一。

在培养的形式上,打破传统的"自我培养"的做法,强调校校合作、校企合作、校政合作,尤其应该充分发挥社会力量的优势,甚至是借助政府的力量,依托校企合作平台、充分利用企业的资源、校友的资源,合力构建起立体的创新创业师资队伍的培养平台,让校内的专职教师到行业、企业锻炼学习,吸收社会第一线的创新资讯。同时邀请创新型企业、创新创业教育成功院校的相关人士通过座谈、讲座等形式培训校内教师。通过这些多样化、多渠道的培训形式,让教师在创新创业思维、观念、实践以及课程开发上得到不断的提高。在培训内容上,各高校应当进行教师创新能力与教学素质的培养,培养重点应当放在创新创业理念、"创新型"教学技巧、教学方法以及创新核心内容,等等。通过这样的方式提升教师队伍的创新创业教育水平,使得创新创业教育在应用型本科院校中得以顺利开展。

综上所述,在"大众创业、万众创新"的社会背景下,"双创"教育已经成为教育界尤其是高校教育的共识,作为培养应用型人才的应用型本科院校应该积极主动的融入这个潮流,这样才能保证与时代的接轨。教师作为"双创"教育的最直接、最主要的实施者,他们的素质直接决定着这项工作的成败,各个高校应该积极转变观念、不断探索,不断提高创新创业师资队伍水平,为创新创业的实施提供基础的人才保障。

参考文献:

[1]张瑞坤,刘韦东. 地方应用型本科院校创新创业人才培养的思考与实践[J]. 文教资料,2017(21):134 – 135.

[2]黄运堪. "双创"背景下高校创业指导师资队伍建设实效调查研究[J]. 广西教育,2017(09):18 – 19.

[3]巩丽霞. 应用型高校本科教育改革的思考——基于创新创业教育与专业教育相结合的探讨[J]. 国家行政学院学报,2011(09):43 – 46.

基金项目:2016 年度广西高等教育本科教学改革工程立项项目(一般 A 类),

"两路径、三层次、四平台"一体化人力资源管理专业创新型人才培养模式研究与实践,项目编号 2016JGA389。

作者简介:

覃思涵,男,1982—,广西河池市人,硕士研究生毕业,广西外国语学院讲师。主要研究方向:管理学,人力资源管理。

(原文载于《今日财富》杂志,2017 年 11 月中旬刊第 167–168 页。)

依托"专业社团"建设促进本科创新型、应用型人才培养的研究与实践

——以广西外国语学院管理类专业为例

广西外国语学院工商与公共管理学院　黄富国

摘　要：本科高校在深化教学改革的过程中，致力于培养创新型、应用型人才，重视"专业社团"建设，关心专业社团活动，使专业社团活动成为提高大学生专业兴趣的突破口，继而推进专业课堂学习氛围的转变，促进良好学风、校风的形成。

关键字：创新型；应用型人才培养；专业社团建设

一、本科高校培养创新型、应用型人才的重要性

长期以来，高校经管理类专业人才培养方向定位为"培养经济管理行业的高级专门人才"，但随着高等教育大众化发展，这一提法很难适应多层次、多类型的经管理类专业相关人才培养的要求。笔者通过对若干企业进行走访和问卷调查后发现，当前用人单位对经管类相关专业人才的需求与传统培养目标相比有较大的差异，另外当前学生的知识掌握程度、个性特长和能力发展水平，以及对自身未来的定位、求学意愿、价值观等都呈现出多样化趋势且越来越明显，高校生源结构和毕业生流向显得日益复杂化和多元化，原有的教育理念和人才培养模式亟待创新。

二、专业社团的特色

不同于传统社团，专业社团不仅继承了传统社团的特点，而且更加注重对学生专业能力和专业知识结构的培养。专业社团建设的目标是培养具有创新能力和实践意识的学生。专业社团活动是专业教学的延伸，强化了实践技能和意识的培养，引导学生探求更深更广的知识，从而促进良好学风、校风的形成。不同于传统社团，专业社团具有更强的学术和专业学习氛围，在一定程度上刺激了学生的

求学欲望,充分地调动了学生的积极性和创新性。

三、专业社团对创新型、应用型人才培养的意义

学生创新素质的培养离不开创新型的专业培养,创新型的专业培养成为创新型人才培养的突破口,依托专业社团建设促进专业培养是一个创新型举措。专业型社团是高校大学生教育的一个重要组成部分,它对于增加学生的专业意识、专业素养,培养学生的创新能力、专业实践能力具有重要作用。培养专业意识是培养专业核心力的前提,专业意识不是一时半会儿形成的,而是需要长期的积累。随着社会生活节奏变快,现代社会对实际动手能力、社会实践能力的要求越来越高,专业型社团可以弥补传统大学专业培养模式中的缺陷,它为大学生提供了一个发展成才的优良空间和环境,它能够开拓学生的知识层面,加强核心能力培训,鼓励学生探求更广、更深的知识,帮助学生在校期间养成良好的研究习惯,初步培养本科生的科学研究能力,形成良好学风。

不同于传统社团,专业社团是学生自发组织的,其管理是民主的,在社团里,有各种各样的学术观点存在,它是学校开展本科生各项专业实践活动的另类载体,在教研室老师指导下,它可以自主地开展各种与学科相关的专业性很强的活动,它还能够寻找各种外在资源为社团活动的开展提供强力支持。专业社团的成员可以通过参加一系列活动将专业知识付诸实践,同时也加强了对专业知识的学习与巩固深化。

(一)专业社团活动对实现学生专业兴趣化具有推动作用

专业课堂传统教育是按照既定的人才培养方案进行组织教学,往往关注大多数学生的普遍水平,而容易忽略大学生的个性化发展,同时课堂上教师的教学比较严谨,从而缺少一定的趣味性。而专业社团作为学生的第二课堂,通过开展形式多样的专业学术活动,在一定程度上可以使学生在缓解专业压力的同时自身兴趣得到培养,能力得到锻炼和提升,进而激发学生的求知欲望,挖掘学生的专业潜能。比如经济热点沙龙,股票投资研讨会、商务谈判交流会等,通过这些活动,创造浓厚的学术、学习氛围,使学生的学习积极性、创造性得到充分发挥,学生在各种专业社团活动中发现自身的特长,不知不觉中培养了自己的专业核心力。

(二)专业社团活动对培养学生的宏观思维具有重要作用

专业社团活动中,其成员都可通过活动的具体分工,无形中强化自身的责任感,激发自身的协作意识。比如组织一个活动,从项目的选择、方案的制订、赞助商的谈判、活动的规划、资金的运用到具体人员调配等,作为社团负责人和部门干部以及社团成员都能从中强化自身的各种能力。

（三）专业社团活动对开拓成员专业知识面具有重要意义

专业社团对于在校学生将课堂上从老师那里学到的知识转化为核心竞争力提供了恰到好处的平台,我院的专业社团都将开展学术研究、专业探讨、专业热点交流、时事分析、交流与辩论等作为社团活动的主要形式。通过这些活动,参与的学生能够深刻理解专业教学的内容及实质,从而加深核心技能的培养。通过这些活动会促进学生上网、去图书馆阅读更多的相关材料,从而达到拓宽学生专业知识结构的教学目标。

四、实例分析："管理协会""市场营销""行者工作室"建设方案

（一）管理协会

广西外国语学院国际工商管理学院"管理协会"于2013年6月份成立,这个社团是由工商企业管理专业和行政管理专业学生自发组建的,是专业实践性很强的社团,属管理教研室指导。社团宗旨是培养学生具有管理意识和管理技巧,将来在企事业单位中具有一定核心竞争力,"白领、骨干、精英"——即所谓的"白骨精"是社团成员的奋斗目标。管理协会的活动主要是为其成员提供一个相互交流的平台,提高社团成员的学习、专业实践能力以及领导能力,带动社员关注国家大政方针、经济热点、政府管理、名牌企业管理等。协会打造的品牌特色活动有:管理案例分析、管理科学论坛、模拟风险投资大赛、模拟沙盘比赛、商业实战比赛等专业性活动。参加上述活动的除了社团成员之外,还有很多非社团成员,特别是模拟风险投资大赛,参加的人数突破1000人,创造了一个参与人数最多的纪录。

（二）市场营销协会

广西外国语学院国际工商管理学院"市场营销协会"依托市场营销教研室,主要开展与营销有关的各类活动。该专业社团以市场为导向、以传播最新最炫的营销知识,培养大学生营销实践能力为宗旨。协会以"营销·财富·人生"为理念。该专业社团每年都作为承办单位承办了"哇哈哈"杯全国市场营销大赛以及校园大型展销活动,这些活动让参与的同学加深专业知识的转化,历练了他们的产品销售技巧、人际关系技巧、活动组织能力和商务谈判技能,这些都是人才培养方案规定的专业核心竞争力。

（三）行者工作室

广西外国语学院国际工商管理学院"行者工作室"成立于2011年12月,属旅游教研室指导。该社团主要致力提高旅游爱好者和旅游类专业学生的专业能力以及专业素养,该工作室是融学习性、实践性及娱乐性于一体的专业性社团。社团活动旨在丰富同学们的课余生活,为旅游爱好者提供一个学习旅游知识、快乐

旅游的平台,学生在形式多样的活动中加深了对专业知识的理解,增强了专业核心竞争力,提高了就业能力。社团每年举办"广西导游风采大赛""快乐一日游"等特色品牌活动,其中"广西导游风采大赛"是结合广西导游资格证对导游素质的要求,不断推陈出新,吸引了广大学生踊跃参加,深受全校师生的好评。

五、结论

当前,培养创新型、应用型大学生是时代的要求,也是教学改革的重点和难点,我们面临着严峻的挑战。教研室在下大力气深化教学改革的同时,不妨把培养专业社团纳入工作范畴,安排专业教师对专业社团给予指导,对专业社团举办的活动学院领导给予足够的重视,对筹集经费困难的专业社团学校给予一定的支持,总而言之,如果学校领导自上而下给予专业社团关心和支持,专业社团会成为提高学生专业兴趣的突破口,专业课成为学生带问题上的课,教学质量会水涨船高,取得意想不到的效果。

参考文献:

[1]董毅骅等. 基于学生学术社团的专业能力培养探索[J]. 台州学院学报,2012(06).

[2]袁道福,陈霄. 以专业社团建设提升高职生就业竞争力的研究[J]. 价值工程,2011(07):289 - 290.

作者简介:

黄富国,男,1979—,广西河池市人,毕业于广西师范学院经管学院,管理学硕士,广西外国语学院讲师。主要研究方向:大学生就业与创新创新创业、大学生思政教育。

(原文载于《经营管理者》杂志,2014 年 4 月第 12 期第 167 - 168 页。)

论民办本科院校的名师教学团队建设

广西外国语学院工商与公共管理学院　谭奕[1]　黄金梅[2]　唐洁军[3]

摘　要:建立高校"名师教学团队"已经成为当前各类院校研究的热点,学界对民办本科院校名师教学团队建设研究颇丰,各有所专。本文系统梳理了高校"名师工作室"建设的背景、内涵等内容,进而提出建立民办本科院校名师教学团队理论框架,以供相关领域的研究者以及民办本科院校的教学部门参考。

关键词:民办高校;名师工作室;理论框架

近年来,为加强自身教师队伍建设,设立名师工作室培育教师教学团队成为提升高校教学水平的重要举措与热门话题。现有对名师教学团队建设的研究主要集中在中小学教学理论研究方面与实践领域(何灿华,2013);而且,现有研究主要探讨在高等教育教学中如何建立助推教学、提升教学质量的教学团队的相关理论(都光珍,2009),对于民办本科院校名师教学团队的建设理论研究较少。以下,本文从建立民办本科院校名师教学团队的背景、内涵予以探讨,并在此基础上提出建立民办本科院校名师教学团队的具体对策。

一、民办本科院校建立名师教学团队的独特背景

(一)国际教育界的发展趋势

"教学团队"被国内外教育界公认为是一种促进教师专业发展的重要的工作方式。20世纪60年代,国际教育界提出"教师成为研究者"的观点,并提出学校应该建设教师专业团队,实现"同伴互助",主张将教师专业成长的中心从以往的关注教师的资质和个人发展,转向强调教师专业的同伴互助和合作文化。欧美等发达国家在教学团队建设上经过半个世纪的探索与实践,值得我国民办本科学校名师工作室借鉴。

(二)民办高等教育的快速发展

随着国家和政府大力扶持民办教育,民办高校的数量日益增长、质量也不断

提高。在 2013 年教育部批准的高校名单中,我国本科院校共有 877 所。其中,民办院校(不包含独立学院)99 所,占 11.3%;独立学院 292 所,占 33.3%。将以上两者加总,民办院校(包含独立学院)合占 44.6%,几乎占据我国高等院校总量的半壁江山。

(三)高校质量工程建设任务的落实

2011 年 7 月 1 日,我国教育部、财政部出台了《关于"十二五"期间实施"高等学校本科教学质量与教学改革工程"的意见》文件,提出通过建设高等学校教师教学发展示范中心,鼓励创新中青年教师培养培训新模式。名师教学团队的设立,既是高校质量工程建设任务的新中心、新模式应有内容之一,也是中青年教师培训培养常态化、制度化、团队化的进一步落实。

(四)法律法规、政策及技术环境的支持

首先,相关法律法规赋予民办本科院校更多的办学教学自主权。《民办教育促进法实施条例》《中华人民共和国民办教育促进法》等相关法律法规赋予民办本科院校更多的自主办学和管理权。其次,基于国家赋予的较大的办学教学自主权,民办高校可以更加注重自身办学特色,更加聚焦学生的兴趣爱好。再次,具备一定的理论与技术环境。由于高校教学团队的建设可以推动校内外相同背景和不同背景的老师加强沟通与交流,因而专家学者从对高校教学团队建设提供理论支持;与此同时,现代化的计算机网络设施的配备与应用有利于拉近名师教学团队成员的时间、空间距离,有利于名师与团队成员之间、团队成员之间、名师团队成员和普通教师之间形成全天候、无缝隙的帮扶、学习、沟通、交流与合作关系。

二、民办高校名师教学团队的内涵建设

(一)教学和科研质量的提升

从本质上来看,高校教学团队的建设内容就在于提升整体教学能力与科研能力。教学质量建设、学位点建设、重点学科建设等主要属于教学建设板块,而学术水平建设、重点实验室建设等主要属于科研建设板块。名师教学团队,既是教师教学发展的示范中心,也是提升科研力量的工作重心。发挥名师这一精英力量在高校整体教学中的先锋模范和引领作用,通过教学精英帮扶、带动、提升民办本科院校教学的整体教学和科研能力。能够有针对性地帮助青年教师提高教学水平与科研能力。教学是科研的载体,只有在教学过程中善于发现,科研创新才有了现实生存的土壤;而只有通过科研平台创新教学的方式方法,才能进一步补充教学内容,并在此基础上提升整体教学水平。

（二）名师工作室的建立

名师工作室或名师工作站，是教学名师进行团队工作的场所、组织。建立名师工作室可从民办高校的整个教学系统与微观的名师个人的影响两个层面来看。从宏观层面来看，目前关于名师工作室的界定众说纷纭，以刘穿石（2010）的提法最具代表性，认为名师工作室是一个以课题研究、学术研讨、理论学习、名师论坛、现场指导等形式对内凝聚、带动，向外辐射、示范，引领教学改革，促进教师专业化成长的团队组织；并提出了围绕教育局规划任务设立的"名师工作室"的运作模式。从微观层面来看，建立名师教学团队，则是要在允许自主管理的民办高校内引入精英教师观念（地位、等级的差异化观念），或者从外部引进，或者从内部培养、发现、挑选教学能力强的老师作为"教学榜样"。

（三）教师团队与个体的协调发展

名师工作室是一个"多"而非"一"的概念，而且以"团队争优"为目标注重团队成员的合作和共同进步。最后，名师工作室中的团队和个人也是互动的关系，即通过建立名师教学团队来营造名师与有潜力的队员之间示范与学习、帮扶与争优的关系。总而言之，民办高校名师教学团队的建设，是通过名师工作室的平台，在教学团队中的名师和团队成员建立起一种非正式的学习型组织，开展"教学方法与经验交流"，以达到中青年教师队伍培养的目的。

三、建立民办本科院校名师教学团队的理论框架

（一）高层决策：选取具有发展潜力的项目

建立民办本科院校名师教学团队，首先要选取适合本校特色、符合专业发展规划、具有发展潜力的项目。发掘选取具有发展潜力的项目，体现民办高校学科发展方向以及办学特色，打造具有竞争力的教学品牌。而且，这一学科或研究领域不仅应在社会、企业得到认可，也应符合民办高校办学理念。同时，聚焦组建名师教学团队这一工程，发掘的共同议题必须具备师资发展条件，即本校的老师具有培养与发展为名师教学团队成员的潜力。当然，找出与公立院校的差异，民办本科院校一定能选取、形成本校自身的品牌学科或科研领域，因而要在这些品牌学科或科研领域中挑选一批名师教学团队成员并非难事。进而，通过推进重点项目、重大课题突破的带头作用，促进各学科在较短时间内实现大范围整体推进。

（二）中层规划：有目的地进行名师教学团队发展规划

当前，民办本科院校迅猛发展的同时，暴露出了师资力量跟不上的缺点。合理进行名师教学团队规划，能够整合单个教师个体力量，在教学、科研工作中形成教师团队的强大合力。民办学校有必要依据自身办学条件与特色，专业结构的设

置,有目的地进行名师教学团队发展规划,不仅能够实现中青年教师个人职业生涯发展,而且能够促进专业教学团队的整体发展。值得注意的是,要进行科学、有效的名师团队发展规划,民办本科院校必须要分别进行团队及其个人自身的发展规划——因为团队发展规划主要注重团队建立与集体发展的利益,乃至高校办学的宗旨与未来发展方向;与之相比,个人规划则注重个人层面的发展与薪资水平,团队利益与个人利益、团队发展规划与个人发展规划在某些方面容易产生冲突,因而,为了建立名师教学团队,有必要兼顾团队利益与个人利益、团队发展规划与个人职业生涯。

(三)基层实施:建立名师教学团队平台

要打造具有相对竞争力的名师教学团队,就必须营造相应的名师发展平台。这一平台不仅依靠民办本科高校自身的大力支持,包括配备具有差异化的现代化教学设施设备、建设具有差异化的实验基地、设立专项学科资金等,还应该讲究所选取的名师与团队成员之间的互动和合作行为,即除定期举行公开听讲与教研座谈会之外,名师与有潜力成为名师的团队成员应该充分应用学校的各种支持,传授与学习名师经验;名师教学团队成员之间应该通过互联网及其存储设备,通过计算机网络加强远程经验交流与沟通,以形成具有学习、合作、共同进步精神的团队建设文化。

(四)绩效反馈:名师教学团队的成果检验

建立民办本科院校的名师教学团队的绩效反馈模式,基于名师教学团队的建设成果:一方面,通过团队教学、科研成果进行学术检验。依托名师工作室形成民办本科院校特色专业的团队凝聚力与创造力,是否打造出一支具有高素质、高水平的专业教师队伍,是否形成有影响力及创新性学术成就,使得学校学科建设实现内涵式发展。另一方面,通过社会服务的实践检验。团队中的各名师在教育、教学、科研及社会服务活动中是否发挥出示范、引领、指导和辐射作用,使得产学研成果得到转化,进一步提高学校的知名度和美誉度,在社会、企业中获得良好口碑。

结语

当前,国内外积极倡导建立名师教学团队,打造具有民办高等学校办学教学特色的名师教学团队符合国内外教育行业发展趋势。名师教学团队的建设在我国仍处在理论探讨与实践的蓬勃发展阶段,我们期待有更丰富的理论知识来支撑这一教学重大课题,为教学团队建设、实现民办本科院校的内涵式发展做出贡献。

参考文献:

[1]何灿华. 名师工作室里的教师合作[J]. 上海教育科研,2013(12):57 - 58.

[2]都光珍. 加强教学团队建设的思考[J]. 国家教育行政学院学报,2009:27 - 29.

作者简介:

(1)谭奕,女,1983—,湖南省隆回人,管理学硕士毕业,广西外国语学院讲师。主要研究方向:管理学,行政管理。

(2)黄金梅,女,1983—,管理学硕士毕业,广西外国语学院教师。主要研究方向:管理学,行政管理。

(3)唐洁军,男,1975—,广西桂林市人,本科毕业,广西桂林市全州二中教师。主要研究方向:体育教育,团队建设。

(原文载于《高教论坛》杂志,2015 年 3 月第 6 期第 23 - 24 页。)

以"名师工作室"为指导的行政管理专业课程建设

——以广西外国语学院为例

广西外国语学院工商与公共管理学院　袁金龙

摘　要:行政管理专业为公共管理一级学科下设的四个本科专业之一、在广西外国语学院属新办专业。通过考察广西外国语学院行政管理专业的现状、分析在专业培养目标定位、专业课程特色建设、教学研究与改革等方面存在的实际问题、提出了进一步加强广西外国语学院行政管理专业建设的几点建议。

关键词:公共管理;行政管理;专业建设

一、广西外国语学院行政管理专业现状

我校从 2004 年建校之初,就把管理类学科作为重点学科建设,2012 年在整合管理学科资源的基础上,正式开设行政管理本科专业目前,本专业在校生 327 人,其中 2012 级 116 人,2013 级 56 人,2014 级 65 人,2015 级 90 人11 年的办学特别经过近 4 年的行政管理本科教育实践与积累,已经为本专业建设与发展打下了比较坚实的基础,2013 年被广西壮族自治区教育厅立项建设为广西民办高校重点建设专业。

首先,本专业是针对区域经济发展的需要和对外交往尤其是对东盟经济文化交往的需要而设立的,有着明确的目标与定位,并逐步形成了一套适应市场经济和社会发展需求的办学体系。

其次,在课程设计上,开设了符合专业要求、体现专业特点的全部课程,有公共基础课、专业基础课、专业核心课、专业选修课、专业实践实习课,能有效地培养学生合理的专业知识结构。

再次,根据学校的特殊性,加大了师资队伍建设的力度,形成了一支较为稳定而又比较成熟的教师队伍与管理队伍,保证了专业教学的质量。

本专业从 2012 年至今已招收了 327 名学生,学校对本专业的建设高度重视,在人力、财力、物力等方面给予大力的支持,国际工商管理学院则加大教育教学改

革力度,通过一系列教育教学活动,让学生较为扎实地掌握专业理论和知识,具备较好的专业能力,成为合格的专业人才通过大家的共同努力,行政管理专业已初具办学规模,初步形成了自己的办学特色。

二、行政管理专业课程建设特色

(一)培养目标

本专业面向北部湾经济区和中国—东盟自由贸易区,立足广西,服务地方经济,依托我校管理学、经济学及外语学科的优势,依据学校的"专业 + 外语"的人才培养总体要求,实行以行政管理为主,企业行政管理、涉外行政管理、涉外公共关系为辅的"本专业 + 跨专业"的复合专业人才培养模式,着力培养高素质、复合型、国际型的行政管理专业人才,突出"强外语、通经济、懂企业、会管理、敢创新"的人才培养特点。

(二)具体举措

1. 加强名师工作室活动

在知名教授的指导下,名师工作室每周召开一次例会,讨论人才培养方案及教学计划的制订;组织教师交流授课经验,指导教师如何上好一门课;传授教改、科研经验,组织教师申报教改或科研课题。同时,鼓励学生参与名师工作室活动,由名师工作室全体教师回答学生在学习中遇到的问题,并指导学生创新创业活动。

2. 加强学生的实践活动

一方面,鼓励学生创新创业,目前已组建了 6 支创业团队,每支团队都挂了专业的指导老师另一方面,我院本学期着力打造管理学院的创业孵化基地,鼓励学生组建团队,每个学生团队在项目的实施过程中引导学生寻求理论的指导,吸引学生在教师的指导下组建团队,甚至跨专业跨学院进行组合,并计划在 2 ~ 3 个学期内建立跨专业的实践教学体系,每个专业都有师生共同参与创新创业项目。同时,我们组织老师为南宁新开业的五星级酒店——阳光财富酒店进行了员工培训,进一步加强了校企合作,也提高了专业教师的实践能力。

3. 加强课程建设

适应"本专业 + 跨专业"的人才培养模式的需要,紧紧围绕"如何为学生开出有用有效的课程""如何建设这些有用有效的课程"以及"如何评价这些有用有效的课程",深入开展课程建设活动,不断完善以专业知识为核心、以技能养成为导向的特色鲜明的专业课程体系。

加强本专业课程体系改革与构建,确定管理学原理、领导学、行政管理学、行政法与行政诉讼法、公共政策学等课程为院级重点建设课程其中管理学原理、公共政策学、领导学等课程达到校级精品课程建设标准。

加强课堂教学改革,组织教师在微格教室开展学院的公开课活动,每个教研室派出一名代表在学院内部上公开课,并组织全院教师进行听课、评课,同时举行了2次课堂教学改革研讨会,力求进一步提高教师的课堂教学水平。

鼓励老师参加教育技术大赛,我专业刘丁尔老师本年度参加第十三届全区高校多媒体教育教学软件应用大赛的作品之公共关系学,获得本科农文医组一等奖。

针对90后部分学生由于家长的宠爱,情商不健全的情况,开发新的课程——管理者情商与拓展训练,针对不同专题,由不同的教师授课,浅显易懂地讲解了提高 EQ 的简单有效的方法,有助于学生充分认识自我,并通过提升个人的 EQ 水平,提高自我管理水平和管理绩效。

4. 加强“有学分无学时”的英语教学改革

主要通过英语沙龙、外教讲座、校外外语培训机构协助指导、工作岗位情景模拟等多种非课堂形式,开展英语教学改革,提高每周二晚21:00 的酒吧英语沙龙活动的效果,除了本学院学生之外更吸引了全校乃至周边学校学生参与,活动有主题有内容,以学生自发组织,教师间断参与的形式进行。本项目从2012—2013学年度第一学期到现在一直持续进行,并取得良好的效果。

5. 全面开展本科生的创新创业项目活动

目前在二级学院内,行政管理本科生共立项20 余个创新创业项目,每个项目都有老师参与指导。每学期开学初的第一周开展创新创业实践周活动,由指导老师组织各团队规划项目的调研活动。整体任务是完成项目的调研,撰写调研报告,学院将根据项目的完成情况对指导老师进行绩效考核。

6. 加强本科实践教学的建设

一是推进学院专业社团活动与教学活动相结合的改革项目,加强实践教学体系的建设由已经成立的市场营销协会、管理协会、物流协会3 个专业社团分别引导新生组队参加市场营销创业之星大赛、企业运营模拟沙盘大赛等专业赛事通过专业赛事,激发学生学习热情,让学生更加了解本专业需要掌握的知识体系和作用。

二是加强本科实验室的建设,积极引进了电子政务、市场营销、电子沙盘等软件,并将其纳入实践教学体系的建设中,打破教学软件仅用于课程教学的局限。同时,在行政管理本科专业成为广西民办高校重点专业的基础上,进行行政管理重点专业实验室的建设。

三、学生学习效果反馈

为了进一步提高行政管理本科专业教学水平,逐步形成高水平、有特色、宽口径、多领域的本科专业学科优势,不断提高本科专业学生学习满意度,由学院教务处组织开展了此次关于行政管理本科专业学生学习满意度调查。

（一）问卷结构分析

问卷共分为三十题,大体上可以分为五大项:第一,有关学生基本情况的调查,其中包括性别、年级、专业、对课前学习、课堂学习、课后复习的自身的重视程度以及对自己所学专业的现状及发展前景的了解状况;第二,有关学生对专业课程的满意度调查,其中包括专业课程设置及其培养能力、实践教学和专业选修课的满意度调查;第三,有关学生对教师的满意度调查,其中包括教师教书育人方面、教学方法、态度、师生互动交流、教师专业水平、教学总体效果以及教师对布置作业和作业批改方面的满意度调查;第四,有关硬件方面的满意度调查,其中包括学生对教室设施、体育设施、专业实验室、图书馆、食堂以及饮食质量以及校园和周边环境的满意度调查;第五,有关学校管理制度的满意度调查,其中包括考风考纪、考试方式、学风、二级学院管理人员的管理水平以及学院整体教学管理制度的满意度调查。

（二）调查分析评价

根据上述问卷的结构分析,报告将从学生基本情况、学生对专业课程情况、对教师的评价、硬件设施以及对学校教学管理制度五个方面在数据量化分析的客观基础上,并结合实际情况做出具有一定价值判断的主观评价。

第一,从问卷调查的学生基本状况上看,本次调查主要针对的是 2012 级行政管理本科班的学生,其中女生占到了 63.04%,男生为 36.96%,从学生自身对课前、课堂、课后的学习重视程度来看,数据显示超过一半的学生还是较为重视,但是还有进一步提高的空间,需要从学院领导到任课教师和辅导员在平时的教学工作中不断地强化学生自主学习的意识。另外,对所学的行政管理专业的现状及发展前景的认识从数据上显示超过 89.13% 的学生还是有所了解的。

第二,从学生对专业课程各方面的满意度来看,学生对专业课程的设置、专业课程培养学生的能力、实践教学和专业选修课的满意程度从数据上显示总体上还不错,但是也存在着一些问题,其中在有关专业课程对学生能力的培养上还需要进一步加强,更加合理地安排课程的设置,使得课程的设置与学生能力的提高相得益彰。

第三,从学生对教师的评价方面来看,行政管理本科专业的学生对于老师在教书育人、教学方法、态度、师生互动交流、教师专业水平、总体的教学效果以及教师布置作业和批改作业的情况方面通过调查数据分析显示大多数同学还是持较为满意的评价的在今后的本科教学过程中还需要进一步的完善教学方法和手段,继续发扬好的作风,不断克服自身的不足,加强教师间的互动学习,以持续不断地提高教师的师德和教学水平。

第四,从学生对学校硬件设施方面的满意度看,调查的内容主要涉及学生教室、体育设施、图书馆、食堂环境、学校总体环境和周边环境的满意度调查,从数据上显示,学生对硬件设施的满意程度一般,其中对于体育设施的不满意度高达32.61%,另外,认为图书馆资源不足的学生高达47.83%,因此,针对在硬件方面的问题,学院在未来的发展中需要进一步有针对性地加强相关硬件设施的建设。

第五,从学生对学校教学管理制度的满意度看,总体上绝大部分学生是持肯定意见的,但是其中有关学风的满意度调查中,有46.74%的学生认为学校的学风一般,因此,在加强和提高学院整体学风方面,需要进一步的加强相关工作,端正学生学习态度,提高学生学习的积极性,形成一股爱学习、爱生活、爱实践的风气。

四、存在的主要问题与改进建议

尽管学院的改革发展与办学实践取得了较大成绩,但与地方经济社会的快速发展对高等教育的要求以及学校建设国内知名高水平综合大学的目标相比还存在一定差距主要表现在以下几个方面。

(一)人才培养方面,需进一步深化人才培养模式改革,加强实践教学环节,改革本科生考核方式及评价机制,完善创新创业类课程,培养本科生创新精神和实践能力。

(二)师资队伍建设方面,需进一步提高师资队伍整体水平,加大学术人才引进力度,尤其是在国内相关专业领域享有较高声誉的学术大师和"双师型"教师的引进,教师教学激励机制有待进一步完善。

(三)教学改革方面,需进一步深化教学改革,创新教育教学方法,进一步推广研究型教学模式,加强高质量课程建设,培育更多有示范作用和推广价值的教学成果。

参考文献:

[1]牛菁.校外教育教师专业能力培养途径的实践研究[D].华东师范大学,2010.

作者简介：

袁金龙，男，1978—，江苏省邳州市人，毕业于徐州师范大学，管理学硕士，广西外国语学院讲师。主要研究方向：行政管理，产业经济，区域经济。

（原文载于《才智》杂志，2016 年 6 月第 6 期第 148－149 页。）

二、专业建设改革

应用型本科"工学结合"财务管理人才培养模式的路径探究

——以广西外国语学院为例

广西外国语学院会计学院　　兰丽娟

摘　要:本文分析目前一些地方性院校财务管理专业人才培养模式存在的问题和搭建"工学结合"人才培养路径的困难,提出"工学结合"财务管理人才培养模式的路径设计中,应明确培养目标定位,制订符合"工学结合"的培养方案;以财务管理等核心课程为主线,开展工作项目与任务为导向的课程改革;加强学生职业能力和实践技能的培养,开展"工学结合"的实践教学训练;建立"双师型"的教学队伍;转变校企合作的思路。

关键词:应用型本科;工学结合;财务管理专业;人才模式;路径

随着国务院《关于加快发展现代职业教育的决定》和国务院办公厅《关于深化高等学校创新创业教育改革的实施意见》的相继发布,许多地方性本科院校开始着手往应用型本科转型。在这样的形式下,地方普通高校原有的传统的财务管理人才培养模式已经无法适应培养应用型、创新性人才的培养要求,因此,必须对现行的人才培养模式进行改革,探求新的能培养适应地方经济发展需求的、实践性强、有创新能力的高技能财务管理人才的财务管理人才培养方案。

工学结合的人才培养模式,是将学校与企业(行业)密切合作,将学生在校所学知识与在企业实际工作岗位要求相对接,以职业为导向,充分利用学校内、外不同的教育环境和资源,把以课堂教学为主的学校教育和直接获取实际经验的校外工作有机结合,贯穿于学生的培养过程之中。这样,培养出来的人才能够适应企业工作岗位的要求,减少了企业对新入职人员的培养时间和成本,实现学生学习生涯和职业生涯的无缝对接。所以,工学结合的人才培养模式对于地方性本科院校转型为应用型本科院校,无疑是一条很好的人才培养路径。但是,在实施的过程当中,也存在着许多问题和难点。这既有传统人才培养模式的碰撞,也有寻找合作企业的困境等问题,需要不断的探索和研究。

一、地方性本科院校财务管理专业人才培养模式存在的问题

（一）培养目标与定位不适应培养应用型财务管理人才的要求

应用型本科教育是培养为地方经济服务,既具备相应的理理论知识,又具备创新能力、实践能力、综合能力以及职业能力的应用型人才。

许多传统的地方性本科院校严格按照教育部高等学校工商管理类专业教学指导委员会对财务管理专业指导性教学方案中提出的"培养具备管理、经济、法律和理财、金融等方面的知识和能力,能在工商、金融、企事业单位及政府部门从事财务、金融及教学、科研方面工作的工商管理学科高级专门人才"来制定本校财务管理专业的人才培养目标。然而,应用型本科培养的财务管理人才目标不应该定位在"科研"方向,因为当前地方性本科院校毕业的财务管理学生很少到科研单位从事科研工作。而应该符合地方经济发展的需要,培养不仅有扎实的理论知识、较宽的知识面,还要有扎实的专业技能、较强的创新能力、应变能力和解决实际财务问题的综合能力的财务管理人才。

（二）课程体系、教学内容没有体现应用型本科的要求

传统模式下的课程体系偏重于专业知识理论体系,实践体系占课时少。有些院校开设的课程门数多,每门的课时少,有些教师为了上完相应的理论内容不得不将实践课时用来讲授理论知识。还有些学校在课程的设置上内容有交叉,比如税法和税收筹划在很多内容上是重复的,成本会计、管理会计在一些章节上也有重复交叉,所以应该对一些课程进行整合优化,减少课程的开设。受"通识"教育的影响,教学内容仍然没有体现以理论够用为度,导致实践教学环节效果弱化,教学重心没有向实践技能方面转移。

二、应用型本科院校财务管理专业搭建"工学结合"人才培养路径的困难

工学结合讲究的是"在学中做,在做中学"有利于人的协调发展,也体现了地方性高校教学改革的方向,从封闭的学校教育走向与开放的社会教育,从理论学习为主转向以实践学习为主,从学科体系教学转向职业岗位能力的培养。就财务管理专业而言,就应以职业为导向培养适应地方经济发展和中小企业需求的财务管理人才。但是在探求工学结合培养模式的道路上遇到许多困难。

（一）建立校外实习基地流于形式

将学生的职业教育放到企业当中进行培养,无疑是符合工学结合理念的。有不少院校也在积极地加强与地方企业建立合作关系。但是,由于财务部门是每个

企业的核心部门,掌握着企业的商业秘密,学生在企业学习过程中是无法掌握到企业的筹资、投资、利润分配、营运资金管理等经济事项。在校企合作中,企业并不是按照学校的培养目标来安排学生参与企业的经营管理工作,而是希望学校和学生能够马上帮助企业创造经济利益,取得更多的收益。

另外,企业的管理部门和财务部门一般只能接纳 2~3 个学生,而与学校建立合作关系的单位有限,所以财务管理专业的学生在企业中得到的实战经验也是有限的。所建立的校外实习基地没有发挥应有的在工作过程中培养学生的目的。

(二)校内财务管理实践环节设计有待改进

有的高校把财务管理专业偏向于会计岗位,所以在校内实训环节的设计上与会计专业的区别不大,授课教师也一再地强调会计基础操作的重要性,实训环节还是只有会计基础实训、会计电算化实训,没有体现财务管理的岗位特征。而有的高校又把财务管理专业实训倾向于金融业的岗位,开设模拟证券操作等实训。没有按照财务管理岗位要求进行校内实训设计,没有建立财务管理实训室,没有购买按照相应的财务管理实训软件。

(三)"双师型"师资队伍建设有待加强

教师队伍的建设,是每一个院校都非常重视的问题。但是现在很多地方院校的专任教师从学校毕业后没有在企业的财务管理部门工作过,直接到学校任教,缺乏财务管理的实践经验。实践工作经验的匮乏,也使得这部分教师在授课方面还是注重理论的讲授,实践授课学时不足,满足不了培养应用型财务管理人才的需要。另外,在社会上从事与财务管理专业相关的管理工作,收入上远比在校从事教学工作的老师要高,多数高层次的具有丰富财务管理经验的人员不会轻易离开财务管理岗位选择教师岗位。所以,学校想要招聘到具有丰富财务管理工作经验的人员非常困难。这样就意味着在当前的环境下要培养出动手能力、创新能力强,契合地方经济发展和需求的财务管理人才,是地方性本科院校普遍面临的困境和难题。

三、"工学结合"财务管理人才培养模式的路径设计

根据建立应用型本科的需要,结合目前本科院校财务管理专业开展"工学结合"面临的困难,财务管理专业在人才培养模式上需要更新观念,强调创新能力培养,以工作岗位为导向增加实训环节和课时,选择符合应用型本科财务管理专业特点的"工学结合"的培养路径。

(一)明确培养目标定位,制订符合"工学结合"的培养方案

召集企业中的高级财务管理人才加入学校的专业指导委员会,参与制订财务

管理人才培养方案,真正明确应用型本科层次的财务管理专业学生的主要就业岗位、应具备的能力和知识素养,见表1。在课程的课时分配上,加大实践课时比例,满足实践教学需要。

表1 财务管理专业学生应具备的财务管理职业能力

	财务核算能力	财务管理能力	财务监督与财务软件掌握能力
财务管理职业能力	会计基础实务 成本会计实务 管理会计实务 会计电算化 金融理论	财务管理实务 高级财务管理 财务会计实务 投资管理 财务报表分析	管理信息系统 ERP 原理与应用 EXCEL 在财务管理中的应用 审计基础与实务 财务管理综合实训 税务筹划
	专业基本技能课程	专业核心能力课程	专业拓展能力课程

广西外国语学院财务管理专业的人才培养方案,一直按照构建应用型本科的要求来调整和修改,2013 级财务管理本科的人才培养方案中,实践学时占总学时的 21.2% ,2015 级实践学时占比提高到了 24% 。

(二)以《财务管理》等核心课程为主线,开展工作项目与任务为导向的课程改革

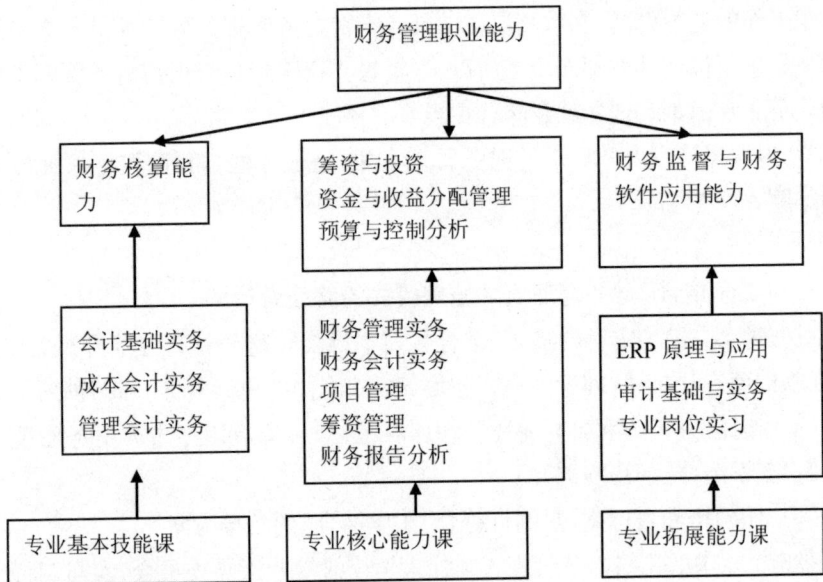

第一,对核心课进行课程改革。摒弃原有的以知识讲授为主、以教师授课为主的传统教学模式,探索一条以项目为支撑、以任务为导向,以学生实践为主、教师讲授为辅的核心课程改革之路。邀请企业高级财务管理人员和行业专家参与专业核心课程的改革,课程理论知识应与企业岗位技能需要相对接,使学生学到的理论知识能运用到实际财务管理工作当中。比如财务管理课程,可以以筹资、投资、股利分配、营运、预算、财务分析等项目分成不同的任务,在授课过程中,让学生分组完成相应的实践任务,使学生在完成任务的过程中得到锻炼,提高学生解决实际问题的能力,从而进一步培养学生的创造性以及职业能力。

第二,整合课程教学内容。重新理顺财务管理、管理会计、财务报表分析、计算机在财务管理中的应用等课程内容。这几门课程在教材的编写上都有一些内容相重叠,比如财务管理和财务报表分析都有"财务分析"这部分,而且财务报表分析就是注重"财务分析"的,所以,在财务管理中"财务分析"应略讲,把余出的理论学生放到实践学时。加大核心课程的实践学时部分,注重让学生多练习、多分析、多思考、多实践。

(三)加强学生职业能力和实践技能的培养,开展"工学结合"的实践教学训练。努力构建以就业为导向、以职业岗位群的需要为依据、以培养应用型人才为目标的实践技能培养体系

1. 开展财务管理专业认知实训

(1)专业介绍。广西外国语学院在每一届新生入学的第三周就开展以班级为单位,以讲师以上职称的专任教师为主,对新生进行专业教育。帮助学生认识财务管理专业的职业特点、工作岗位要求、需要持有的职业资格证、需要掌握的法律体系以及本专业对学生的基本要求等等。(2)社会实践。比如,广西外国语学院在实践教学环节中,规定学生必需在校期间利用课余时间完成3个学分的"创新实践"课程,学生通过提交在企业的实践证明、参与社会公益活动证明、考取职业资格证书、撰写实践调查报告或研究报告等来修完该课程。

2. 加强培养学生实践分析能力。对财务管理、高级财务管理、财务报表分析、投资学等课程,实施案例教学,通过一些热点案例来提出相应的问题让学生参与案例分析、案例讨论,学生通过查找资料、分析资料、独立思考,运用所学的财务理论知识来解决问题,提出解决方案。从而提高学生的实践分析能力。

3. 参加第二课堂学习。主要是鼓励学生参与各种专业比赛,来提高同学们对所学知识的运用能力,培养他们的实际操作能力。例如,全国高校企业竞争模拟大赛区域赛、国际企业管理挑战赛、全国管理决策模拟大赛、用友杯财务会计比赛

以及财税知识大赛等赛事也能充分地训练学生灵活运用所学财务管理知识,提高学生的动手能力和操作能力。

4. 多证合一。为适应企业的用人需要,在校期间鼓励学生考取相关的职业资格或职业等级证书,并将相应考证课程融入人才培养方案中。比如,国际财务管理师、会计职业资格证书、会计初级等级证书、证券职业资格证书等,那么开设的课程基本可以满足学生考取上述证书的要求。使得学生一毕业除了持有毕业证书以外,还有相应的职业资格证,提高学生的社会竞争能力。广西外国语学院鼓励学生在校内参加职业资格证的考试,以学生专业社团为龙头,开展与这些职业资格证有关的知识竞赛、公益考证培训等,在校内营造一种复习考证的气氛。同时,目前正积极筹备将国际财务管理师证的考证活动引入广西,方便学生考取该证。

(四)建立"双师型"的教学队伍

财务管理专业的师资队伍的素质与建设,直接影响到财务管理专业人才的培养质量。应用型本科财务管理人才的培养,不但需要精通财务管理理论知识的优秀教师,还需要有在企业有多年管理经验的高级财务管理人才。所有,急需建立一支理论水平和实践管理能力都具备的"双师型"师资队伍。需要通过对内培养、外派学习、对外引进等多种方式和途径,打造一支高素质的适应应用型、创新型人才教学的专兼职师资队伍。

学校可以创造条件,鼓励缺乏企业实践管理经验的年轻教师利用假期到校企合作企业进行实践学习或者是"以老带新"以从企业聘请的有丰富实践经验的老师带年轻的教师开展教学科研工作;聘请企业高级财务管理者作为学校的客座教授,参与学校财务管理有关的研究课题或作为"大学生创业项目"的指导老师,同时,在校开展主题演讲。长期聘请一支有丰富实践经验的财务人员作为学校的兼职教师,定期到校指导实践教学工作或者上实训课程。

(五)转变校企合作的思路

现在许多应用型院校都注重开展校企合作,在校外建立了校企合作单位,采取多种形式的合作,更多的实训方式是在假期将学生输送到企业开展 1~2 个月的实训,然而往往只能开展"认知"实训,专业实训因前面提到的原因而很难实现。其实,专业实训为了凸显工学结合,不一定要将学生拉到企业,可以在校内进行开展,只是带学生进行实训的指导老师应该选用企业的高级管理人才或者是从企业引进的有丰富财务管理的专任教师。实训场景与内容与企业实际发生的财务管理工作和问题相一致,一样可以达到"工学结合"的要求。

院校的财务管理教师有着非常专业的理论知识,缺乏的是实践。在校企合作当中,可以带领学生建立企业的顾问团,与合作企业一起提出、分析、解决企业在管理上存在的疏漏和问题,一起制定相应的整改措施、未来的发展计划,等等。在此过程当中,既解决了企业的实际难题又锻炼了我们的老师,老师又可以将得到的解决实际问题的经验传授给学生,实现校企合作共赢,这也是另一种方式的"工学结合"。

总之,如何构建"工学结合"的财务管理专业的人才培养模式,是培养应用型财务管理人才的需要,也是满足地方经济步入新常态对大批量应用型、创新型人才的迫切需要。但是,构建这一人才培养模式,是一项系统工程,不可能一蹴而就。对于一些传统的、束缚学生应用能力、创新能力、实践能力的培养模式要摒弃,需要我们在今后的实践中去不断地摸索、探讨和总结。

参考文献:

[1]吴克平.转型背景下地方本科院校财务管理专业人才培养模式存在的问题与对策[J].宜春学院学报,2016(4).

[2]谭小芳、周显文.财务管理专业人才培养模式的现状与优化[J].航海教育研究,2013(3).

[3]甄国红、王娟、张天蔚.应用型本科财务管理专业"四证一体"人才培养模式的探索与实践[J].中国大学教学,2012(1).

[4]赵文青.对我国应用型本科院校发展战略的思考[J].高校教育管理,2014(1).

基金项目:广西本科教学改革工程项目"'工学结合'的财务管理专业人才培养模式改革研究",项目编号2015JGA380。

作者简介:

兰丽娟,女,1974—,广西来宾市人,高级经济师,广西外国语学院教师。主要研究方向:企业财税管理、财务管理教学研究。

(原文载于《广西教育》杂志,2017年5月第5期第99—101页。)

桂台合作中国际经济与贸易专业特色
人才培养模式研究

广西外国语学院国际经济与贸易学院　吕婷　王爱花

摘　要:由于两岸合作的深入以及国际人才需求的多样化,创新桂台人才培养模式逐渐成为广西高等教育的重要问题。本文基于新升民办本科院校的专业背景,结合桂台合作的深入发展,分析国际经济与贸易专业人才培养模式,努力形成有特色的桂台合作人才培养的模式。

关键词:桂台;国际经济与贸易专业;特色人才;培养模式

随着两岸经济合作的深入发展和桂台经贸合作的逐步加深,针对国际经济与贸易专业特色人才的培养成为广西高等院校发展和广西高等教育的重要议题。但时至今日,适合桂台合作的人才培养模式的研究与探索少。因此,有必要研究桂台合作下人才培养的模式,为广西高等教育的发展以及创新桂台人才培养模式提供应有的思考。

一、桂台合作中人才培养模式改革的必要性

(一)桂台合作成为广西和台湾两地政府、企业和媒体的热点活动,培养适合桂台合作发展的人才关系到双边的未来

桂台合作已经成为桂台两地互利共赢,加快发展的一个重要的方面。以商务和投资合作为主导的桂台合作,是关系广西实现跨越式发展的重要一环,也是深化两地交流合作,促进祖国统一,意义重大。但是,桂台商务与投资合作目前处于较低水平,"政府搭台,政策主导"的特征十分明显,缺乏企业界、学术界的互动。所以非常有必要加强有关桂台合作的学术研究,为政府和企业提供参考借鉴,从而更好地促进桂台合作。随着桂台合作的推进,对广西高等教育的人才培养模式提出新的要求。面对两地对高层次人才的竞争及合作的需求,以及广西新形势的发展,使得创新广西高等教育人才培养模式变得尤为重要。

（二）民办高校发展的需要

学校作为一所民办高等院校，其专业建设一直致力于为广西地方经济发展服务。学校立足于北部湾经济开发区，面向东盟，以服务新广西为服务定位，改革和完善广西的高等教育人才培养模式是学校人才培养的首要前提。学校发展要适应社会的发展，适应市场的需要，面对桂台的合作深入，主动适应两岸和两地未来的发展。在两岸双边大合作的前提下，在国家经济体制等重大变革以及教育思想观念与教育体制都有一些重大变革的情况下，高等院校为了适应这种新的形势和新的环境，需要全校性地进行人才培养模式改革，优化高校的专业总体结构，对专业设置重新定位培养目标、设计培养模式、制订培养方案、选择培养途径。

二、国际经济与贸易专业特色人才

随着桂台合作的逐步深入，桂台合作迫切需要大批通晓两地法律、管理、文化和经贸知识的人才。学校有"国际经济与贸易"和"国际经济与贸易（东盟商务与投资方向）"专业。该专业获得广西壮族自治区区级特色专业与课程一体化建设项目立项建设和自治区级民办高校重点专业立项建设，成为校级重点专业和特色专业，在教学管理、招生情况、建设经费和实验设备方面都拥有较好的基础和条件，是立足北部湾经济开发区，面向中国－东盟，服务广西，培养应用型、复合型国际商务高级专门人才。

因此，国际经济与贸易专业特色人才以"2012 年广西教育厅特色专业及课程一体化项目"为依托，在 2012 级国际经济与贸易专业（包括东盟商务与投资方向）中，挑选出有志于从事桂台商务与投资合作的学生 21 人，组成"国际经济与贸易专业（桂台商务与投资合作方向）"特色班（简称"桂台合作特色班"）。并由一体化项目组成员，主要为从事桂台合作研究的台湾籍老师和大陆籍老师作为学生导师，采取"导师制指导＋桂台方向课程集中授课"的模式进行培养。

三、建构桂台合作中的国际经济与贸易专业特色人才的培养模式

培养适应桂台合作的国际经济与贸易专业人才是专业性很强的人才，这种特色人才在专业设置上应该明显区别于国际经济与贸易专业（包括东盟商务与投资方向）。

（一）培养模式

在对特色班学生的培养方面，采取"导师制指导＋桂台合作方向课程集中授课"的模式进行培养。具体措施如下：(1)该特色班公共课和专业基础课等课程以及学籍管理等，依然按照原班级进行管理和授课，"桂台合作方向课程"则采取"导师制指导＋桂台方向课程集中授课"的模式进行培养;(2)以专业选修课形式,对"桂台合作特色班"学生进行桂台合作方向课程集中授课;(3)创新特色班的实践教学体系,采取"日常研究助理实习＋台资企业参观考察＋到台湾短期游学"的模式进行;(4)"桂台合作特色班"全体学生的毕业论文,由导师指导,并完成有关桂台合作的毕业论文撰写工作。

(二)师资建设

同时,培养合格的桂台合作特色人才对民办高校的师资队伍建设也提出了更高的要求。教师不但应具有较强的国际经济与贸易专业知识,还应具有较强的广西与台湾相关的理论知识和学术水平,更应具有较强的应对桂台合作中的实践能力,精通实践教学环节。学校利用民办高校灵活的用人体制,聘请了一批台湾籍专兼职教授博士,并以他们为主成立专家团队和科研团队,主要在学校从事桂台商务与投资合作研究和教学。另外,组织老师到台湾大学和企业进行参观考察,了解台湾风土人情和教育模式,深入在桂台资企业进行调研、参观和交流学习,提升教师对台资企业发展战略、存在问题等各方面的认识,利于开展科学研究和社会服务,还组织开展各类研讨会、学术会培训。

(三)学校方面建设

学校以服务桂台,加强桂台教育与文化交流,服务区域经济发展为战略,逐渐形成一系列特色优势:(1)学校与台湾的6所大学建立了长期的交流合作关系;(2)大力加强教师队伍建设,建立了以台湾籍优秀学者为核心的专家团队,使得学校与台湾政界、商界和学术界都保持良好的合作关系;(3)在与广西相关政府部门的合作和支持下,组建桂台合作的一所一中心一基地。学校设立了桂台合作研究所、桂台合作研究中心、桂台产学研用一体化基地、桂台经济贸易合作与发展服务基地等科研服务机构;(4)围绕桂台合作研究取得一批高水平研究成果,出版了一批专著和学术论文;(5)2013年成功举办了影响广泛的产业升级与桂台合作论坛、iFAIRS国际学术研讨会和首届桂台青少年拔河比赛等,受到广西区内外有关专家、政府部门、媒体的关注和好评。

四、结束语

随着桂台合作的不断深入,在国际经济与贸易专业特色人才的教育教学改革过程中,我们还需要根据新的教育思想和教育理念对适应桂台合作的人才培养模式进行不断的调整和优化,从而培养出适应市场需求,社会发展需要的高级应用型人才。

参考文献：

[1]张圣才．中国－东盟区域合作中人才培养模式研究－以广西为视角[J]．传承,2012.

[2]吕余生．桂台文化产业合作的前景与构想[J]．广西日报,2010.

[3]程群．搭建桂台全面交流合作新平台[J]．广西经济,2011(5).

[4]吴海兵,李丹．地方本科院校国际经济与贸易专业培养模式创新研究[J]．湖南学院学报,2011.

基金项目:2014年度广西高等教育教学改革工程项目"基于桂台合作的国际经济与贸易专业特色人才培养模式研究与实践",项目类型:一般项目 A 类,项目编号:2014JGA255。

作者简介:

(1)吕婷,女,1984—,广西玉林市人,硕士研究生毕业,广西外国语学院讲师。主要研究方向:高等数学,数量经济,数理统计。

(2)王爱花,女,1986—,河北省石家庄市人,硕士研究生毕业,广西外国语学院讲师,经济师。主要研究方向:区域经济发展、经济数据分析、概率统计、风险理论。

（原文载于《经营者》杂志,2015 年 5 月 11 期第 272－272 页。）

中国－东盟背景下应用型本科学校财务
管理专业人才培养模式研究

——以广西外国语学院为例

广西外国语学院会计学院　黄宗葵　李冬冬

摘　要:本科高校转型是高等教育的一项重大战略部署,研究应用型本科高校的人才培养模式,对于高校适应经济社会转型、提升学校办学质量、服务地方经济发展具有重要意义。本文围绕中国—东盟经济发展背景,提出应用型本科高校人才培养模式存在问题,并选择案例构建了应用型本科学校财务管理专业人才培养模式,对引导应用型本科高校发展具有现实意义。

关键词:应用型本科学校;财务管理;人才培养模式

一、引言

在中国—东盟经济发展背景下,中国与东盟各国之间的经济往来日趋频繁,随着我国经济建设的继续推进,国际竞争力日益加强,国际影响力日益提升,财务管理行业的经济活动空间将不断扩大,未来发展前景更为广阔。社会和企业对高校人才培养提出新的要求,作为应用型本科学校,如何在良好发展环境之下,抓住机遇、理清思路、定好位置,构建适应社会需求的应用型人才培养模式,不断提升人才综合素质,已是大势所趋。本文基于此,以广西外国语学院为例,探索应用型本科学校财务管理专业的人才培养模式,为社会经济发展提供与之匹配的高素质人才。

二、应用型本科学校人才培养存在问题

(一)人才培养目标缺乏特色

我国在产业结构调整过程中,需要由低端产业链向高端产业链转型,但这个转型中,需要大量的应用型人才。即一批掌握创新理论并具备实际技能操作的人才,而这类人才的培养需要依托地方本科高校,而目前我国很多地方本科高校的人才培养模式难以培养出这类人才,应用型人才供给严重不足。一个很重要的原

因是学校应用型的人才培养缺乏特色,未能结合地方实际制定出符合学校办学特色和适应经济发展的人才培养目标。从广西区域来看,有的高校提出德智体美全面发展的目标理念,有的高校提出培养具备适应地方或区域经济发展的人才,有的高校提出具有高度社会责任感的目标要求,很少有高校将个人本位观和社会本位观结合起来制定人才培养目标,人才培养目标趋同化严重,这将直接导致人才培养规格同质化,未能结合区域人才培养需求,创新培养规格特色。

(二)教学内容与生产实际脱离

应用型人才培养模式,需要引入职业标准进行课程设置,主要是根据职业的活动内容,培养学生具备从业人员工作能力。在此过程中,特别需要注意把握职业标准和课程建设两者之间的关系。职业标准对课程建设主要起辅助作用,不能将两者机械对接,亦不能为彰显"应用型"而东拼西凑。在目前的应用型本科高校中,很多学校未突出职业能力的培养,有的虽开设了实践课程,但与生产实际脱节,教学内容与职业标准衔接不当;有的开设的实践课程不完善,仅突出某一方面能力的培养;还有的学校对职业能力与课程建设之间的关系处理不当,这些原因都严重影响了人才培养质量。

(三)人才培养实施方式欠理想

很多学校在人才培养中,虽从思想上认识到应用型人才培养的理念,但在具体实施过程中,却普遍存在实施不到位的现象。主要表现之一为教学方法单一,很多高校仍沿袭以灌输式为主的传统教学方法。教师在授课中,仍停留在讲授层面,并未根据课堂实际创新教学方法,难以提高学生实践能力与解决问题能力,严重影响教学质量,人才培养质量难以符合应用型人才要求。主要表现之二为实践课程主要以集中实践为主,校企合作难以实现。我国应用型地方本科高校的实践方式以专业集中实践为主,主要包括专业实习、专业实训等,实践课程的方式过于单一,且与理论课程衔接欠密切。校企合作是提高学生技能的主要方式,但在很多学校在这方面的实施力度不足,缺乏健全的校企合作机制,合作深度不够,学生未能从中受益。

(四)人才培养评价体系缺失

人才培养评价体系是人才培养质量的保障,激励、调控人才培养工作朝健康方向发展。然而,目前应用型人才培养的评价方式,主要表现为期末考试或考查,缺乏明确的评价指标。实践教学评价标准难以把握,导致在评价过程中增加了可变化空间,约束力较弱,实践教学质量水平难以提高。对学生进行实践学习评价中,还缺乏配套的激励机制,对实践教学成果和水平难以做出公平、公正的评价,抑制了教师从事实践教学的积极性,最终无法保障学生应用能力的培养。

三、广西外国语学院财务管理专业应用型人才培养模式创新

(一)构建特色课程体系

在对东盟市场人才需求进行充分市场调研的基础上,制订财务管理专业人才培养方案,创新人才培养方案,进一步优化了课程体系,改革教学内容,增强了学科专业知识的理论性、系统性和实用性。课程体系包括公共必修课程、专业基础课程、外语必修课程、专业限选课程、专业任选课程、实践教学环节等。其中专业主干课程包括会计学基础、中级财务会计、高级财务会计、成本会计、财务管理学、企业内部控制、财政学、金融理论与实务、税法、资产评估学等。考虑到学生未来的就业方向,增设了金融理论与实务、商业银行经营管理、公司战略与风险管理、公司治理等选修课程,拓展了学生的知识体系,为培养其财务管理综合能力奠定基础。此外,还注意更新教学内容和优化课程体系,开阔了学生的视野,培养学生的写作、英语、调查研究、综合分析的能力和初步的科研能力。

(二)突出涉外领域专业知识

为了适应东盟经济发展需求,拓展学生专业知识视野,开设国际财务管理、涉外会计以及财务管理专业前沿报告等课程。使学生熟悉东盟各国的财务会计方针、政策与法规,具备处理财务核算、管理、分析、预算和监督等方面业务的基本能力,熟悉他国有关财务筹资、投资的法规政策,以及筹资、投资的具体方式、操作程序及技巧,具备从事个人、企业投资理财的能力。

(三)突出实践教学环节

我校根据人才培养目标要求,制定财务管理专业学生的实践教学内容与体系设计,注意根据实际情况不断更新,有利于学生实践能力和创新能力的培养。保障各环节的时间和效果,把实践教学与理论教学摆在同等重要的位置,注重对学生应用和创新能力的培养。主要实践教学包括会计学原理课程实训、会计电算化实训、管理信息系统实训、EXCEL在财务管理中的应用、ERP实训、财务管理综合训练等。校内实训室包括手工会计实训室、财务管理实训室、会计实训室、会电实训室、税务实训室、审计实训室等,实训室内配备先进、完善的软硬件设施。同时,为了培养学生的实际操作能力,积极与有关企事业单位、政府机关、学术团体和公共组织建立较为密切的合作关系,聘请有学术专长和丰富实践经验的校外专家、领导作为兼职教授,设立长期合作的社会实践基地,合作承担科研项目。

(四)突出英语特色培养

以"掌握财务管理理论知识,强化财务管理实务能力,突出英语教学特色"为主线,将专业教学与外语教学、素质教育有效地结合起来,培养具有"专业+外语"的高素质

人才。按照"专业＋外语"的培养规格,本专业以培养面向广西北部湾和中国—东盟自由贸易区建设需要的应用性高级专门人才为目标。具体实施中,以"创新和实践"为中心理念,以"学、用、思、创"四个环节为抓手,坚持英语学习四年不断线(两年以大学英语为主,两年以商务英语为主),开展晨读口语训练,从各个方面激活学生内在的求知潜能,树立起学生的主体性地位,将思想教育、审美教育、综合素质能力培训与专业教学有机地结合起来,力求形成智商和情商综合开发的人才培养模式,培养既有较深厚的西方文学和文化底蕴,又有良好的英语交流和运用能力的高素质人才。

(五)突出东南亚语言培养

在坚持英语不间断学习的同时,为了更好地服务东盟经济,不断提高学生语言沟通能力,开设东盟语种选修课程,如应用泰语、应用越南语、应用柬语、应用印尼语等,学生在校期间根据需要选择一门东盟语种课程进行学习。在东盟经济渗透下,开设东盟语种的学习,更能适应广西社会经济发展需要,也更能体现专业要求与专业特点,有益于培养学生具备较为全面的适应能力。

四、结语

应用型本科院校的人才培养模式改革对提高人才培养质量具有重要积极意义,符合地方发展与社会需求。在具体的操作中,高校要将通识课、专业课、技能课等课程有机融合,并要探寻符合自身发展特色的人才培养模式,使学生理论与实践两不误,提高专业知识与专业技能,更好地服务社会。

参考文献:

[1]谭璐星.应用型本科人才培养模式研究[D].湖北大学.2011.

[2]孔苏.地方本科高校转型发展背景下应用型人才培养模式研究[D].广西师范学院.2012.

[3]刘英华.地方高校应用型本科人才培养模式研究[D].江西科技师范大学.2015.

作者简介:

(1)黄宗葵,女,1979—,广西崇左市人,广西外国语学院讲师。主要研究方向:财务管理与资产评估的教学与研究。

(2)李冬冬,女,1986—,河南省洛阳市人,广西外国语学院讲师,主要研究方向:国际经济与贸易教学和研究,科研管理,教育发展规划。

(原文载于《学园》杂志,2017年1月第3期第13－14＋19页。)

以项目为载体的本科生创新能力培养的实践研究

广西外国语学院工商与公共管理学院　刘丁尔

摘　要:通过积极开展"大学生创新创业训练计划"项目,让本科生参与到实践研究中,学习项目研究的方法,转变陈旧的行为思考模式,掌握创新创业过程中的技术路线,提高创新创业意识,进一步的发现、挖掘自己的创新能力,同时也打造一支有着专业素质的创新创业人才培养的师资队伍。本文以大创项目为载体,在项目管理理念下对本科生的创新能力培养进行实践研究分析。

关键词:项目管理;创新能力;实践研究

2010 年教育部在《关于大力推进高等学校创新创业教育和大学生自主创业工作的意见》中指出:创新创业教育是适应经济社会和国家发展战略需要而产生的一种教学理念与模式。要在专业教育基础上,以转变教育思想、更新教育观念为先导,以提升学生的社会责任感、创新精神、创业意识和创业能力为核心,以改革人才培养模式和课程体系为重点,大力推进高等学校创新创业教育工作,不断提高人才培养质量。时隔五年,在 2015 年,国务院办公厅发布《关于深化高等学校创新创业教育改革的实施意见》总体目标中明确指出:2015 年起全面深化高校创新创业教育改革。2017 年取得重要进展,形成科学先进、广泛认同、具有中国特色的创新创业教育理念,形成一批可复制可推广的制度成果,普及创新创业教育,实现新一轮大学生创业引领计划预期目标。到 2020 年建立健全课堂教学、自主学习、结合实践、指导帮扶、文化引领融为一体的高校创新创业教育体系。

社会需要具有创新能力人才,在市场的需求下,大学生的创新能力培养是目前及未来高校教育的重中之重。创新的根本是实践,培养具有创新能力的人才都离不开实践,本课题以"大学生创新创业训练计划项目"(简称"大创"项目)为培养创新能力的具体实践载体,研究在项目管理理念下,大学生创新能力培养的实践教学模式。

一、"大学生创新创业训练计划项目"开展情况

大创项目,是由学生自主形成课题研究团队,在自选导师的指导下,申请项目立项、由课题负责人所在二级学院进行初审,合格后递交学校评审、上报教育厅批准的一项利于培养大学生创新能力的教育工程。上级教育部门将根据获批级别,给予一定的经费资助,学校也提供相应的配套经费。该工程在实际操作过程中,是由学生结合自身的学习兴趣以及对创新创业的自我需求,组建3~5人的课题团队(大多数都为本专业或本班级的学生,少部分出现跨专业、跨院系),选择合适的指导老师,在导师的指导下设计出具有可操作性以及符合时代发展趋势的创新创业训练项目,完成项目申报书,递交学院主管领导,进行评审后上报学校,学校经过相关管理部门评审,上报教育厅备案。大学生创新创业训练的教育项目,教育部、省教育厅有相应的经费资助,学校也提供了相应的配套资金,我校对该项目进行严格管理,这对项目立项、具体的实施过程、项目的完成和验收等有了较为系统的监管。

二、项目实施过程中出现的主要问题

大学生创新创业训练计划项目,主要是以学生为中心,由学生积极申请,组建团队,选择合适的导师,获得立项后,主动开展项目并完成。是以锻炼大学生主观能动性,培养其创新意识和动手能力的项目管理过程。但在实际的项目实施过程中,存在着各式各样的问题。

(一)项目团队组成结构单一

学生在最初组建项目团队时,往往选择的都是本专业和本班级的同学,人员结构过于单一,容易造成研究视界的局限和在研究过程中出现某方面能力的不足。

(二)导师选择面狭小,学生选择出现盲区

在选择指导老师的过程中,也往往会出现,学生团队重复选择教师的情况,这主要是因为学生对于教师的研究方向和研究领域上的不了解,主要依据熟悉程度选择指导老师。

(三)创新项目立项多于创业项目立项

大多数学生都会选择创新项目,创业项目则比较少。以我校2014年立项项目为例,其中创新训练项目25项,创业训练项目8项,创业实践项目7项。创新项目和创业项目研究期限都以一年为期,在一年之内,对于项目的完成而言,创业项目的难度要高于创新项目,所以高校一般创新项目的立项要多于创业项目。

（四）时间滞后性影响项目的开展

从项目的申请到立项，再有上级部门进行公布，这期间的过渡期较长，一定程度上影响了项目的具体开展，最终也会影响项目的完成时间。另外指导老师和学生的沟通上会出现时间停滞点。因为教师的时间主要是开展教学和科研，有少部分教师不太愿意用较多的时间和精力指导学生，所以对于沟通而言，就会出现时间上的误差，学生的问题没有很好地解决，从而影响项目的完成情况。

（五）学生自我管理能力不足影响项目的验收

本科生的自我管理能力在大学阶段都需要进一步的培养和完善，在此阶段的大学生在管理研究团队和执行研究计划的过程中，往往会出现懒惰、厌烦的情况，这就会造成项目任务不能够按时按期完成，从而影响项目最终的验收。

三、项目开展的主要成效

随着国家和地方教育管理部门重视以及每年增加立项数目的份额，我校本科生创新创业训练计划项目的立项数量和学生参与人数数逐年增加，教务处严格依据教育部、区教育厅对项目的管理规定，明确项目管理单位，强化项目的过程监控与结题管理。以项目提交的结题报告、研究总结、过程记录册以及成果等佐证材料，并结合近几年的创新创业训练计划实施情况比较，反映出实施项目取得的主要成效如下。

（一）大创项目是培养本科生创新能力行之有效的方法

通过学生提交的材料以及随机访谈中反映出，大创项目已成为本科生开展创新创业实践的最直接、最有效途径。学生在项目开展的实践过程中真实感受到创新、创业的艰辛与喜悦，获益良多。有的同学在研究心得中提道："没有参加项目，就不知道自己目前所学的东西远远不足，我们需要一个可以开拓思维的平台，主动获取比被动接受更能锻炼自我，提高能力。"有的同学在和导师交流的过程中说道："经历整个项目，体会到做研究的不易以及团队合作的重要性，能够顺利结题，给予自我的成就感是非常激励我们以后的人生与工作，我很感谢学校能给予我这段宝贵的经历。"

（二）项目的有效实施受到肯定

我院自治区级创业实践项目：《芳香疗法之 DIY 护肤品商业策划与运作》，该项目不仅代表我校参加了 2015 年广西高校大学生创新创业成果展并获得好评，还根据项目运作需要成立了"芳香疗法"创业工作室。

（三）大创项目覆盖面和受益面逐年提高

我院在 2012—2016 年，积极指导本科学生大力开展创新创业训练计划，并取得了系列重要的成果。2012年至今,共指导学生成立了7个创业工作室,目前正在筹办广西大学生女生精品创业园;2012年开始,在自治区民办高校重点专业行政管理本科专业学生中,组织全员参与创新创业训练计划,至今为止,所有管理类本科专业学生中有超过35%的学生参与创新创业活动;2013年获国家级大学生创新创业项目1项,获自治区级大学生创新创业项目4项,获校级大学生创新创业项目7项,2014年已全部结题,学生公开发表论文3篇;2015年指导学生获得5项自治区级大学生创新创业项目立项;2016年指导学生获国家级大学生创新创业项目3项,获自治区级大学生创新创业项目8项。

(四)有力提高了专业教师的创新创业教学和科研能力

通过指导大创项目与教学内容改革的开展,促进了专业教师与企业、社会的广泛联系,提高了教师的教学和科研能力,推动了专业建设工作。近3年来我院教师指导大创项目共计27项,国家级项目3项,自治区级项目176项,校级项目7项;近3年来我院教师们共获得各种省部级、市厅级创新创业科研课题和教改课题十余项,其中一半以上均已结题;近3年来我院教师们荣获广西高等教育自治区级教学成果奖二等奖1次,三等奖1次;荣获全国高校多媒体课件大赛一等奖1次;荣获广西高校教育教学软件大赛一等奖2次,三等奖1次;荣获"十一五"广西教育科学研究优秀成果三等奖1次。

四、结束语

积极开展大学生创新创业训练计划项目是教育管理部门一项非常利好的管理决策。把创新教育作为大学教育、教学的重要内容来抓,高校管理人员要树立正确的管理理念,不仅在政策上对教师、学生要有相应的激励措施,还要在实施过程中严格进行监督管理。高校教师要以身作则,把"大学生创新创业训练计划"教育作为研究项目来实施,引导、发现、挖掘本科生的创新思想,培养本科生的创新意识,进一步提高本科生的创新能力。

参考文献:

[1]教育部《关于大力推进高等学校创新创业教育和大学生自主创业工作的意见》[EB/OL]. http://www. moe. gov. cn/srcsite/A08/s5672/201005/t20100513_120174. html.

[2]国务院办公厅《关于深化高等学校创新创业教育改革的实施意见》[EB/OL]. http://www. moe. gov. cn/jyb_xxgk/moe_1777/moe_1778/201505/t20150514_188069. html.

[3]钱小明,荣华伟,钱静珠. 基于导师制下"大学生创新创业训练计划"教育的实践与思考[J]. 实验技术与管理,2014(7):27-30.

[4]李平媛. 将创新创业教育融入人才培养全过程的思考[J]. 创新与创业教育,2013(4):34-36.

[5]王琼,盛德策,陈雪梅. 项目驱动下的大学生创新创业教育[J]. 实验技术与管理,2013(06).

[6]金京姬. 关于加强大学生创新创业训练计划项目管理的几点建议[J]. 高教研究与实践,2014(4):72-75.

基金项目:2014 年度广西高等教育教学改革工程立项项目"以项目为载体的民办高校本科生创新能力培养的教学实践模式构建与实践",项目编号 2014JGB257。

作者简介:

刘丁尔,女,1984—,吉林省扶余市人,研究生班毕业,广西外国语学院讲师。主要研究方向:工商管理,旅游管理。

(原文载于《经营管理者》杂志,2017 年 6 月中期第 349-350 页。)

人力资源管理专业创新型人才培养平台构建的探索与实践

——以广西外国语学院为例

广西外国语学院工商与公共管理学院　覃思涵

摘　要: 目前各企业在发展中对于人才的要求已经不仅局限于专业能力与技术水平,更要求其具有良好的创新思维。各大高校作为培养各行业人才的聚集地,为同时满足学生与企业的需求,要积极对教学内容进行创新,主动地适应社会发展、培养出符合企业发展需要的人才。创新型人才能为企业创造更多的经济效益和社会效益,本文主要分析现阶段人力资源管理专业在培养人才方式上所遇见的问题,并给出相应策略。

关键词: 人力资源管理;创新性人才;平台构建

在社会不断进步的今天,为适应企业实际发展需求,人力资源管理部门对于人才的创新能力提出了更高要求。人力资源管理专业的学生,在培养目标上他们作为毕业后在企业从事人力资源管理的核心员工,自身拥有创新思维能力至关重要。作为应用型的高校,在人力资源管理专业的教学中要顺应社会需求,与各企业人才招聘需求相结合,以此强化学生创新思维能力培养,构建专业培训平台,使学生毕业后具备良好思维创新能力,满足企业人力资源管理部门实际需求。

一、人力资源管理专业培养创新型人才现存问题

(一)缺少强有力的培养创新型人才师资团队

为培养与企业发展需求相符合的人力资源管理专业人才,目前很多高校在师资队伍的建设过程中,在原有的基础上又引入许多新型的方式,如邀请专业的毕业生或企业中的人力资源管理从业者参与专业的教学工作。教师团队习惯将毕业的人力资源管理专业学生邀请回学校为当前的学生进行工作经验讲解或邀请企业的人事工作者开设讲座,让学生对工作环境有了具体了解。这种形式对学生

眼界的开拓确实起到了积极的作用,但是他们对教育缺乏专业的积累与研究,课堂效率不高,在学生创新思维能力培养的过程中缺乏专业性意见。

(二)创新型人才培养方式不够完善

现阶段很多高校对人力资源管理专业学生的创新思维能力培养环节普遍不够重视,在具体的教学课堂中没有将其作为重点培养目标,使人力资源管理专业学生的思维能力水平不能适应社会发展需求。在传统的课堂上,对于教学的培养方式还局限在以教师为主导的观念上。对于学校提供的校外实践环境不够了解,以至于学生不能认识到提高自身思维创新水平的重要性。

(三)教学管理方式过于形式化

学校在进行教学改革时由于对培养学生的创新思维能力不够重视,导致教师并没有将教材内容与提高学生创新能力方式相结合,在授课时依然按部就班地讲解教学内容。教学管理方式的形式化严重阻碍了学生创新能力的发展。为有效提高学生思维能力,要解决教学方式形式化的问题,积极为提高学生思维能力考虑,构建更多有利于学生发展的教学平台。

二、构建人力资源管理专业创新型人才培养平台的措施

(一)加强专业师资团队培养

在培养学生创新能力时,其关键环节在于专业师资的教学水平。各大高校为提高学生创新能力,首先要构建能力较强的创新培养师资团队,教师要在专业技能良好的情况下积极提高自身教学能力,在教学内容与教学方式上将提高创新能力,并把创新教学方式运用到课堂中,根据不同学生的思维能力对其进行有效指导和帮助。学校积极开展教师研讨会,对于有效提高创新能力的方式进行总结,相互传授教学经验使每个学生都能接受良好的创新能力培养方式。学校也可为提高师资教学水平提供有效的发展平台,深入落实现代企业发展中人力资源管理部门拥有创新思维能力的重要性,使教师对此形成高度重视。

(二)建设基础创新实践教学平台

积极为培养创新型人才教师小组设立专属负责人,并且为负责人设立专属平台,通过以上条件创建基础创新型实践教学平台。发挥专业负责人和课程负责人的带动作用,指导学生接触和参与任课老师的创新项目活动,利用校内基础创新实践教学基地,鼓励、引导学生开展基础创新活动。平台团队教师在授课过程中要根据课程具体内容,通过将各种提高思维创新能力的方式运用到教学中去,如对提高学生抽象思维做专属的训练,使学生在多次练习中吸收更多的思维创新练习内容。

（三）建设课外创新活动开发平台

实践动手能力是提高学生创新能力的有效方式,在条件充足的情况下,学校积极组织专业开展创新活动,为提高学生创新能力提供有效帮助。如人力资源管理专业学生在不同的年级参与由专业社团人力资源管理协会组织、项目团队指导老师指导的专业赛事。如大学一年级可组织参加职业生涯大赛,大学二年级可组织商务礼仪大赛,大学三年级组织人力资源模拟招聘大赛;大学四年级组织人力资源管理简历大赛。这些专业赛事根据课程进度安排,有利于及时巩固学生所学的知识。此外,还应积极组织学生参加国家的大学生创新创业训练计划,通过大创项目的训练培养学生独立思考能力以及发现、分析问题和解决问题的能力。

（四）建设专业品质培养特色平台

深挖学院特色课程《管理者情商与拓展训练》(开设于大学二年级)、《专业技能训练(一)、(二)、(三)》(分别开设于大学二、三、四年级)的教学内容,积极开展创新培养活动,提高了学生专业素质与能力,如团队合作能力、情绪控制能力与解决问题的创新能力等。变传统的以"教师为中心"为"教师为导,学生为主",采用科学合理的教学与实践方式,如项目教学法、问题探究法等,激发学生求知热情、探索精神、创新欲望,以及向旧观念挑战的精神。同时,挖掘了学生创造性思维和团队合作潜能,培养高情商和兼具独立思考、多角度解决问题的能力。

（五）建设产学研用一体化实践平台

人力资源管理专业教师充分利用学校为该专业学生准备的一体化实践教学平台对学生进行课外课内训练。与校企合作企业、实习实践基地进行积极沟通,不定期开展各种形式的校内外实践活动,如市场调研、顶岗实习、商业策划实训、讲座等。通过让学生参加校外实训的方式,使学生更早的与社会工作岗位接轨,了解本专业在社会工作中的具体内容,同时接受企业文化以及创新理念的熏陶,了解企业理念从而提高自主创新意识。当前,学校已经与广西锦绣前程人力资源股份有限公司、广西苏宁云商销售有限公司、广西嘉路人力资源顾问有限责任公司等签订了校企合作协议,并组织学生参加了广西嘉路人力资源顾问有限责任公司组织的广西靖西市政府人员状况调查、公司顶岗实习等项目。这一平台也促进了教师积极服务社会,产生了一些科研课题,培育了科研团队,提高了师资队伍的水平,反向带动了学生创新能力的提高。

三、总结

当前,培养创新型人才已经成为共识。人力资源管理的工作岗位对该人力资源管理专业的学生素质要求较高,作为培养人才专业机构的高校,要紧贴时代的脉搏,顺应社会对人才的需求,注重培养学生的创新能力。在教学实践中不断地反思与探索,改革教学方法和教学组织形式,构建起人力资源管理专业一体化创新教育实践平台,培养更多的创新型专业人才。

参考文献:

[1]阚文婷. 高职人力资源管理专业创新型人才培养的实践教学体系构建研究[J]. 市场论坛,2017(05):91 -95.

[2]王琳,朱大明,李雨健. 工学土地资源管理专业创新型人才培养模式研究——以昆明理工大学为例[J]. 西部素质教育,2017,3(02):55 -56.

[3]李柯."新常态"下高职人力资源管理专业创新型人才培养机制研究[J]. 时代教育,2015(22):4 -5.

[4]张思浜. 人力资源管理专业的创新型人才培养研究——以苏州科技学院为例[J]. 人力资源管理,2014(06):184 -185.

基金项目:2016 年度广西高等教育本科教学改革工程立项项目(一般 A 类),"两路径、三层次、四平台"一体化人力资源管理专业创新型人才培养模式研究与实践,项目编号 2016JGA389。

作者简介:

覃思涵,男,1982—,广西河池市人,硕士研究生毕业,广西外国语学院讲师。主要研究方向:管理学,人力资源管理。

(原文载于《人力资源管理》杂志,2018 年 1 月总第 136 期第 324 -325 页。)

民办高校创业型营销类专业人才培养模式的改革："1+2+3"模式

广西外国语学院工商与公共管理学院　伍锐

摘　要:本文具体分析了民办高校创业型营销类专业人才培养,对建设创新型国家和促进高校创业教育的作用,总结了创业型营销类专业学生的鲜明特点,提出了构建以"1+2+3"模式为特色的创业型营销类专业人才培养方案。

关键词:创业型人才;营销类专业;培养模式改革

目前,我国民办高校创业教育和创业型人才培养仍处于起步和试点阶段,在办学理念、管理机制,教学内容和教学方法等方面都存在或多或少的问题。民办高校必须通过大力改革人才培养模式,改革课程体系、教学方法和评价模式,加强实践教学环节,积极营造创业文化,开展创业理论研究,建设一支创业型的师资队伍等方法和途径,才能使创业型人才培养模式得以有效实施。

一、培养创业型营销类专业人才的作用

随着我国高等教育理念的不断创新和改革,高校只有全面贯彻落实科学发展观,更新教育理念,积极构建创业教育模式,大力开展创业教育,培养新型高级人才,才能满足社会经济飞速发展的需求。

(一)有利于推动我国建设创新型国家的战略目标的实现

建设创新型国家就是以科技创新作为发展战略的核心,提高综合国力的关键,大幅度提高科技创新能力。创造新的科学技术、创造新的发明专利、创造新的知识资源以及由此引发的理论创新、制度创新、机制创新等等,从而由传统经济形态迈入社会与国家发展的一个崭新的形态。因此造就一种既能满足生存需要、又能满足高新技术产业创业需求的人力资源,培养具有创新创业的一代新人,民办高校创新型、创业型人才的储备至关重要。

（二）有利于促进民办高校大学生创业教育长效机制的形成

大学生创业教育的长效机制主要包括政府的主导机制、社会的导向机制、高校的人才培养机制、学生的能动机制以及政府、社会、高校、毕业生联动机制等方面。为此需要不断更新创业型营销类专业人才培养的教育理念，丰富教育内容，创新教育方法，培养教育师资等，才能确保民办高校创业教育的顺利开展。

二、民办高校创业型营销类专业学生的特点

在大部分民办高校里，营销类专业一直都是比较热门的专业，主要包括市场营销、涉外营销、营销与策划等专业。这类专业的学生特点非常突出，在学校表现非常活跃，大部分的学生既有较高的思想素质，又有吃苦耐劳的精神；既有较强的动手能力，又有较好的文字和语言表达能力；既有团队精神，又能够独当一面；既有良好的做人、做事的悟性，又有服从、宽容、理解、合作的团队意识；既有较强的社会、岗位和人际关系的适应能力、应变能力，又能准确恰当地进行自我定位、做事认真、从一线做起。特别是现在90后的营销类专业学生，自身还有以下鲜明的特点：1. 有较强的创新意识和创业欲望。2. 职业生涯发展的目标明确。3. 敢于尝试新的事物，易于接受新的理念。4. 个性突出，善于表现自己。5. 情商高，擅长人脉资源积累。6. 承受挫折和抗压能力强。

三、创业型营销类专业人才培养模式的构建

从目前民办高校营销类专业建设的现状看，在人才培养的过程中还存在诸多问题，大多数高校仅是简单地将少数几门创业课程列为选修课，有些高校则仅限于学生的第二课堂活动，还有一些高校的创业教育活动未能清楚地体现创业型人才的培养目标。为此，笔者结合所在学校营销类专业建设的实践，综合当前国内外民办高校创业教育现状，设计出以"1＋2＋3"模式为特色的创业型营销类专业人才培养方案。

（一）"1"是指积极构建一个"双赢"的创业型人才培养的校企合作平台

校企合作是很多高校构建人才培养模式的重要途径，最终形成一种注重培养质量，注重在校学习与企业实践，注重学校与企业资源、信息共享的"双赢"模式。培养创业型营销类专业人才，要从以下两个方面加强校企合作的创新。

1. 以校企合作共建校内外实习实践基地为载体

建立稳定的、高质量的教学实践基地，是培养创业型营销类专业学生创新精神和实践能力的必要途径。合作双方在实习实践基地的建设上，可以采取内外结合，校企互动，方向培养，就业对接的方式。具体讲就是：把在校内和校外的实习

实践基地结合起来,同一家企业既在校内建立实习实践基地,同时又是学校的校外实习实践基地,校内校外功能对接,互为补充。

2. 以校企合作共同扶持大学生创新创业项目为重点

校企合作以高校目前所开展的营销类专业大学生创新创业项目为纽带,合作随着项目的开展而结合,随着项目的完成而结束。该模式首先由企业提出要合作进行的与市场接轨的急需项目,企业投入经费,高校师生与企业人员联合开展项目研究与实践,成果或专利归企业独享,但企业将成果鉴定或专利注册后,要给予高校一定的资金回报,高校拥有研究成果的公开权。

(二)"2"是指重点抓好创业型人才培养的两个课堂活动,即第一课堂活动和第二课堂活动

1. 第一课堂活动要以改革理论教学体系为核心

课内教学计划中,在必修环节开设创业教育理论课,使营销类专业全体学生在校期间均接受创业知识普及教育,增强学生的创业意识,并使之内化为学生特有的创业素质;在全校选修课中开设创业教育类模块课程,对学生进行从事各项事业策划、开办、拓展的教育,培养学生的创业意识、创业素质和创业能力;同时,各专业结合专业课教学,通过案例教学等方式,渗透、结合、强化学生创业意识的培养;结合专业发展,各专业均应在专业选修课开设《创业教育系列讲座》,着力培养学生的创业思维和企业家创新精神。

2. 第二课堂活动要以改革实践教学体系为核心

要加强两个方面的实践活动:一是要鼓励营销类专业学生参加各种校内外创业大赛,可以邀请创业家、企业家等,向学生传授创业经验,指导学生参加创业竞赛活动,体验创业的过程,结识未来创业的合作伙伴,增强创业的勇气和信心。二是要在校内设立专门机构进行商业化运作,建立大学生创业园,学生能充分利用校园创业有利的消费群体、市场优势,积累创业经历,学校可以为学生开辟免费的创业工作楼、创业广场和创业校园网等,使学生在这种草根创业模式中受益。

(三)"3"是指确立三个根本保障,即创业型人才培养的师资保障、创业型人才培养的政策保障和创业型人才培养的资金保障

在师资保障方面,民办高校重点要建立专兼职结合的教师队伍,要训练一支"学术、实践"兼备的教师队伍,加强教师与企业界人士的接触,鼓励教师到企业观摩创新创业活动,掌握创新创业实践活动最鲜活的经验,并运用于学校创新创业教学中。在政策保障和资金保障方面,政府要完善扶持大学生创业的政策支持体系、创业培训体系、创业服务体系和组织领导体系,建设有地方特色的大学创业资助体系,解决大学生自主创业过程中资金短缺的问题,探索创业资助的社会化运

作机制,并形成了自身的地方特色。同时,民办高校自身也要积极出台各项保障措施,通过多渠道融资,设立专项的大学生创业基金。

总之,培养创业型人才是高等教育改革的必然要求,民办高校更应该而且必须顺时应势,尽快做出改革和调整,在当前强调创新教育和创业教育的基础上,明确各专业人才培养过程中应具有创业教育观和创业型人才培养观,积极构建全新的、系统的、多层次的、可持续发展的人才培养模式。

参考文献:

[1]曾尔雷. 高校创业型人才培养的路径选择[J]. 中国大学教学,2011(6).

[2]范康健. 高校创业型人才培养模式研究[J]. 煤炭高等教育,2011(3).

[3]赵治月,王炳章. 高校与企业战略合作方式的新思路[J]. 沧州师范学院学报,2012(3).

[4]李秀娟."两平台、双层次"创业型人才培养模式研究[J]. 黑龙江高教研究,2007(11).

[5]王陆海,折沂,贺淑萍. 与企业对接培养应用型人才模式初探[J]. 西安邮电学院学报,2007(7).

作者简介:

伍锐,女,1979—,广西桂林市人,硕士研究生毕业,广西外国语学院副教授、院长。主要研究方向:管理学,市场营销。

(原文载于《青年与社会》杂志,2013 年 1 月第 3 期第 119 - 120 页。)

高校培养保险营销型人才的几点建议

广西外国语学院国际经济与贸易学院　黄贤炎

摘　要:文章基于保险行业的人才需求特征和能力结构要求,针对当前高校保险学教学课程教学中普遍存在的问题,结合笔者多年工作及教学实践经验,提出培养面向营销型保险人才的几点教学改革建议。

关键词:保险;营销;教学改革

根据2011年一项数据统计,每年从高校毕业的保险专业大学生有3000～4000人。但我国保险业每年大约需要3万名保险专业毕业生,保险专业人才的数量严重不足。据数字英才网业内专家介绍:目前保险行业中,高层次人才比例偏低。整个行业的营销人员中,拥有大专以上文凭的人员不到30%。而保险从业准入门槛的提高,将会对保险从业人员结构进行新一轮的调整。"目前市场主体大量增加,各公司及其分支机构对人才需求急剧增加,特别是保险营销型人才的需求尤为巨大。"营销型保险人才的供需不平衡正在逐步扩大。迫于业务的发展,各大保险公司为提高竞争力和市场份额,互挖人才的现象屡见不鲜。由此可见,目前保险人才尤其是具备保险代理从业资格的营销型人才缺口十分明显。

应该肯定的是,国内目前有不少高校相继开设了保险学专业,努力培养社会需求的保险学专业人才。但纵观国内高校的保险教育,师资不足和缺乏实际操作经验成为普遍存在的问题,加之教学手段等缺乏创新,使得高校培养的专业人才在专业知识、能力结构上难以满足社会对保险学营销人才的需求。作为培养人才第一线的高校,如何培养适应社会需求的保险专业人才,尤其是需求量最大的营销型人才,是高校亟须解决的问题。

一、当前保险学课程教学存在的问题

(一)双师型师资不足,缺乏具有实践经验的教师

目前很多开设有保险学专业的众多院校,双师型师资力量的缺乏是显而易见

的。作为金融前沿学科，保险学专业是一门理论性与实践性高度对立统一的学科。这要求教师不仅要有很好的理论知识储备，还需要有相关实践经验。然而，近几年来各大高校新引进的许多教师，刚出学校门又进学校门，缺少工作经历，缺少实践经验，缺乏将理论知识应用到实践中的能力，更不知道社会上企业对人才的真正需求点。据对浙江省的调查统计，高职院校教师队伍中具备高技术素质的"双师型"教师占的比例不足15%，而西方发达国家的这一比例一般为50%以上。这必然会影响到高校为社会输送高级应用型人才的功能。由于多数教师缺乏保险或相关行业从业经验，意味着在教授学生的过程中，学生可能掌握到的更多的是理论上的知识，导致动手实践操作能力不强，不利于学生就业指引和职业生涯规划。另外，由于教学经验上的不足，传统教学手段单一，也可能造成学生学习的积极性不高。对专业性很强的保险学课程，学生在理解时常常会感到非常吃力，进而导致厌学情绪。因此，学生在学习时难以掌握今后从事保险营销工作所需要的知识能力，尤其是营销技巧、公关能力等，这对学生就业是十分不利的。

（二）传统教学模式落后，难以提升学生学习积极性

目前很多教授保险学课程的模式仍然跟许多其他学科一样，以教师讲授为主，学生参与为次。再加上多媒体教学创新上的不足，致使教学形式比较单一，仅通过PPT动态演示教学环节，效果不是很佳。一方面，造成学生是否真正掌握所学相关知识教师无法了解；另一方面，很难提高学生参与课程学习的热情与积极性，更谈不上学生主动在学习过程中发现问题，提出问题并具备解决问题的能力。另外，目前许多高校在平常教学过程中，往往更注重理论知识的灌输，忽视动手实践能力的提升，在考核学生学习情况时，往往也较注重理论知识部分，且考核手段无法与培养应用型人才相匹配。没有建立起围绕保险从业资格来进行教学，使得学生缺乏从事保险营销工作所应具备的从业资格，忽视职业能力的培养，与社会需求脱轨。

二、针对当前教学存在问题提出的几点建议

为更好地培养适应社会需求的保险营销人才，结合笔者多年保险从业经验及教学实践经验，提出几点适应该课程教学改革的对策和建议。

（一）引进双师型教师，注重实践操作能力提升

学校能否培养出符合社会需求的人才，很大程度上取决于教师的素质。针对本课程理论性与实践性较强的特点，高校在引进教师人才时应侧重引进双师型教师，即在本课程教学上，具有教师证又具有保险行业丰富经验的教师。双师型教师不仅能更好的引导学生学习本课程，还能向学生传授具体的实践操作经验，进

行有针对性的进行实践教学,以此提高学生理论学习的热情和实践操作能力,并能很好地为学生今后的职业规划奠定坚实的基础。

(二)改变教学模式,综合利用多种教学手段

树立以学生为中心的教学理念,不断转变教学思路,改变传统的灌输式教学模式,引入引导式、启发式教学方法,通过互动,激发学生参与讨论问题、思考问题、解决问题的热情。同时,要注重教学手段创新,充分利用各类型多媒体、互联网等,充分挖掘案例教学,注重情景演练,利用现有电脑实训室加强学生实践操作,通过实训提高学生的学习积极性,检测理论知识成果。在教学过程中,更侧重学生营销能力、公关能力的培养。作为授课老师,在教学考核上,更侧重于考核实践操作能力的提升。教师还应创造条件让学生积极参与校外实训,通过建立校外实训基地,使学生能深入保险公司了解新知识,新理念,熟悉保险公司业务情况和工作环境,积极引导学生参与保险公司产品说明会等。逐步营造走出去的一种教学模式。在日常的教学中,教师还应充分挖掘自身的人脉资源,创造条件邀请保险公司相关专业人员走进教室,让学生零距离与行业精英接触,提高保险专业学生学习的积极性,克服今后从事保险营销的畏难心理。

(三)创新考核方法,以职业就业为导向

由于国家对保险从业人员要求具备保险从业资格证,而高校培养学生是面向社会应用型人才。因此,在教学过程中,要始终贯穿保险从业资格证的考试辅导,着重提高学生从业证考证通过率。在期末考核上,可以引入免考制度,凡通过保险从业证考试的学生,期末可申请免考,充分提高学生考证积极性。同时,创新考核方法亦有利于提高学生就业市场的竞争力。

综上探析,目前社会对保险人才的要求越来越高,不仅对从业人员数量要求增加,同时对从业人员必须具备的专业知识也提高。高校只有积极适应市场需要,以就业为导向,转变教学理念,创新教学手法,以应用型培养为方向,充分调动学生学习本课程的积极性,引导学生考取保险从业资格证,才能收到良好的教学效果,最终获得社会的普遍认可。

参考文献:

[1]数字英才网:保险行业人才缺口巨大,保险营销人员严重不足,2013 - 4 - 9.

[2]《面向21世纪深化职业教育教学改革的意见》,教育部,1998.

[3]翟建华.《保险学概论》(第三版)[M].东北财经大学出版社,2012.

[4]冯巧玲:保险专业实践教学改革探析[J].合作经济与科技,2013(457):

122 - 123.

[5]邵继红:论案例教学法在高校管理类课程教学中的运用[J].职业时空(研究版),2007,(5).

[6]刘爱华:保校合作,共育保险实务专业人才[J].中国市场,2009(41).

[7]胡运良、侯旭华:浅谈保险实训教学与保险应用型人才培养[J].当代教育论坛,2009(6):54 - 55.

[8]吴穷:在金融保险专业构建以实训为中心教学模式的尝试[J].职业与教育,2007(11):84 - 85.

作者简介:

黄贤炎,男,1983—,广西百色市人,本科毕业,广西外国语学院讲师,经济师。主要研究方向:金融保险,教育教学研究。

(原文载于《读与算》杂志,2014 年 9 月第 09 期第 3 页。)

国际贸易与英语相结合的复合型人才培养探究

广西外国语学院国际经济与贸易学院　　刘丹羽

摘　要:英语人才市场饱和和英语工具性学科的特性,使得英语毕业生在竞争日益激励的市场上处于弱势,而复合型英语人才的需求量却非常大。广西作为中国与东盟唯一既有陆地接壤又有海上通道的省区,具有双向沟通中国和东盟的区位优势,因此,笔者从国际贸易与英语相结合出发,致力于培养出精通国际贸易优秀的广西外国语学院英语专业人才。本文主要从教学模式、教学内容和评价体系三方面来探索国际贸易与英语相结合的复合型人才教育。

关键词:国际贸易;英语;复合人才

目前,随着国内高校每年输出数量巨大的英语专业毕业生,导致英语人才市场趋于饱和,且随着世界经济的发展,各企业对于员工的要求也越来越高,使得毕业生就业竞争压力激增。英语作为一门工具性学科,人才输出量巨大,所以英语专业的就业率这几年都处在全国就业率倒数前十,相比起其他行业,英语专业的就业形势十分严峻。而改变这一现状的唯一途径,便是培养既懂英语又懂其他行业的复合型人才。广西是唯一一个中国与东盟同时拥有陆地接壤和海上通道的双向沟通省区,且广西南宁拥有一个永久性的东盟会展中心,这对广西外国语学院来说,是一个非常好的机遇,因此,笔者从广西和东盟的关系出发,提出将国际贸易与英语相结合的针对东盟特点的复合型专业人才培养计划,帮助英语专业学生更好地就业。

建设国际贸易方向的专门英语教学的前提是:教师必须明白专门英语和基础英语的区别以及专门英语的定位。基础英语主要是以培养学生的基础英语能力为主,英语知识内容针对性不强,其毕业生主要工作为英语相关科研工作或教师,之前由于国内英语方面人才稀缺,所以,有很大一部分英语人才可以进很好的企业。但近几年由于市场经济的快速发展,在市场经济的体制的影响下,经济、贸易等方面的公司对单一英语人才的招收率基本为0,接受基础英语教学的学生在就业面遭遇到了非常大的阻碍。因此,在进行复合型英语人才培养的过程中教师必须改变传统基础英语教学的模式,根据其原则,对症下药,制订出更符合学生发展和更具持续性的复合型英语人才培养方案。

一、复合型英语人才培养原则

(一)打好基础,循序渐进

复合型英语人才的培养应在英语基础扎实牢靠的情况下再进行特定行业知识的能力培养。注重培养学生扎实的外语基础,体现英语专业学习者和非英语专业学习者的优势,从而提高其社会竞争力。在教学的时候,在牢固的英语基础上加强学生对特定领域英语的学习,才能从根本上实现复合型英语人才输出的目标。如在教学过程中本末倒置,盲目的强调专门英语的学习,将会出现非常严重的后果,导致"复合型"英语专业出来的学生,英语能力有的还比不上公共英语学习者,"专业"知识又不如相关专业的同学深厚,"复合"比不复合还糟糕。所以,复合型英语人才培养的根本还是应该回归到基础英语的教学上。

(二)语言学习和专业知识并重

基础英语的教学主要是对通用英语的学习。语言学家在对语言进行研究的时候,提出了语言共核的概念,即在说某类语言的群体中极大部分人会使用的那一部分语言。同类语言的使用者,会因为职业不同、环境不同等,在语言的使用上有一定的差异,而语言共核将这些不同的因素排除在外,指某类语言所有使用者都必须学会和运用的那一部分语言。也就是对"通用语言"的一个更加完整的解释。目前,国内高校所有的英语专业教学都是以语言共核涉及内容为主,包括为测验学生英语能力而设的英语等级类考试(大学英语公共六级、大学英语专业四级、大学英语八级等)都是以测试学生对英语共核涉及内容的掌握为主。但这只是英语学习的一个基础,所以导致学生对特定行业的知识知之甚少。例如,看不懂使用说明,看不懂英语法律条款,看不懂英语经济方面文章和材料,等等。因此,学生对于专门英语方面的学习就显得尤为重要,而不经过系统和专业的学习,学生很难对其进行掌握。英语是载体,而专门英语里面涉及的专业知识则是要传递的信息,两者相辅相成。

二、培养计划

国际贸易与英语相结合是笔者根据广西与东盟之间双向沟通关系所研究出来的一个具有明显优势的商务英语方向,其定位主要是培养具有国际贸易方向专业知识的优秀英语专业人才。笔者根据此定位和上述的培养原则,主要从课程设置、教学模式和评价体系三个方面来建设国际贸易与英语相结合的这一商务英语方向。

(一)改革课程设置

在培养复合型人才的过程中,有的学校采用的是英语和专业分开讲的方式,专业理论课由中文教师来讲解,而英语应用部分由英语教师来完成,这与语言作为载体承载专业内容的特性,导致学生的语言实践时间不够,从而导致学习效果不佳。所以,首先要明确的是,国际贸易方面的课程必须用英语讲解来完成。在教授专业方面的课程之前,学生必须现在基础英语方面打下一定的基础。因此,从整个大学的课程规划来说:第一,第一学年,注重基础英语的学习,开设综合英语、英语听力、英语口语和英语语音等课程,不开设国际贸易方向的课程,以打好学生英语基础为主要目的。第二,从第二学年开始,开设国际贸易的专业课程,一周应达到4个课时,使学生接触到较多较全的国际贸易方面的专业知识。第三,在教材的选用上也应注意选用适合学生能力的国际贸易方面的教材,从而实现学习资源的最优化利用和学生吸收最大化。第四,有学者把在职业生涯中成功交际的能力分成了三种。第一种是对某一领域内的专有知识的掌握和运用的能力。第二种,指在职场中相对宽泛的交际能力,包括从谈话中提取信息并做出反应等能力。第三种,是指与同事等进行非正式语言日常交流的能力。复合型英语人才教育必须进行这三种能力的培养,而这三种培养将直接落点到课堂内容设置上,因此,在课程内容设置上应注意以下几点:(1)高年级口语课和听力课的教学材料选用应尽量贴近与国际贸易方面相关的内容,让学生在相对背景下学习到国际贸易方面的知识并实际运用。(2)除了采用国际贸易相关的口语和听力材料,也要注意培养学生在日常职场中的各种能力,包括邮件的撰写、非正式日常交流,等等。第五,增加口语课程,加大口语课的课时量,培养学生英语实际运用能力。

(二)改变教学模式

基础英语的教学主要采用传统的英语教学方法,以单方面的知识输出为主,主要采取老师讲学生听的教学模式。这一教学方法对于培养学生的英语实践能力有百害而无一利,因此,要想输出符合市场需求的具被某一特定领域知识的英语实践人才,这一教学模式必须要做出改变。

1. 电子媒体最优化利用

数字电子技术正在极大的影响当今的课堂教学。有研究表明,可视化的图像能够帮助学生更好的记忆内容,同时能够让学生融入图像所呈现的氛围中,帮助学生更好地理解。因此,在上课过程中,教师可以适当播放一些与国际贸易相关的视频,或是特定商务场合的模拟视频,从而帮助学生更好的掌握所学知识。

2. 以学生为主体

教学的主体应该是学生,但有的教师却将注意力全部集中到完成教学任务和知识输出的数量上,导致教师教学输出量大,而学生实际吸收量却非常的少。因此,教师应在教学方法上做出改变,将注意力回转到学生身上来,关注学生对知识的吸收程度,对于学生吸收不好的知识要及时地答疑解惑,对于学过的内容根据学生的掌握程度及时进行巩固,确保学生吸收所讲内容。

3. 以实践教学为主

由于国际贸易方向的商业英语专业强调的是学生对于国际贸易专业知识的掌握以及对于实践英语的运用能力,因此,教师在上课过程中要注意调动学生积极性,主要以培养学生英语实践能力为主,增强教师与学生的互动,增加学生自己开口说英语的时间、锻炼学生知识重组的能力和对专业英语的运用能力。

(三)改革评价体系

传统的评价体系注重对学生对语法、句子结构等基本英语方面的掌握,而对于商务英语专业学生最重要的英语实践能力,即听说能力的考察却基本没有。这样的评价体系反过来会对学生有一个导向作用。学生会为了争取更高的分数,重视对语法和句子结构等的掌握而忽略对英语听说能力的运用。因此,要想培养出英语实践能力强的人才,就必须对考核制度做出一系列的改变。最重要的一点,便是增加并重视对听说能力的考核。考核有半期考核和期末考核组成。听力方面,考试内容由国际贸易相关的内容和日常职场交流方面的内容组成,由教师选取适合学生当前英语能力的材料,来对学生进行听力的考察。口语方面,仍然分为两个部分,即与国际贸易相关内容的商务场合模拟对话以及日常职场交流模拟情景对话,通过这两方面的考察来确定学生对平日所学知识的掌握程度和英语实践运用能力水平。

参考文献:

[1]莫莉莉.专门用途英语教学与研究[M].浙江大学出版社,2008.

[2]单胜江.专门用途英语教学研究:理论与实践[M].浙江大学出版社,2012.

[3]符雪青、黄杏.大学英语与专门用途英语的教学融合探究[M].中国水利水电出版社,2013.

基金项目:2013年度广西高等教育教学改革工程项目(重点项目),面向东盟的国际商贸人才本专业+跨专业模块之教学模式研究与实践,项目编号 2013JGZ162。

作者简介：

刘丹羽，女，1987—，广东佛山市人，硕士研究生毕业，广西外国语学院讲师。主要研究方向：商务英语，英语语言文学。

（原文载于《现代企业教育》杂志，2015 年 1 月下期第 80－81 页。）

三、课程教学改革

浅谈《税务筹划》课程教学的思考

——基于民办高校教师教学能力水平的研究

广西外国语学院会计学院　何一冬

摘　要:本文提出税务筹划课程的知识综合性很强,从师资力量、教师队伍特点、税法知识的更新及高校应辅助的教学设施四个方面来探讨本门课程的教学。

关键字:教学水平;知识结构;更新

随着经济的发展,社会的进步,企业对人才的要求越来越高,特别是对财会类专业的人员。企业在招聘财会类专业的员工时,大多要求既掌握税法基础知识又有扎实的财管管理知识的复合型人才,这无疑对高校教师的业务能力水平提出了更高的要求。

自上海最早开始营改增试点,然后扩大至北京等 8 个省(包括直辖市),到2016 年 5 月 1 日营改增政策正式在全国范围内全面铺开,这期间除了企业和国、地税局等需要进行账目的交接与调整,更需要高校的教师尽快更新自己的知识结构,才能让学生所学的知识与时俱进,才能让学生在毕业后更好地适应财会类岗位工作。为了让学生能及时学到新知识,提高教学效果,无疑对教师提出了更高的要求。

一、民办高校普遍面临的教学问题

(一)财会类专业教师紧缺

根据教育部网站公布的招生人数信息,每年民办高校的招生人数是有增无减的,而财会类专业作为热门专业,其招生人数是稳中有升的。根据文章作者所在的民办高校每年的招生人数统计显示,财会类专业的学生人数是逐年略有上涨的,如果允许转专业的情况下,很多学生的第一志愿会是财会类专业。根据每年的排课情况显示(以文章作者所在的二级学院为例),专职教师满负荷的工作状态下,我们依然需要招聘大量的外聘教师,也曾出现找不到合适的外聘教师而延迟开课的情况,这个问题不仅是民办高校存在,也有些公办院校存在,不过在民办高校显得特别突出。教师的紧缺除了会影响二级学院的日常教学活动,还会直接影响到教学质量,更会影响教师业务水平的提高,因为在满负荷工作的情况下,教师很难有更多的时间去完成科研与进一步的学习。

(二)教师队伍参差不齐

与公办院校相比,民办高校的待遇等各方面确实稍逊一筹。与企业相比,民办高校的薪资待遇的确不如企业。因此很多择业人员在择业的时候不那么情愿选民办高校工作,就会出现财会类专业学历较高的毕业生、有在企业工作经验的财务人员不愿意进民办高校工作,民办高校只能选择招聘相对符合招聘条件的财会类专业人才,比如年轻的毕业生,然后慢慢培养年轻的教师,不断地提升自身的教师队伍。年轻的教师理论知识扎实,但由于其从学校直接进入学校,缺乏一定的专业操作经验,而近几年,税制和会计准则都有在改革,这就要求年轻教师要不断地学习,以更新自己的知识结构,很多内容还需要在实践中取得新的资料,才能给学生传递最新的内容和讲解生动的案例,这些都需要教师拥有扎实的理论基础和深厚的实践经验。再者,招聘的对象可以是返聘一些在公办院校已经退休的资深教师,能招聘到这部分资深教师是民办高校的荣幸,但是这类教师往往年纪较大了,工作的热情度没有年轻人那么高,很多事情做起来难免有力不从心的感觉,教学的执行力就没有那么高,这样民办高校的教师队伍就容易出现两极分化,年轻的很年轻,年长的就很年长,中坚力量出现断层的情况,而中坚力量恰恰是民办高校急需的。

(三)税法知识的更新

2016年5月1日开始,营改增政策全面铺开,这无疑给《税务筹划》课程授课的教师带来不小的挑战。《税务筹划》课程属于应用型的课程,要进行税务筹划,首先要掌握好税收法律的知识,而财政部、国家税务总局宣布营改增政策后,相对应的税率及高校使用的教材都没来得及更新,而授课教师并非是在企业一线工作的财务人员,授课过程中难以及时搜集到相关案例资料并生动讲解。因此,《税务筹划》课程教师除了拥有深厚的理论基础知识,还需要具备实践能力,整合完善自身的知识结构。

(四)教学设施有待完善

俗话说,"巧妇难为无米之炊"。教学质量的提高,除了要求教师拥有较高的教学能力水平,还要求有相应的辅助教学设备来协助完成教学。从培养学生的目的来说,我们希望培养出来的学生是具有运用所学知识可以独立分析并解决现实中遇到问题的能力。而传统的教学模式是注重教师的讲,学生的学,而对于《税务筹划》需要较强实践能力的课程来说,这样的教学方式明显是不符合要求的,因此,我们应该考虑配套相应的模拟实训室,侧重于企业日常活动的经营到财务核算中涉及的税务问题,然后让学生根据已经学习的理论知识进行相应的税务筹划,这样就可以很好地将理论知识与实践结合在一起。而高校的实验室都是根据不同课程,不同要求单独建设起来的,所购买软件也是根据单个课程需要采购的,而这些独立情况无法满足综合课程的需求,因此应重新整合实训室的设施及各项软件的综合运用。

二、民办高校教师面临困难的解决措施

(一)稳定教师队伍

《国家中长期教育改革和发展规划纲要(2010—2020 年)》提出:"把育人作为教育工作的根本要求,把提高质量作为教育改革发展的核心任务,把教育摆在优先发展的战略地位,把改革创新作为教育发展的强大动力。"作为人才培养的核心任务,提高教学质量是高校亟待解决的重大问题之一。要保证高校的教学质量,首先,要保证高校教师队伍的稳定。因此,如何在没有公办院校的优势与企业的高薪情况下能留住教师,保证教师队伍的稳定性也是民办高校需要解决的问题之一。可以执行有效的激励政策和人情关怀。因为大部分教师都有求稳的心理,学校能够给予多一点的人文关怀,建设良好的校园文化,能够站在教职员工的角度上为员工多考虑和帮助解决一些实际的问题,让员工有归属感和满足感,教师队伍自然能够稳定发展。

(二)以老带新

年轻教师居多,有一批已退休的经验丰富的老教师做后盾,中年教师作为中坚力量较为薄弱,这是民办高校的一大特点。为了长期稳定发展,高校可以执行以老带新、一对一的制度。由教学经验丰富的老教师指导年轻的教师,并给老教师支付微薄的酬劳,比如老教师有空时多去自己所带的年轻教师的课堂听课,针对不足之处多加指导,促进年轻教师的成长,年轻的教师有空时多去观摩自己所跟的老教师的课堂,总结老教师的教学特点,取长补短,除此,年轻教师要多挑战几门课程,促进自己知识结构的系统化。鼓励年轻教师有机会多带学生参加比赛,跟学生一起研究,培养自己努力钻研、积极进取的能力。文章作者对这一块深有体会,以赛促学,不仅对教师教学能力提升快,也有利于学生将理论与实践结合起来学习,激发学生的学习兴趣,让学生更好地掌握基础知识和延伸知识,培养出更符合社会需求的动手能力强的应用型人才。因此,作为年轻的教师,若是高校有这样的安排,要学会把握及珍惜机会,不断提升自己的业务能力,才能使自己立

于不败之地。

(三)注意知识结构的更新

俗话说,"活到老,学到老",社会在进步,知识在更新,纵观近几年,税法知识在不断地更新。虽然现在网络发达了,可以通过税局官网或者微信平台获取相关信息,但是缺乏知识的系统研究,因此,为了对相关税法知识点的深层领悟和知识理解的正确性,在税局进行税法相关知识培训时,可适当派代表培训,代表培训回来再给校内相关教师进行培训,或者通过学校层面牵线搭桥,让校内教师加入广西圈内的财务相关的学会、协会、高校联盟等团体组织,这样有利于教师关注到前沿的税法知识,高校的知识结构更新得更快,如在教学过程中遇到不明之处可随时想学会群提问,这样有利于问题在第一时间得到解答。

(四)主动外出锻炼

为了提升教学效果,提高教学质量。高校教师除了应具备深厚的理论知识,还应具备一定的实践操作经历,努力建立一支"双师型"教师,高校的专职教师可以借高校的平台外派学习,或可以自己寻找机会学习。高校可以给教师提供机会,提供便利,如减少教师的工作量、科研量,让教师先去企业实习再回来上课或者边教边学,利用闲暇时间去企业顶岗实习。让教师在教中学,学中教,不断地总结经验,利用学习回来的经验建设校内仿真模拟实训室,让学生在仿真模拟实训室学习到更接近企业的知识内容,这样才能培养出更符合企业要求的人才,同时,实训课可以邀请校外在企业一线工作的财会人员来上课,这样不仅有利于学生的学习,也有利于教师的提高与交流。

综上所述,《税务筹划》课程是一门综合性非常强的课程,要让学生学好这门课程,除了拥有完备的理论知识,更需要完善辅助设备,因此,作为高校教育,要提高高校的教学质量,首先要保证师资队伍、教师的知识结构还有教学设施等辅助设备,让教师在高校中工作舒心,让学生学得开心、有效,才能增强学生在社会上的竞争优势。

参考文献:

[1]谭玲.高职财经专业纳税实务与税务筹划课程整合教学改革探讨[J].职业研究,2015(11).

[2]周利芬、王建勋.基于应用技术大学特征的《税务筹划》课程教学模式建构研究[J].齐齐哈尔师范高等专科学校学报,2015(2).

[3]张艳莉.《税务会计与税务筹划》课程教学模式与方法改革的探讨[J].现代企业教育,2014(12).

[4]湛江. 对《税务筹划》课程教学中存在问题的几点思考——基于应用型人才培养视角[J]. 江西教育学院学报(社会科学),2014(12).

基金项目:2013 年度广西高等教育教学改革工程项目课题"应用型高校税务筹划课程内容的创新研究与实践",项目编号 2013JGB272;2016 年度广西高等教育教学改革项目"'营改增'背景下会计专业(税务方向)核心课程标准开发与实践",项目编号 GXGZJG2016B070。

作者简介:

何一冬,女,1987—,广西南宁市人,硕士研究生毕业,广西外国语学院讲师。主要研究方向:会计学,税收管理。

(原文载于《广西教育》杂志,2016 年 11 月第 11 期第 75 – 76 页。)

民办本科院校审计课程教学改革探讨

广西外国语学院会计学院　朱丽娜

摘　要：审计学作为一门实践性较强的学科，基于其通用性和实践性，它成为高等院校财会类专业学生必修的核心课程之一。高校开设审计学课程的主要目的就是想通过审计学相关课程的学习培养学生的实践能力和创新能力。使学生在掌握了审计的基础知识后，更要让学生掌握审计实务的基本技能，进而让学生离开学校，走上社会后，能够与审计工作进行接轨。但是目前教师难教、学生难学却成了民办本科院校在审计学教学过程中普遍存在的现象和问题。本文基于作者自身多年审计学的教学经验，结合民办高校的特点，分析近年来在审计教学中遇到的问题及产生的原因，并提出相应的改进意见，以此希望能对改进民办本科院校的审计学教学质量有所帮助。

关键词：民办高校；审计学；模块教学；实践教学

审计的重要性随着经济的发达和会计的重要性而日益突出。随着社会对于审计人员特别是高端审计人才的需求逐渐增加，各大高校纷纷设立了审计专业或者在财会类专业内设立了审计学课程，与此同时，审计学课程产生的教学问题也呈现出来。由于民办本科院校与公办本科院校在教学质量和学生综合素质上的差异，再加上审计学是比较难驾驭的一门学科，导致审计学的教学效果不是很理想。学生难学、教师难教成为大部分高校在进行审计学教学时遇到的共同问题。本文在对民办本科院校的特点进行分析的基础上深入剖析民办本科院校审计学课程教学存在的问题，并以此提出民办本科院校审计学课程教学改革的建议，进而提高民办本科院校审计学的教学质量。

一、民办本科院校存在如下特点

(一)民办本科院校师资力量薄弱

由于民办本科院校自身的实力和财政来源等方便的因素，使得民办本科院校教师基本上呈现明显的两极分化,即以年轻教师和退休返聘教师为主,缺少中年教师;而且男女教师比例也严重失调,男教师少,女教师多;更重要的是双师型教师人才非常稀缺,这些都严重制约了教学质量提高。

(二)在生源方面,民办本科院校的学生基础整体上与公办本科院校的学生基础有较大差异

民办本科院校的生源一部分来自国家任务的统招生,大多数确是来自于高考落榜生。所以绝大多数学生的基础薄弱,学习动力不足,学习方法不对。教师在教学过程中,就是特别注意把握这些学生的特点,教学中有的放矢,才能收获好的效果。

(三)民办课程设置不科学

尽管民办本科院校在确立办学特色,在设置课程方面做了很多努力,由于民办本科院校发展时间不长,它在课程设置上还存在着一些不合理的,不完善的地方。

二、民办本科院校审计学课程教学存在的问题

(一)民办本科院校的学生底子差,基础掌握不扎实,自主学习的自觉性差,努力程度也不够

在大学四年的专业课学习中,审计学是比较难学的一门课程。审计课程除了实用性和综合性比较强之外,还需要掌握扎实的财务类和会计类的知识,比如成本会计、财务会计、税法、财务管理等财会核心课程。而对于这些课程的学习,由于偏理论性和缺乏系统性,导致很多学生在审计科中无法具体联系相关知识,更甚者已经完全忘记了这些基础知识,所以很多学生对审计学课程中的内容感到抽象,难于理解,也不知道如何去学习这门课程,只是单纯被动地接受老师所讲授的知识。

(二)审计学课程教学效果和质量不理想

1. 由于大多数民办本科院校的教师特点,进行审计教学的教师往往不曾具备实习或者调研的经历,进而缺乏相应的审计实践经验,从而在对审计课程进行教学时便很难以将理论与实践相结合,从而造成了教学效果和教学质量的进一步下降,导致难以激发学生学习审计课程的热情。与财会课教师相比,审计教师作为教授审计课程的任课教师,一般情况下要求具有更高的专业知识和专业素质,只有扎实的专业理论知识和较强的专业素质才能在一定程度上去引导和培养学生独立开展工作和科研的能力。

2. 过去的民办本科院校审计学教学内容,均以注册会计师为主的外审或独立

审计为主要内容,也就是循环审计,教学的目的就是以学生掌握理论知识为中心,对于能力的培养就没有那么重视,这对学生学习有一定的难度,特别教学内容过于理论,语言过于生硬,又过于强调财务报表的合法性、公允性、但是存在的问题却不能揭露出来。而且对于审计学课程,民办本科院校的教学模式基本教学方法属于"填鸭式",特别注重内容的多少,而忽略了学生本身的基本条件,使得学生兴趣无法提高,造成教学效果不佳的局面。

3. 对于审计工作而言,财务报表审计已成为注册会计师的最基本的能力,在教学当中如何让学生获取和掌握财务报表的审计这项基础技能了。在传统的审计教学理念里面,就是灌输给学生审计理论和程序后,学生就应当知道如何做审计了,实际上学生是不知道的。传统教学上说要谨慎承接审计业务,但学生存在疑惑:面对不同情况如何才能谨慎承接业务了? 传统教学告诉学生做"营业收入"审计需要执行 15 个审计程序,学生依旧疑惑:对于任何公司的收入审计都需要执行 15 审计程序吗? 如何执行? 如何记录形成相应的工作底稿? 等等。这些疑惑说明学生渴求把知识和理论转化为能力,这种渴求推动了民办本科院校审计学课程教学改革。

三、民办本科院校审计学课程教学改革措施

在会计学科中,审计学是比较难驾驭的一门学科。因为审计学不仅理论知识抽象,而且实务操作也比较复杂。如何行之有效地把既抽象又复杂的理论体系和实务操作在一定课时内授了学生是一个值得深思的问题。必须改革现有的教学模式,调整现有的教学方法,全面提升学生学习审计学的能力。

(一)结合民办本科院校学生的特点以及目前具体企业的会计岗位,以模块教学为基础,实行岗位审计模块教学

1. 按照 2013 年最新修订的《中国注册会计师审计准则》要求,教学的整体框架不仅要充分体现风险导向审计模式,按照审计业务流程设计若干项目化教学模块,而且要模拟会计师事务所财务报表审计执业的全过程,创设仿真的审计执业氛围。

首先,审计技能部分的模块知识要围绕着审计岗位、审计目标、审计方法与审计程序等专题展开论述。学生上审计课程用到的被审计单位的会计资料要完全按照最新《企业会计准则》进行设计,以此培养民办本科院校学生的职业能力;其次,审计实务部分模块可以将某企业年度财务报表审计作为例子进行讲解,把中国注册会计师执业准则及其应用指南作为基准,以重大错报风险的识别、评估和应对的风险导向审计为讲解的主线,突出审计循环测试的教学重点,以审计工作

底稿的编制为核心,全方位展示审计工作的全过程,重点培养学生审计专业判断能力,从而全面体现民办本科院校"理实合一,突出实践"的教育特色。

2. 将审计的基本理论融入每一个岗位或模块中

研究出政府审计、社会审计和内部审计三者的共性部分,并将共性部分拿出来成为我们开展审计课程教学内容改革的重点。即在财务会计岗位审计模块的教学过程中结合会计方面的知识重点进行教学。把情景引入及实战演练于一体,提供大量的审计工作底稿和常见的会计账目,也就是每个案例显示出仿真的原始单据,账簿、报表,把每堂课当作审计的现场,如同让学生真正地深入到审计的现场一样,调动学生的学习兴趣。利用这种"做中学"与"学中做"相互交替的模式将使课程教学改革落到实处。这样的教学方式促使让学生进一步巩固了之前所学的会计知识,也掌握了会计知识的应用,并且更加掌握了以往所学的会计知识,同时又可以充分展开审计课程的教学内容,这也成为目前审计学课程教学改革最大的优点之一。

(二)实践课程贴近实际

1. 以财务报表循环审计为主线,以真实的工作案例为载体,以解决入门问题为根本,紧跟准则变化走向,将行业技术标准和资格标准引入课程,强化案例运用,着力技能培养,让学生在完成审计工作任务中掌握审计的基本方法,熟悉审计工作流程,为学习者顺利走上会计工作岗位奠定坚实的基础。

2. 实践课程结合案例帮助学生理解审计的具体方法和技巧,以较为简单的单项实训课程为主,进而达到掌握基本的审计实践内容的教学目的。

3. 集中模拟实训,在审计理论课程结束后,设置审计实践课程加大审计模拟实践课程,兼顾实用性和可操作性,训练学生的审计技能、提高审学生的计职业能力。审计课的每个学习的子项目以任务为核心配套了全真模拟的综合实训任务,学生可按照业务的处理流程填写常用的工作底稿、调整审计差异和撰写审计报告,实现教学与实训合一,教学与培训合一。

4. 校内实训与校外实训相结合。一方面,如果校内实训没有审计实验应用软件的,可以利用会计电算化实验室、手工会计模拟实验室,让学生每年的审计项目实验可以在手工会计模拟实验及会计电算化实验的基础上仿真进行。另一方面根据社会实践教学的需要,将校内的实训和校外实训两者更好地进行结合,在一定程度上积极与会计师事务所等相关会计审计单位开展合作,进而为学生提供较好的实习基地。每年安排一定数量的学生到合作的会计师事务所等相关会计审计单位去从事与专业相关的社会实践活动,让学生参与具体的审计业务,学习具体的操作流程,并且在校外教师指导下进行实际的审计工作操作训练。通过参与审计的实际工作,使学生进一步加强和巩固审计相关专业理论知识及相关知识的理解,熟练掌握审计在实际应用过程中的专业工作方法,进一步掌握理论知识在实际应用过程中的操作技能,从而大幅度提高学生对审计相关问题的分析能力和解决能力。此外,还可以定期聘请注册会计师担任校内实训的教师,通过让学生去观摩会计师事务所的工作底稿等环节,达到基本实现学生"零距离上岗"的目的,促使学生更具体地理解所学的理论和专业知识,为他们走上社会更好地适应岗位的需要打下扎实的基础。

(三)民办本科院校要加强和重视中青年教师的培养

财会类专业是属于实践型较强的学科,实操教师是保证实践教学正常进行的必备条件。尤其是对于应用型为主的民办本科高校而言,实操教师是民办本科院校开展财会类专业的核心实力所在,因此,不但要加强对具有实操经验的教师的大力引进,而且要注重培养现有的实操教师,同事更好加强培养"双师型"教师。学校可以从两方面出发,一方面通过各个方面支持和鼓励青年教师参加技术资格考试。民办本科院校教师不仅要具备大学教师的职称,还应具备职业技术类职称。另一方面让教师假期参与实践工作。民办本科院校的教师大部分是从学校到学校的硕士研究生,很少从事或者根本就没有从事过实践工作,通过让教师利用寒暑假参与实践工作,可以提高教师理论指导实践的能力,并在实践中丰富和改进理论教学。这样有利于审计学课程的教师将实务案例更好地引入理论课堂的教学过程之中,促使课堂气氛活跃,提高学生上课的积极性,进一步提升审计学课堂的教学质量和教学效果。

四、全文总结

民办本科院校的审计学课程是一门实践性较强的课程,本文通过分析民办本科院校的特点、民办本科院校审计学课程教学存在的问题,提出民办本科院校审计学课程教学改革的建议,以此提高民办本科院校审计学的教学质量。力求更好地为企业培养应用型人才服务,让学生在择业竞争中处于优势地位。

参考文献:

[1]李晓慧. 审计学实务与案例[M]. 中国人民大学出版社. 2014.

[2]冯萍. 审计学[M]. 北京出版社. 2014.

[3]伍晓燕. 民办高校审计学教学问题探析[J]. 中国管理信息化. 2015,18(18).

[4]陈娟. 审计学课程实践教学探析[J]. 重庆科技学院学报. 2011(22).

[5]方泽强、欧颖、论高等教育大众化时期的民办高校教师队伍建设[J]. 浙江树人大学学报. 2011(5)17-21.

作者简介：

朱丽娜,女,1982—,广西桂林市人,研究生班毕业,广西外国语学院讲师。主要研究方向:会计学,审计管理。

（原文载于《教育现代化》杂志,2017年1月第1期第56-58页。）

基于行动导向的《财务管理》课程教学改革探析

广西外国语学院会计学院　　卢欢

摘　要:《财务管理》是经济管理类专业的核心课程,是根据财务信息,管理财务各项活动,处理财务关系的一门实用型课程。这门课程理论性较强,在以往的教学模式中,以教师讲授为主的传统教学模式十分枯燥和乏味,因此在教学方法中进行改革和创新是非常必要的。本文基于行动导向教学对《财务管理》课程进行教学改革探析,旨在提高学生对课程的学习兴趣,力求培养出适应社会需求的应用型财务管理人才。

关键词:行动导向;财务管理;教学改革

引言

财务管理专业人才的培养着眼于应用型人才,更注重培养学生的动手能力和创新能力,传统的财务管理教学注重基本概念、基本原理以及公式运算的灌输式教育,已经不能满足当下社会对财务管理专业人才多样化的需求,因此迫切需要教学改革。行动导向教学强调以学生为主体,以培养学生的创新能力和解决实际问题的能力为目标,在本科应用型人才的培养方面具有其他教学方法无法比拟的优势。本文基于行动导向对《财务管理》教学进行改革与创新,可以使学生对课程有一个更深层次的理解和体会。

一、行动导向教学理论

行动导向理论起源于 20 世纪 70 年代的德国职业教育界,后被引入普通高等教育的一种教学理论。行动导向教学关注应用性知识,是基于工作过程为完成工作任务所需要的有关行动任务、对象、工具、情境的应用性和策略性知识。在行动中,理论知识与实践知识得到统一,并具有自己独有的特征:行动过程的完整性、行动的多样性、行动主体的分散性、教学现场的情景性。行动导向教学强调学习者对行动进行反馈、评估和自我反思,从而提高个体"行动"的学习质量。在高校本科人才培养中,多数老师只强调教学,而不注重学生创新能力的培养,为提高学生的行为能力,在行动导向教学理论引导下,教学工作者已经尝试多元化的若干教学方法,如"情境教学法""案例教学法""项目教学法""任务驱动教学法"等一些具体的教学方法。

二、基于行动导向的教学方法

行动导向教学是一种理论,本身并不是一种教学方法。行动导向提倡以学生为主体,以培养学生的动手能力为本位,以此来提高学生的积极性。

(一)情境教学法

情境教学法以其实用性、互动性及全面性的优势,成为目前适用于应用型财务管理人才培养教学方法的其中之一。情境教学法是指在教学过程中,人为地运用教学手段和教学工具有目的地创设教材所述场景,帮助学生理解教材,使学生身临其境的一种教学方法。情境教学法不仅是理论与实践相结合,还充分体现了教师、学生、教学工具三者之间的互动性,因此情境教学法是行动导向理论在教学方法上的直接体现。

为了调动学生学习的积极性,活跃课堂气氛,在财务管理教学中运用情境教学法,教师可以利用多媒体设备配以图片和背景音乐,虚拟一家上市公司,对公司命名,建立股东大会、董事会、监事会、管理层、财务部、采购部等组织机构,根据学生对不同部门的喜好分配角色,进行角色模拟扮演。例如,在资本投资活动中,首先,财务部需确定预算,有多少可用资金,进行可行性分析,评估风险大小;其次,研发部寻找和开发项目,评估开发信息的难易程度和成本;随后,由决策层对资本投资方案进行综合评估和审批,分析产品市场、生产、融资和人力资源等要素对投资的影响;最后,资本投资实施后,进行监测和控制,执行事后审计,对现行项目及时纠错。

(二)案例教学法

案例教学法是教师在财务管理教学的过程中大量融入生活中的典型案例,学生通过教师精心设计的案例进行分析和研究,通过分组讨论、独立思考、老师引导等方式找出在案例信息中存在的问题,以及解决问题的途径和手段,使学生能够做到举一反三、触类旁通,从而培养学生独立分析问题和解决问题的综合能力。

在财务管理课程教学中运用案例教学法,学生可以从不同决策者的角度上去思考问题,从而使学生更加清楚作为一个公司的高级管理层在不同时期所应该分别做出的决策。例如,进行财务报表分析内容的讲授,教师在备课过程中要有针对性地选取一家代表性的上市公司,并且熟悉该公司的概况、行业背景、财务状况和股本结构等,理解案例所隐含的基本理论。案例涉及的知识面通常较宽泛,在案例讨论的过程中,教师的角色不仅是简单复述和解释案例,更重要的是调动起学生的讨论兴趣,强调得出结论的思考过程,带领学生一起去计算所选取上市公司的资本结构、偿债能力、盈利能力和资产管理能力等指标,通过对这些指标的计算和深入分析,找出在财务状况存在的问题,站在管理层的角度提出该公司未来总体发展方向和优化财务战略。在对案例进行分析讨论后,教师要根据所讨论的结果进行一个总结,充分引导学生根据自己讨论的观点汇总出案例分析报告。案例教学法有利于培养学生有效灵活的思维方式,引导学生进行个性化学习,学生的沟通能力和分析能力将会全面得到提高。

(三)项目教学法

对项目教学法最常见的定义是:项目教学法是师生通过共同实施一个相对独立完整的项目而进行的教学活动。教师将学生分成不同的小组,学生在教师的指导下自主收集信息,查阅资料,制订项目方案,实施及评估项目结果。项目教学法的核心体现在学生从项目的完成中获得知识和技能的整合,在项目的实施过程中,学生处于探究的位置,必须发挥自身的主观能动性,对项目内容进行充分的思考和决策。

项目教学法最显著的特点是"以项目为主线、教师为主导、学生为主体",改变了以往传统讲授法被动的教学模式,创造了学生主动参与、自主创新的新型教学模式。在财务管理课程教学中运用项目教学法,如何设计恰当的教学项目是项目教学成败的关键。项目设计由师生共同完成,教师在选取教学项目时应考虑项目是否具有可行性,要引导学生将新旧知识点进行衔接。例如,针对财务管理中的筹资管理章节,教师可设计"如何提高企业的经济效益"这一教学项目,由学生自主选择一个上市公司,从公司的经营范围、所需要的资金、筹资渠道等多个角度去寻找解决问题的方法,教师要根据学生对项目的完成情况进行整体评价,使得学生将所学到的理论知识更好地运用到实际财务管理工作中。

三、结论

行动导向教学打破传统的教学框架,在课堂上强调以学生为主体,以培养学生的创新能力及解决实际问题的能力为本位。行动导向教学比较适合我国对于本科应用型人才培养的要求,但这种教学理论的推广需要有大量的高素质"双师型"教师队伍作为依托,所以在推广的过程中要注意使课堂教学真正做到活学活用。情境教学法、案例教学法、项目教学法等行动导向教学,为应用型人才的培养提供有效的教学方法,可以弥补本科财务管理传统教学的弊端,提高财务管理课程的教学质量,有利于培养综合型的财务管理人才。

参考文献:

[1]韩志丽.基于行为导向的情境教学法在财务管理教学中的运用[J].会计之友,2006(04):65 - 66.

[2]孙烨,刘金桥.财务管理教学方法改革创新探析[J].吉林广播电视大学学报,2015(01):80 - 81.

[3]王学艳.行动导向教学法在本科应用型人才培养中的作用[J].吉林广播电视大学学报,2015(05):33 - 34.

[4]刘松林,谢利民.行动导向理论的教学论解读[J].河北师范大学学报,2009(09):83 - 88.

作者简介:

卢欢,女,1989—,广西南宁市人,管理学硕士,广西外国语学院讲师。主要研究方向:企业管理、财务管理。

(原文载于《企业导报》杂志,2016 年 6 月第 12 期第 121 - 123 页。)

中国—东盟金融中心背景下《国际结算》课程教学改革探索

广西外国语学院国际经济与贸易学院　陈婷婷　杨梅

摘　要：中国—东盟金融中心已成雏形，在此背景下，国际结算课程在经过调查研究后对课程的教学内容、实践教学和考核方式进行了改革探索。并在探索中结合广西发展给予了相应建议，为今后的教学提供参考。

关键词：国际结算；教学改革；中国—东盟金融中心

中国—东盟自由贸易区成立以来，广西与东盟的经贸合作不断扩大，东盟已连续 10 年成为广西第一大贸易伙伴。持续扩大的贸易量加速了双边启用人民币进行国际跨境结算的进程。广西成为率先启动跨境贸易人民币结算的试点。人民币结算为中国—东盟贸易往来提供了快速便捷的计价结算货币，给我国企业参与国际竞争提供了降低汇率风险、减少交易成本、提高利润空间的通道。也为中国—东盟贸易周转提速做出了贡献。

在中国—东盟金融中心逐渐建立的背景下，广西诸多经贸类高校在国际经济与贸易专业的人才培养方案、教学计划上均向区域经济发展方向进行修订。在课程建设上也进行了一定的改革。其中，在"中国东盟金融中心背景下单证结算课程教学改革研究与实践"的课题研究支持下，《国际结算》课程作为广西外国语学院国际经济与贸易专业的核心课程，理所当然成为教学研究与改革的重点。

一、概述

《国际结算》课程主要介绍进出口贸易活动中所引起的债权债务之间清算的课程。其具有很强的实用性、操作性、时效性等特点。其课程所应用的岗位需求主要有两种：一是商业银行的国际结算部门的从业人员，其要求工作人员熟悉国际结算如《UCP600》等相关国际惯例和规则，掌握国际结算的操作流程，特别是涉及三种主要结算方式下的单据操作和风险识别，并要求具备一定的英语水平。二是国际贸易从业人员,国际结算是进出口业务流程中一个重要环节,涉及金融、法律、保险、国际贸易、会计等多个领域。国际结算课程是国际经济与贸易专业的专业核心课程,在课程设计中起到承上启下的作用,其承接《国际贸易实务》课程的延伸,为《外贸函电》《国际贸易单证实务》《国际货物运输与保险按》等后续课程学习打下基础。

二、《国际结算》课程改革

(一)《国际结算》课程改革调研

为了解在中国—东盟金融中心背景下《国际结算》课程教学现状、学生学习效果及企业实际应用情况。在课题研究过程中,课题组成员在 2014 年 7—9 月向广西外贸企业、边境贸易企业、银行国际结算从业人员、兄弟院校及在校学习《国际结算》课程学生以 QQ 访谈、电话访谈、深度访谈等方式进行调研。调研内容包括教学与实际工作两部分。实际工作调研内容包括广西与东盟贸易中运用到的结算方式、结算方式的使用频率,结算的币种、不同币种结算遇到的风险、票据的应用、对教学的意见与建议等。教学部分调研的内容包括教学内容、实训手段、考试方法、意见及建议等。研究调查发现:

1. 广西进出口外贸 80% 来自边境贸易,贸易对象国主要集中在越南。影响其结算方式使用主要因素是金额的大小及双方合作程度,金额较大的业务主要选择 L/C、保函等,金额较小的业务结算方式主要采用现金结算、T/T、在线西联汇款、Payment 等,其中在越南进行的边境贸易中不少业务使用人民币跨境贸易结算方式,主要包括银行间结算、现金结算、"地摊银行"结算等。票据的使用包括汇票、商业发票、原产地证、海运提单、保险单等。

2. 目前针对《国际结算》课程的教学主要采用传统的讲授方法;教授内容主要以现有教材为主,没有突出中国—东盟区域经济发展的特点;实训环节薄弱,目前广西经贸类高校均不重视《国际结算》实训环节,只是引入了案例教学法等手段。考核方式均以传统闭卷考试为主。学生在学习本课程后普遍认为这是一门纯理论课程,学习效果不佳,无法真正掌握国际结算操作技能。经过本课题组前期的调研,我们在《国际结算》课程上的教学内容、实训环节及考核方式上做出相应的改革。

(二)《国际结算》教学内容的改革

根据调查结果,结合中国—东盟区域经济发展、人民币跨境结算新趋势等特点,将《国际结算》的知识目标及能力目标进行修正,重点增强学生学习国际惯例与规制的学习能力,掌握汇票、本票、支票三大金融工作的运用能力,掌握汇付、托收、信用证、第三方支付、人民币跨境结算等结算方式的基本技能操作,培养结算方式组合、防范结算风险的实践能力和创新能力。在《国际结算》的教学内容上增加了第三方支付、"地摊银行"结算等教学内容。在教学课时上做了相应调整,减少信用证及托收的教学课时比重,进而向汇付结算方式进行倾斜,深入讲解。在与《国际单证实务》课程交叉的商务单据不在专门讲述,将重点放在汇票、本票、支票等金融支付工具上,并结合人民币跨境结算特点进行讲解。此外,在一些知识讲解如审核信用证上,进行双语教学的尝试。

(三)《国际结算》实践教学的改革

一直以来,广西经贸类高等院校特别是本科院校,普遍存在"重理论、轻实践"的教学现象,特别是像《国际结算》实务性、操作性很强的课程对实践教学重视不够,依然采取传统教学模式,偏重理论的讲授忽视学生业务操作能力。课题组在进行课题研究时对实践教学做了相应改革,改革内容主要体现在:1. 将理论课时和实践课时比重进行调整,由原来(总课时 64 课时)的 48∶16 提升至 32∶32;32课时安排 10 ~ 13 次实训,实践课时比重由原来的 25 提升至 50% 。2. 在实践项目上进行了精心准备,除了引用经典的教学案例外,根根广西、东盟区域经济发展的特点进行设计实训项目。实践项目包括汇票填制、本票与支票填制、T/T 汇款、西联汇款、PAY – PAL 开户、境互市交易中的现金结算方式(了解广西企业进行人民币跨境现金结算的优势与劣势、适用范围)、"地摊银行"结算(了解"地摊银行"与银行间正式结算的区别)、托收申请、开证申请、为信用证准备汇票和单据、清单、审单、结算方式比较与选择等十几个项目。并将理论教学与实践教学同步交叉进行,一改以往先理论后实践的教学模式。让学生在学中做、做中学。

(四)《国际结算》考核方式的改革

考试考核是检验学生学习效果的有效手段。传统的《国际结算》考核主要采取期末闭卷考试形式进行,教师在考试期末划出考试重点、学生背诵。学生只要临时抱佛脚,定能得高分。传统的考核方式显然已经不能很好地衡量学生的学习能力、知识掌握能力及操作能力。为此,课题组教师在进行教改研究中进行了以下改革。1. 将重新设置成绩比重。降低期末全面考核的权重,由原来的 70% 降至 50% ,增加平时成绩的权重,由原来的 30% 增加至 50% ,平时成绩由考勤、实训成绩按比例组成。2. 重视实践项目考核的分量。每个实践项目的成绩均会影响学生期末成绩。期末闭卷考试的案例分析及操作项目均来自经过改造的实训项目。3. 重视对学生的能力考核。在期末考试内容上,减少识记考核内容,增加如审单、制单、结算工具流转等应用能力的考核。

三、促进《国际结算》教学的几点建议

经过"中国—东盟金融中心背景下单证结算课程教学改革研究与实践"课题组教师在《国际结算》课程两年的教学改革与实践、初步取得一定成果，在学生的能力考核上能看到相比往届学生的进步。结合课题组的调研内容与实践成果，为在今后《国际结算》课程上取得更好的效果，提出以下建议。

（一）重视实践教学环节

《国际结算》课程是一门操作性较强的课程，实践教学不仅能培养学生动手操作能力，还能改变传统的教学模式，使学生在做的学、学中做，充分调动学生学习的积极性和主动性。课题组在本课程的改革实践中设计了十三个实训项目，每个项目均是结合广西发展特色、针对不同知识点来设计，学生能在不同的实践环节中体会到知识的实际运用，真正将知识转化为能力。

（二）提高教师自身实践能力

俗话说：给人一杯水、自己要有一桶水。学生的知识能力在很大程度上取决于教师的业务水平。而目前，广西经贸类高校教师大部分均是高校毕业 – 高校教学的模式，自身缺乏实践能力。虽对理论知识精湛，但在运用知识解决实际问题时仍显经验不足。为此，作为操作性较强的课程专任教师，应加强自身的实践能力，可通过假期到企业或者银行进行实践，也可到学校实践基地多接触国际结算相关工作。

（三）提高学生英语水平

《国际结算》课程在清算环节中，商务单据、信用证、汇票等金融工具，均为英语表述，在教学过程中发现，部分学生因为英语的软肋导致信用证、单据看不懂，学习效率低，进而产生厌学心态。因此，有目的地提高单证、金融英语词汇是非常有必要的。学校可以在同一学期开设每周 1 课时的词汇学习，只有充分掌握英语，才能更好理解相关的国际惯例与规则，掌握在国际结算知识的运用。

参考文献：

[1]常立华. 地方应用型本科院校国际结算课程改革的探索[J]. 高教学刊，2015（17）：122 – 125.

[2]吴燕，孙素梅. 独立学院国际结算课程教学模式改革分析[J]. 科技视界，2013（4）：27.

[3]熊图毅. 人民币跨境贸易结算研究[D]. 广西大学，2012.

[4]张宇馨. 任务驱动型教学法"下国际结算课程教学改革[J]. 当代经济，

2009(2):114-115.

作者简介:

(1)陈婷婷,女,1983—,广西玉林市人,经济学硕士,讲师、经济师。主要研究方向:国际经贸合作,跨境电子商务。

(2)杨梅,女,1979—,广西贵港市人,研究生毕业,广西外国语学院讲师。主要研究方向:经济学。

（原文载于《山东青年》杂志,2016年2月第2期第36-37页。）

外语类民办本科院校管理类专业英语教学初探

广西外国语学院工商与公共管理学院　　莫利民

摘　要:随着经济发展国际化程度加深,管理类专业学生具备足够的专业英语知识,才能有更大的竞争力。在外语类本科院校,外语学习有得天独厚的资源优势,如何利用外语院校的外语资源,改进教学方法,让学生突破英语学习障碍,是一个值得研究的课题。笔者将在多年的专业英语教学实践中对教学改革进行探索研究,希望对外语类民办本科院校管理类专业英语教学改革有所帮助。

关键词:外语类本科院校;管理类;专业英语;教学改革

近年来,国际合作和国际竞争加强,许多外资企业进入中国,我国的许多企业也陆续走出国门,积极参与国际贸易和市场竞争,对具有外语能力的管理类人才的需求量逐年增加,同时对其质量和层次也有了更高的要求。在外语类本科院校,外语学习方面具有得天独厚的资源优势,但是,民办本科院校管理类专业学生的英语底子相对薄弱,那么,如何利用外语院校的外语资源,改进教学方法,让学生突破英语学习障碍,提高教学水平和教学效果,满足社会对管理类专业学生的外语能力需求,是一个值得深入研究和探讨的课题。

一、外语类民办本科院校管理类专业英语教学现状

在我国,外语类本科院校主要分为两种,一类是公办老牌的外语本科院校,如北京外国语大学、上海外国语大学、广东外语外贸大学等;一类是民办新进的外语本科院校,如广西外国语学院,西安翻译学院等。不论是名校毕业,还是普通民办本科院校毕业,管理类专业学生毕业后所从事的工作中,应岗位需求,一般会在沟通交流、外商接待、商务谈判和商务电函等方面体现其英语表达能力。从毕业生和用人单位的反馈中,当前竞争压力与日俱增的形势下,外语类民办本科院校管理类专业学生的英语能力稍显落后,大部分学生不能满足岗位需求,可见,管理类专业英语教学水平和教学效果亟须改进和提升。从教学实践中,我们发现管理类

专业英语教学主要存在以下几个问题。

(一)学生的英语学习积极性不足

据调查,民办本科院校学生选择就读管理类专业,有两类原因,一类是出于个人兴趣,喜欢管理实践:一类是认为管理类专业的英语课程较少,为了逃避英语学习,此类学生在民办本科外语院校比例又更大一些,他们大部分英语基础都很薄弱,对英语学习兴趣索然。根据笔者所在二级学院的调查,管理类专业本科生的大学英语四、六级的考试通过率都比较低,很多学生的词汇量、阅读能力、听力和写作能力都不强。因此,没有较好的英语基础,缺乏了自信,羞于开口练习,口语水平也不尽人意,在各种因素的影响下,最终演变成为对专业英语丧失学习的积极性。

(二)教材与教学多侧重于理论知识,忽略了视听说的训练

管理类专业英语教材内容多侧重于理论,太多专业术语让学生难以接受,学习困难日积月累进而产生厌学情绪。教师教学往往在教材内容设计的基础上进行,多侧重于理论教学,忽视了工作情境下的专业英语视听说训练,因此,没有精心设计的教学环节,缺乏趣味性和实用性,使得学生在枯燥的反复的读写译中,渐渐失去学习专业英语的热情。

(三)教师的英语教学缺乏因材施教的灵活性

在进行专业英语教学的教师中,商务英语专业毕业不多,主要有两类,一类是没有接受过管理类知识教育的英语专业教师:一类是没有接受过英语专业教育的管理类专业教师。英语专业教师没有管理类专业知识基础,因此对管理过程中,实际需要哪些管理知识,对于如何更好地将专业英语跟实际需要联系起来理解得不是很深刻,使得英语教学多是以阅读和翻译为主,有些教学太过于依赖教材,不注重管理工作岗位的英语需求,难以取得较好的教学效果。第二类教师,具有管理类工作经验和专业知识,理解学生在实际工作中需要什么样的英语知识。在教学过程中,能够联系实际进行教学,一定程度上能引起学生的学习兴趣,但是此类教师没有受过专业的英语教育,英语水平有限,在听说读写的专业英语教学中显得心有余而力不足,难以提高教学质量。

二、外语类民办本科院校管理类专业英语教学改革探究

针对以上外语类民办本科院校管理类专业英语教学存在的问题,选择合适的教学方法以解决当务之急十分重要。笔者和管理类专业学生进行访谈,同时和多名同行进行交流和探讨,一致认为改进教学方法的首要是课堂教学改革和提升学生自主学习能力。在实践教学过程中,尝试运用以下几种教学方法来改善外语类

民办本科院校管理类专业英语的教学。

（一）基于岗位需求，改革专业英语课堂实训教学

鉴于学生对英语学习大多失去信心的情况，在开展专业英语课堂教学应更多关注实训环节，让学生感受到英语学习的实用性和趣味性。例如，管理类专业学生在未来的工作岗位中，团队合作、沟通协调是非常重要的，因此，在课堂英语实训教学过程中，给学生分组分项目任务，在假设的工作情境下进行模拟训练，尤其是偏向服务型的管理类专业，如市场营销专业、旅游管理和酒店管理专业等，形式多样的课堂实训教学对教学效果有很大的影响。在专业英语课堂实训教学的过程中，根据课程内容需要，不定期进行小型的小组比赛，并给予奖励，可以提高学生学习英语的兴趣和自信心。

（二）以就业意识为导向，改革考核方式

除了日常学习，学生也十分关注期末考核。在学期初，确定考核方式，让学生以就业意识和自身优势为导向，有针对性地学习，自由选择考核方式，可以加大其学习的主动性和积极性。考核方式以多元化和灵活性为改革中心。首先，随堂考核，考核学生的课堂表现，鼓励学生参与各个课堂活动环节，在交流中提高英语口语表达能力，提升课堂教学效果。其次，期末考核，侧重于口语表达能力考核，设计多种考核方式让学生选择，如看图说话、话题拓展即兴讲演、工作情境对话等，同时，口语考核的内容设定要结合每个专业的特点，如工商管理和人力资源管理专业的学生考核内容跟企业管理有关；旅游管理专业的学生考核内容跟涉外导游服务有关；行政管理和公共事业管理专业的学生考核内容跟涉外事务有关；市场营销专业学生考核内容跟英语现场推销有关。灵活设计考题，让学生在自主选择的考核中尽情发挥，让学生在考核过程中找到自信和兴趣，同时弥补不足。笔试部分应占较小的比重，检验学生的学习效果和稳定性，考核内容与实际工作应用紧密结合，如专业英语术语、工作相关商务英语函电和翻译等。

（三）借助"英语角"提高学生自助学习能力和主动性

在课堂以外，借助学生社团组织定期举办的英语学习第二课堂——"英语角"，英语角活动吸引不同成长背景、不同学科专业和不同兴趣爱好的学生，通过英语交流，提高学生的口语应用能力，拓展知识面，同时，也可以提高人际交往的能力。以广西外国语学院国际工商管理学院为例，二级学院内成立的"疯狂英语家族"，已经吸引了来自市场营销、行政管理、人力资源管理、工商管理、旅游管理和国际经济与贸易等专业的学生积极参与，专业英语教师协助更新英语角讨论话题，鼓励学生在课后积极主动地参与到英语角活动中，坚持外语学习课堂内外不断线。利用课余的英语活动，来巩固课堂所学的知识，对提高教学效果有很好的

辅助作用。

（四）拓展教师的知识面，提升教学水平

教授管理类专业的教师有非管理类英语专业和管理类非英语专业的，这两类教师在教学的知识层面，不论是广度还是深度都是不足的，如果能够二者结合，会有助于教学水平的提升。因此，英语专业教师增加管理类知识，管理类专业教师多研究专业英语教学方法，努力提升教学水平，这是很有必要的。同行在教学过后，也要多交流多学习，形成互补。

管理类专业英语的教学效果，依赖于课堂内外的教学改革，激发学生学习的主动性和积极性，也依赖于授课教师的知识水平和科研能力。因此，教师要努力补充完善自身的知识结构和外语实践能力，研究出一套适合外语类民办本科院校管理类专业英语教学的方法，才能取得良好的教学效果，满足社会的人才需求。

参考文献：

[1]杜春晶. 独立学院管理类专业英语教学方法初探[J]. 现代经济信息，2012(3).

[2]付培立. 英语角对大学英语教学的辅助作用[J]. 首都师范大学学报(社会科学版)，2008(4).

[3]苏骞. 基于岗位需求的高职英语口语教学设计——以财经专业为例[J]. 中国商贸，2014(2).

[4]李玉霞. 独立学院专业英语教学方法探讨[J]. 华章，2010(34).

作者简介：

莫利民，女，1985—，广西河池市人，管理学硕士，广西外国语学院讲师。主要研究方向：管理学，旅游企业管理、旅游者行为。

[原文载于《南风》杂志，2014年7月(下)总322期第47－48页。]

人力资源管理教学改革的困境与思考

广西外国语学院工商与公共管理学院　韦凯华

摘　要：随着我国国民经济的快速发展，各企业为了实现自己的经济效益目标，都在加强对企业管理工作的重视。人力资源管理作为企业管理的重要内容，更是受到了社会各界的广泛关注。人力资源管理，作为我国教育体系当中的一个重要分支，在经济发展的同时，受到教育部门的关注。人力资源管理是各项管理工作的基础。市场的不断完善与变化，使得社会业间的管理方法与手段在不断地更新换代，这就对我国的人力资源管理教学提出了新的要求。

关键词：人力资源管理；教学改革

在现代化的企业管理工作当中，人力资源管理一直是一项重要的工作内容，也是进行各项管理工作的基础。人力资源管理，对于管理人员的实践精神与理论应用能力有着较高的要求。我国的各大院校设置人力资源管理专业的目的，就是培养人力资源管理人才，使之掌握进行人力资源管理的各项基础理论与运用方法，具备为所在企业解决实际问题的能力。就目前的人力资源管理教学现状来看，为社会培养高素质、高能力、高品德的员工已经成为我国人力资源管理的教学目标。

一、人力资源管理教学改革的要点分析

人力资源管理是一个相对庞大的系统，要对其进行全面的改革具有一定的难度。因此，为了提高人力资源管理教学改革的速度与质量，就要抓住人力资源管理教学改革当中的要点。下面，我们就来对人力资源管理教学改革当中的要点进行分析。

（一）重视学生能力的培养

我国的传统教学方法主要是以填鸭式教学为主，教师在教学活动当中更重视向学生灌输知识，而不是培养学生的能力。正所谓知识就是力量，有些教育者误

解此话,将知识作为教学活动的所有内容,这样的教学理念已经远远脱离了社会现实。随着知识经济时代的来临,教育的普及,学生的能力成为其核心竞争力的来源。也就是说,在现代社会,知识不足以支撑一个人的存在,更无法使其个人价值得到体现。只有一个人的学习能力与知识创造能力达到一定程度,才能使其有所作为。因此,在进行人力资源管理教学改革之时,应当把构建学生的学习能力体系作为教学重点,扩宽教学活动的内容,改变传统思想。

(二)改变传统的管理理念

人力资源管理,从字面意思来看,就是对人才的管理。可是,不同的人才管理理念会带来不一样的人才管理成效。对人才的管理,可以分为对人的管理与对人才的管理。而一个现代化的企业,应当认识到以人为本的重要性,从人的角度出发来实现对人才的管理。因为只有抓住了每一个人,使之可以全身心地奉献与服务于企业,才能算是实现了对人才的管理。所以说,"人"应当成为人力资源管理教学改革当中的重点。人力资源管理教学改革当中涉及的人有学生与教师两类,因此,进行人力资源管理教学改革应当明确二者的主要地位,以新的管理理念进行人力资源管理教学改革。

(三)教学活动中主体双层分析

在我国最新实施的新课程标准当中,明确规定学生是教学活动中的主体。要想实现教学活动的科学性与实践性,就要对学生这一教学主体进行全面与综合的分析,了解每一个学生的特点,以达到教学活动的有效展开。每一个学生因其自身条件不同,学习的特点也是不同的。下面,我们就从微观与宏观这两个对立的层次来对学生进行分析。

1. 学习主体的微观分析

学生个人进行学习的内因与外因是进行学习主体微观分析的两个重点。其内因所指主要是对学生个体的学习能力与在学习活动中的效率有一定影响的内在条件,比如说学习的能力与动力等。其中,学习动机对于学生学习有着直接的影响,学习动机的科学程度与学生的学习结果有着密切的联系。因此,在进行人力资源管理教学改革的过程当中,教师应当明确学生的学习动机是否正确,是否可以成为学生进行学习的推动性力量,并且要根据学生的自身特点进行因材施教,使每一位学生找到自己的学习动机。而所谓的学习能力指的就是学生可以进行自主学习的能力与学习的综合素质,这也是学生进行学习的基础性条件。一般来说,学生的学习活动参与量越多,进行的实践活动越多,学生的思考能力与创造能力就会越强,学习能力也会更高。而学生进行学习的外因,主要包括学生的性别与年龄、家庭背景与社会环境等,这些因素都会对学生的学习成效有一定的间接性影响。

2. 学习主体的宏观分析

学习主体的学习行为会受到主体所在环境的影响。比如说国家的相关政策、文化发展水平、社会文明程度等,这些都会对学习主体的学习行为产生一定的影响。以国家的经济发展来说,我国的经济发展迅速,会促进社会的进步,使学习主体的学习环境不断得到改善,硬件设施得到更新。这时,学习主体的学习成效就会得到提高,反之亦然。

二、人力资源管理教学模式的设计要点

为了能够提高在校生的人力资源管理水平,使其在毕业之后可以更好地适应社会与服务社会,在人力资源管理教学中一定要注重学生实践能力的培养。在人力资源管理教学改革当中,要加大对人力资源管理实践活动的重视,要以学生为主,利用以人为本的学生管理理论,更好地落实人力资源管理教学改革活动。

（一）积极利用认知型教学模式

在人力资源管理教学活动当中,认知型教学模式主要用来进行"三基"知识的教育。这样的教学模式有利于引导学生掌握相关专业知识,降低其对知识的理解难度,更好地对知识进行记忆。认知型教学可以提高学生的学习效率,使学生在有限的时间之内掌握更多的专业知识。这样的教学与学习方式可以帮助学生学习,提高专业自信,更好地开展未来的学习活动。在认知型的教学模式当中,教师以自己的教学信心专注于教育,学生以自己的学习动力与教师形成互动,使教学目标能更好地实现。

（二）为学生安排实践任务

正如上文所说,人力资源管理专业对于学生的理论能力与实践能力有双重要求。因此,教师要十分重视学生的学习能力,只有了解了学生的学习能力,才能更好地开展教学活动。在人力资源管理专业日常的教学中,教师可以准备一个专题,安排学生进行调查与分析,有必要的时候让学生单独完成这样的实践活动。这样组织与安排的目的就是对学生的学习能力,对学生发现问题、解决问题的能力进行锻炼与提高。其次,也可以安排学生进行小组合作,共同完成一个专题的报告,使其具备合作精神。学生在学习活动中的交流对于学生的学习结果有明显的影响。因此,一个合格的教学活动一定要给学生创造交流与实践的机会。这就要求我们的教育工作者在对学生进行小组实践活动安排时,要明确对学生提出合作要求,在进行集体调查之后,要对此专题进行讨论,将讨论内容记录在案。在完成报告之后,小组要以其独特的形式为大家做展示,展示以 1~2 人为代表为佳,

并规定展示的时间。

（三）重视发现学习教学模式的引用

学习的过程是在已学知识或者正在学习的知识当中，发现新的问题、创造新的知识的过程。这也正是发现学习教学模式的核心所在。每一位进行过人力资源管理知识学习的学生，都有一定的人力资源管理理论知识。对于这样的学生来说，要想深化其学习成果，发现学习教学模式是最为合理与有用的。比如，各院校可以在学生的实践活动中提出实践报告要求，使其在知识运用过程中发现问题、解决问题，总结出自己的心得。这就是最简单的发现学习的过程。实践过程中进行发现学习，可以更好地挖掘学生的学习潜能，激发其学习的主动性与积极性，建立起终身学习、随时学习的意识，不断地完成自我提高。

三、人力资源管理教学改革的对策分析

我国的人力资源管理专业发展已经得到了社会各界人士的广泛关注，要想使人力资源管理专业的学生更好地满足社会需求，就要对教学进行一定的改革。下面，笔者以自己的工作经验为基础，提出以下几点对人力资源管理教学改革的建议。

（一）加强专业理论与实践活动的结合

上文提到，人力资源管理是一项综合性的科学，在进行人力资源管理教学活动时，不仅要重视专业理论的传授，更要加强学生的理论应用能力。因此，各大院校要鼓励、支持和引导学生进行实践活动，更多地与社会进行接触。比如，教师可以在假期为学生安排社会调查任务，对现代企业与单位的人力资源管理真实案例进行分析，了解我国人力资源管理市场的现状，发表自己的观点。对于即将走出校门的学生，学校可以与各企业进行合作，安排学生到指定的企业进行实习，了解自己未来的工作环境与工作内容，进行具有针对性的学习活动。

（二）平衡人力资源管理专业知识与其他知识的关系

人力资源管理工作中涉及的不仅有人力资源管理的知识，还会涉及其他专业的各类知识。因此，学校应当改革人力资源管理专业的教学内容，加强各学科之间的联系，在不影响人力资源管理专业学习的同时，加强其他各相关学科的学习强度。人力资源管理工作当中有一个重要的部分就是企业人才的招聘，这就要求我国人力资源管理专业的学生对于人类的心理以及组织行为学要有一定的了解。各院校可以为人力资源管理专业的学生提供这些相玲专业课程的选修机会，以丰富学生的知识面。

（三）将实验引入课堂当中

所谓的实验，其实就是一种实践方式，其主要目的就是让学生将自己头脑中的人力资源管理专业知识加以运用，完成各类人力资源管理业务。学校可以引进相关的服务与教学性软件，让学生通过操作计算机，真实地体现人力资源管理工作当中的各项专业业务，使其身临其境，在真实的环境之下运用自己的专业知识。这是对自己的考验，更是一个很好的锻炼机会。另外，教师还可以组织学生进行真实的人力资源业务模拟，将人才的录用、薪酬的管理等步骤安排在内，让学生体验真实的工作现场。

（四）改变传统的学生评估手段

一直以来，应试教育都是进行学生学习能力与学习成果评估的唯一方法。要想实现人力资源管理教学改革的目标，就要对学生学习成果的评估方法进行改动。教师可以进行业务实践，以其实践结果、自我评价与企业或者其他第三方的评价为基础，对学生的学习成果进行评估。还可以将业务模拟作为考试方式，重视考查学生理论知识的运用能力。最好杜绝对学生死记硬背型知识的考查，这样只能加大学生的学习压力，使其丧失学习兴趣。

综上所述，人力资源管理作为我国现代企业的重要管理内容，一直得到企业决策者的重视。而我国的人力资源管理教学是培养人力资源管理人才的重要渠道。本文对我国人力资源管理教学改革的关键点与对策进行阐述，希望各大相关院校可以结合自己的切身实际，对人力资源管理教学进行相应的改革，以提高学生的实践能力，为社会提供更多优秀人才，使之更好地服务于社会，促进社会的和谐稳定发展。

参考文献：

[1]陈浩．地方性高校人力资源管理专业实践教学的现状与改革[J]．大众科技，2010(7)．

[2]汪克亮，杨力．新时期高校人力资源管理课程教学改革探讨[J]．考试周，2009(42)．

[3]罗帆，李昂，彭谦．就业需求导向的人力资源管理实践教学改革探索[J]．高教论坛，2009(7)．

[4]李群．实践性教学在人力资源管理课程中的应用[J]．中国市场，2011(22)．

[5]李淑娟，孙勋成．亲验式教学模式在人力资源管理教学中的应用探析[J]．商业经济，2011(10)．

作者简介:

韦凯华,女,1970—,广西桂林市人,研究生学历,高级经济师,广西外国语学院人力资源部部长。主要研究方向:人力资源管理,行政管理。

(原文载于《广西社会科学》杂志,2014 年 1 月第 1 期第 34 - 36 页。)

论基于能力培养的应用型本科院校管理学教学改革

广西外国语学院工商与公共管理学院　谷苗苗

摘　要:随着当今经济社会的发展,为了增强学生适应社会的能力,为社会输送更多的有用之才,应用型本科院校越来越注重学生实践应用能力的培养。管理学作为经济管理类专业课程当中的一门基础课,同时也是一门实践性很强的综合学科,它对于学生的能力培养发挥着至关重要的作用。但是,在很多应用型本科院校管理学的教学过程中并未完全体现出管理学的课程特点,本文即针对这些问题,提出关于管理学教学改革的建议。

关键词:应用型;能力培养;管理学;教学改革

一、应用型本科院校管理学的教学背景

管理学课程自身具有抽象性、实践性、基础性等特点。抽象性的特点主要表现在管理概念和原理的抽象。在一般应用型本科高校,教学计划通常将管理学课程定在大一新生年级开设。大一新生刚刚步入大学校门,自身在管理方面的理论基础较差,加之尚未完全掌握大学的学习方法,无法顺利理解管理理论;实践性的主要表现是学生在系统性掌握管理原理和方法的基础上,能够解决企业实际经营管理中的问题。大一新生虽说选择了管理类专业,但是亲身经历管理活动的经验太少,实践能力不足;基础性是指管理学是一门基础课程,是学好管理专业课的基础,这也是将此课程开设在大一的主要原因。但是学生往往对它的重视不够,并且容易产生好高骛远的心理,认为只要学好自己感兴趣的学科即可成为一名优秀的管理者。

二、应用型本科院校管理学的教学现状

(一)教学目标

应用型本科院校将培养应用型人才定为自身的人才培养目标。管理学作为管理类专业当中的一门基础课,一向以传授管理知识为基础,提升管理能力为本

位,在应用型本科院校更突出了培养高素质管理人才的目标。教育行政部门也对高校提出了重点培养学生的"四种能力",即实践能力、创造能力、就业能力和创业能力的要求。因此,在应用型本科院校,管理学课程的教学目标设定是基于学生能力培养,并贯穿于整个人才培养环节当中的。

(二)教学过程中的问题

虽然应用型本科院校管理学课程的教学目标较为明晰,顺应了社会的人才需求,但是在实际教学过程中暴露出的一些问题,对实现教学目标、完善课程建设产生了不利影响,甚至制约了专业的整体发展。现对这些问题归纳总结如下。

1.教学内容单一

目前的管理学课程教材一般是按照传统的管理职能进行设计,逐章逐节地对管理学理论进行讲解、分析。很多高校选择教学内容时只是一味地依赖教材、偏重理论,使得学生不能很好地理解抽象的基础知识,无法为学习后续的专业课程打下扎实的基础。涉及实践教学的内容多为案例,但是任课老师选取的案例往往缺乏典型性和时效性,说服力不够,也提不起学生的学习兴趣。

2.教学方法死板

管理学课程因为涵盖了不少的基础理论,占据了老师很长的课上讲解时间。任课教师也一味地采用填鸭式、满堂灌的教学方法,长此以往,就形成了教师"我讲你听"、学生"你讲我听"的完全失去活力的课堂氛围。但是,管理学的实践性和应用性特点决定了学生必须充分参与到课堂中去,才能更好地理解知识、培养实践能力。所以,老师必须对教学方法进行改进,避免课堂效果恶化,影响教学质量。

3.教学设计枯燥

教师在教学过程的设计上过于简单,缺乏思考和创新。很多高校虽然配置了多媒体设备,供教师上课使用,但是,有些教师只是做出一套简单的 PPT 课件,罗列大量文字,照本宣科,并没有很好地对教学设备加以利用,教学环节也显得单一、重复。教师在教学设计上的惰性大,不善于反思,不仅无法提升自身教学技能,对整个课程建设都产生了不利影响。

4.课程考核片面

课程考核对于教学质量反馈、完善课程建设都发挥着至关重要的作用。就现状来看,管理学课程考核与其他一般理论课程的考核区别不大,大多采用笔试的考核办法,考核中偏重期末考核和考核结果,平时考核和过程性考核所占的比重较轻。这样的考核形式没有突出教学目标中的能力培养,缺乏对学生全面素质的综合考察。学生往往在考试前临阵磨枪,过后就忘,失去了学习的意义。

三、应用型本科院校管理学的教学改革建议

(一)丰富课程资源,将教学内容模块化

1.教师选择教学内容时首先应避免过分依赖教材。教材只能作为课程的基础资源,而不是唯一的资源。应用型本科人才培养要求培养学生全面的知识和多方位视野,因此要求教师必须打破教材的局限性,合理地搭配网络媒体资源,例如最新的教学案例、视频等。将网络资源作为课堂教学资源的延伸,既丰富了教学内容,又能帮助学生更好地理解基础理论。

2.教学内容的设定务必要紧扣应用型本科院校的人才培养目标,可将教学内容按知识、能力和素质进行模块划分。其中,不同的模块内容具有不同的教学重点。首先知识模块侧重于管理的基础理论,引导学生建立管理的思想,其次是能力模块,侧重于培养学生沟通、组织、协调、决策等管理能力,最后在管理素质模块,针对学生自身的思维、应变、写作、语言等管理素质进行专门训练。这样环环相扣的内容设置,使教学内容呈阶梯状分布,层次更凸显,重点更突出。

(二)以学生为主体,实现教学方法多元化

教学方法的改革是课程教学改革的重要环节。应用型本科院校应以学生为主体,开展实践性、参与性、互动式教学。具体有以下几种形式。

1.丰富教学案例,引导学生思考

案例教学法是管理学教学过程中常用的教学方法,但是由老师单向灌输的案例并不能给学生留下深刻印象,所以案例教学要充分做到双向互动,教师必须从课堂的主导者转化成引导者,积极引导学生思考,增进师生间的交流和讨论。另外,案例丰富与否、实用与否、典型与否都决定着教学效果的好坏,教师在选取教学案例时应重点选取真实的企业或经济背景下的案例,并及时更新,只有这样才能赋予理论知识更多的实践意义。

2.利用项目驱动,开展团队合作

运用项目驱动教学法,可事先将班级学生以小组的团队形式进行划分。此教学方法是由老师在课堂上组织学生模拟实践,例如由各小组模拟公司运营,扮演不同的角色,根据不同的工作任务共同讨论、协作直至完成。通过这样的实践教学法,学生能够充分参与到课堂中,每一个人各司其职,避免了滥竽充数的不作为现象,为以后成为真正的管理者积累了经验。

3.创新游戏教学,活跃课堂气氛

在教学过程中穿插游戏,是调动课堂气氛的有效方法。但是课堂上的游戏设置不应只考虑娱乐性,而要本着让学生学习管理知识、锻炼管理技能的目的。例

如"你来比画我来猜"游戏可以培养学生的表达能力,"吸管传乒乓球"游戏可以培养学生的团队合作意识和协作能力。作为一名优秀的管理者,需要具备知识、技能、情商等全面的素质,寓教于乐的教学方法,提升了学生学习的乐趣和兴趣。

4.开辟第二课堂,拓宽学生视野

所谓第二课堂,指的是将课堂进行延伸后的课外辅助教学活动。应用型本科人才培养对实践能力的高要求,决定了管理学课程开设第二课堂的重要意义。教师可以充分发挥人脉,邀请成功企业家进校园,开办专题讲座,传授企业经营和管理的经验。另外,例如带领学生去企业参观调研、指导学生参加管理类专业技能比赛、组织学生申报大学生创新创业项目等课外活动都能够夯实学生的管理知识,拓宽他们的专业视野。

(三)充分利用多媒体,丰富教学设计

管理学课程的信息量很大,一味地使用文字 PPT 展开讲授教学,不足以收获良好的教学效果。教师在教学过程中应充分利用多媒体资源,融入并及时更新教学视频和图片,用这些更新鲜、直观的展示来抓住学生的注意力。发挥学生的主观能动性,由学生来自主设计教学也是参与式教学的充分体现,通过将课堂的主动权移交给学生,有利于提升他们课堂价值感,激发行动力,使教学设计显得更饱满、更丰富。

(四)重视过程性考核,健全考核机制

课程考核方面,应将教学环节纳入考核当中,只有这样学生获得的成绩才更加科学合理。由于管理学设置了丰富的实践教学环节,因此单以理论考核决定学生的最终成绩是十分片面的。平时成绩的组成不仅应包含课上的出勤,更应涵盖小组成果、比赛成绩、讨论发言次数、角色模拟表现、调查报告质量等,并赋予它们适当的比重。这样一来,学生积极把握每次锻炼机会,考核更全面,结果更可信。

参考文献:

[1]徐萍平、许莹、应丽芬等.基于建构主义的应用型本科管理学教学改革[J].高等工程教育研究,2010(12).

[2]韩传龙、郑思亭、吴玲.基于应用型人才培养的管理学课程教学改革探析[J].宿州学院学报,2012(03).

[3]李英、王晨筱.论基于能力培养的管理学教学改革[J].当代教育理论与实践,2014(06).

[4]巢莹莹.应用型本科院校管理学教学改革刍议[J].长春师范学院学报,2013(06).

作者简介：

谷苗苗,女,1988—,河北省定州市人,硕士研究生毕业,广西外国语学院讲师。主要研究方向:管理学,市场营销。

（原文载于《山西青年》杂志,2016年4月第7期第79—80页。）

民办高校经济管理类本科专业课堂教学改革的思考

——以《管理学》课程的课堂教学改革为例

广西外国语学院工商与公共管理学院　伍锐

摘　要:在民办高校经济管理类本科专业教师的课堂教学中,存在着很多不容忽视的问题,严重影响民办高校教学质量的提高,亟待进行课堂教学的改革与创新。通过对《管理学》课程课堂教学改革的实践,提出了经济管理类本科专业课堂教学理念、教学内容、教学方法、教学手段及考核方式的改革思路,以图培养学生的管理新思维和综合能力。

关键词:民办高校;经济管理类本科专业;课堂教学;改革

随着近几年高等教育的蓬勃发展,很多民办高院校纷纷设立。但是这些院校的师资队伍普遍年轻化,很多经济管理类本科专业的年轻老师既非师范类院校毕业,又缺乏企业、行业的实践经验,尽管他们在课堂教学中充满激情,追求创新,但是由于教学经验不足,经常采取传统的以教师为中心、满堂灌的授课方法,忽视学生能力的培养,存在着很多不容忽视的问题,严重影响民办高校教学质量的提高,亟待进行课堂教学的改革。

一、经济管理类本科专业课堂教学中存在的问题

从民办高校目前的情况来看,课堂教学既是教学的关键环节,也是教学的薄弱环节。通过听课,笔者在经济管理类本科专业的课堂教学中发现了不少带普遍性的问题。

(一)照本宣科,课本搬家

许多教师将讲课变成了讲书。将教材的部分内容搬到黑板,再将黑板的部分内容搬到试卷和学生的思想上去。这是一种非常低水平的教学,教师对什么是教案、什么是教学大纲、什么是课程设计等实质上并不清楚。

(二)只讲理论,不重实践,忽视学生能力的培养

沿用"老师讲学生听"的课堂教学模式,课堂理论教学与实践及实际训练,同教师和学生的交互性学习脱钩。不少教师受传统教育思想支配下形成的教学惯性的影响,只注意到教师自我单边主体的作用,以教材为中心"满堂灌"。不是教给学生如何学习,如何主动获取知识的方法,而是什么都要讲,什么都想讲。课堂教笔记、学生记笔记、考试考笔记。

(三)脱离人文素质教育和素质教育内容,忽视教学与素质教育的有机结合

只教书不育人,不善于挖掘教材中丰富的素质教育内容。忽视对学生情感、态度、价值观的培养。部分教师师德修养差,甚至在课堂教学中发牢骚、污损别人的形象。

(四)课程目标(知识目标、能力目标、素质目标)不清楚

教师讲课过程中随意性较大,至于这门课程在教学体系中要达到什么目标不明确或者不正确。有的教师的讲课,不支持培养目标。教师讲课不交代知识的用法,只知道学生应知的内容,不知道学生应会什么。学生不知道该读什么,该记什么,更不知道这些知识有什么用,如何用。

(五)课程结构不完整

每一节课应该有开头有结尾,有理论有实践有结果,一次课本身就应该是一个艺术品。但是有的教师每讲一次课,没有一个整体概念,有的没有开头,有的没有结尾,或者虎头蛇尾,等等。有的课程,绪论本身可以不讲或少讲,但是有的教师就是空洞地讲半天,听完这门课的第一节课学生就已感到乏味。

(六)备课不充分,教学内容陈旧,主次不分,重、难点不分

有些教师现讲现备,对教案缺乏补充、更新。不能提前把课程备出来,致使讲课中经常是临时突击备课,严重影响了教学质量的提高。有些老师不能把本门课程知识的最新进展讲给学生,连案例都是很久以前的、过时的。教学内容面面俱到,什么都讲,主次不分,重、难点不明确。

(七)课堂缺乏组织

有的教师,上课采取放羊的方式,上多媒体课,成为放录像或动画课件,学生放任自流。有的教师上实践课,对项目仅做一个简单的规定,没有具体要求,也没有考核,实际就是放羊,课程达不到预期的效果。

(八)教学方法单一,课堂气氛沉闷

多数老师仅采用讲授法和案例教学法,不能灵活的采用头脑风暴法、情景模拟法、任务驱动法、项目教学法等适合本科教学的方法。因此课堂缺乏互动,教学效果差。学生没有兴趣跟随教师学习,而是自行其是。有些教师的课堂教学秩序

混乱,存在睡觉、读其他书籍、说话、逃课等现象,带来诸多危害隐患。

(九)现代化教学手段(多媒体课件)运用不够

一是课件在教学中的作用大多也只起到了"代替板书"或用教师的话讲,"这样可以省下板书的时间多讲一些,不用写黑板那么累"而已。二是给某些老师提供了一个课上面对屏幕边读边讲"照本宣科"的平台。真正视频效果好并起到辅助教学作用的课件很少。总体上看,多媒体课件的设计与制作要认真改进,力求达到音频、视频、动画等的结合。三是由于有的教师习惯坐着讲课,缺乏体态语言的交互性,也影响了多媒体教学的效果。

(十)年轻教师课堂教学问题突出

一是教学基本功较差,缺少企业、行业实践经验,讲课不受学生欢迎。二是缺乏课堂教学组织与监控的能力,致使课堂教学秩序混乱。三是陷入怕学生评教分数不高,而不敢管学生的误区。

二、经济管理类本科专业课堂教学改革的对策

(一)树立全新的本科课堂教学理念

1. 树立以学生为主体的课堂教学理念

课堂教学的着力点是尊重学生的主体地位,激发学生的学习兴趣、探究的激情,注重学生在学习中的积极参与,最大限度地挖掘学生的潜能,使学生真正成为学习的主体。教师的"教"为学生的"学"服务,"以学定教",教师是课堂的组织者、合作者、引导者,要积极引导学生开展自主、合作、探究式学习;要把课堂中的大部分时间还给学生,使学生充分地自读、思考、理解、练习、纠错。要相信学生、赏识学生、激励学生、发展学生,充分调动学生积极的学习情感,激活学生思维,使学生产生最佳学习心态,促进学生积极主动参与学习,并在学习中实现自我调控,培养良好的学习习惯。

2. 树立面向全体的课堂教学理念

在课堂教学中,每个学生都是一个鲜活的个体,他们有自己的观念、认识、情感、个性和生活背景,比起他们身上那些普遍具有的东西,张扬他们之间的差异和个性也许更为宝贵。教师要做到因材施教,让不同层面的学生都有参加教学活动的机会。尊重学生的个性和特长,以多元的视觉看待每个学生,而不是以认知能力、学习成绩作为衡量学生的唯一标准。使每个学生在课堂上得到充分的展示和全面的发展。

3. 树立平等、民主、对话的课堂教学理念

在现代的大学课堂上,师生应该建立一种平等、民主、对话的课堂氛围,教师

要引导学生探究知识的兴趣,激发学生的学习积极性,积极参与问题探究。在教学过程中,教师平等地参与学生的学习,与学生平等的交往和对话,分享自己的情感和思想。从而达到一种新的对话性的课堂教学,在传授知识的过程中,培养了学生的认知能力、创新精神、实践技能。开启了学生的心智,唤醒了学生的潜能,使课堂教学真正地实现知识、能力和价值的统一。

4. 树立培养学生自我学习的能力的教学理念

知识的累积和更新速度决定了现代课堂教学必须培养学生主动学习的意识和自主学习的能力。课堂时间是有限的,而知识是无限的,课堂"教"的目的是为了不教,"教"的目的是培养的自学能力和养成学生终身学习的习惯。教师在课堂教学设计中必须考虑为学生的自主学习,参与课堂教学留出充裕的时间,创设教学情境,设计出切实可行的,贴近学生实际的教学策略,注重培养学生自主学习的能力。

(二)认真了解、研究学生的情况,尊重学生,因材施教

很多教师只了解专业内容,不了解学生(学习基础、认知能力、认知过程),只怨学生缺乏"专业素养",不了解新时期学生的兴奋点、兴趣、积极面,只看到缺陷。不少教师甚至认为"自己教学水平高,学生水平低"。民办高校的学生较之重点高校的学生虽然理论文化素质低一些,但是学生主体意识强,思维活跃,可塑性大。不同专业、性别的学生各有特点。因此必须做到有的放矢、因材施教。

(三)不断修炼职业道德,不断加深专业知识底蕴,不断积累企业、行业实践工作经验

民办高校教师扮演的角色不再是一个被物化的"知识传播工具",而是一个点化和润泽生命的引导者、一个培养知识、能力、素质高度和谐与完美统一高质量的人才建构的"人师",这既是高职教育的核心和本源,更是民办高校教师深刻的角色内涵。因此,教师的专业知识、人文素养越扎实,企业、行业经验越丰富,情商越高,他(她)的人格魅力就越强,教学效果就越好,他(她)的职业声望也就越高。正所谓"有一壶水,才能给别人一杯水"。

(四)采取多样化教学手段为教学内容服务

教育技术的硬件发展使得我们课堂教学的手段丰富多彩,但在教学理念上绝对不存在任何形式的简单化,也没有课堂教学技巧一劳永逸之说。只有将现代技术与课堂教学有机地整合才可以发挥意想不到的效果。多媒体只是一种教学手段,其内容的丰富和技术的追求永无止境,但是若涉及的内容少就会单调,内容太多又无法突出课堂教学重点,要找到恰到好处的尺度需要认真研究学习。那种完全依赖多媒体教学的思想是很可怕的。

另外,学生在初次接触多媒体教学时,可能会在快速浏览和巨大的信息量面前不知所措,教会学生如何捕捉知识也是一种信息技能的培养。教师不应忽视这一重要的实践性教学环节。

(五)灵活运用多种教学方法

传统课堂教学的方式方法有讲授、讨论、实验、练习等。但为了实现本科专业培养目标,在课堂教学中我们要敢于探索,灵活运用适合本科专业的多种教学方法。目前本科教学界大力提倡"行为导向教学法",这是一种以学生为学习主体的教学方法,它是在教师行为引导下,通过多种不定型的活动模式激发学生学习热忱和兴趣,使学生主动地使用脑心手进行知识掌握并将知识转化为能力的教学方法。"行为导向教学法"是统称,具体教学方法有:案例教学法、项目教学法、任务驱动教学法、情景模拟教学法、角色扮演法、头脑风暴法、实验实践法等。其中案例教学法是诸多教学方法中适合本科课程教学的最为重要的方法。教师根据教学目标和要求,以实际案例作为被剖析的对象,在教师指导下,教师和学生共同参与案例的分析和讨论,寻找解决问题的方法和途径,在教学过程中,学生课堂所学的知识迁移为处理问题的能力。

在本科课堂教学中,教师要从教学目的出发,综合运用各种教学方法,使它们互相结合,取长补短。因此,在教学方法的选择上,我们应坚持多元化原则,根据教学内容的不同,选择适合本课程性质和特点的方法。

三、《管理学》课程本科课堂教学改革的具体做法

《管理学基础》是工商管理类和财经类各本科专业的专业基础课,这门课程以培养学生的管理思维和实践能力为目标,通常这种能力是综合性的、复合性的、系统性的,需要侧重培养学生的创新形成能力、信息处理能力与决策表达能力。因此,在教学过程中必须以提升学生的综合能力和管理素质为目标进行课堂教学改革。笔者结合《管理学》课程的本科课堂教学改革实践,谈谈自己的一些做法。

(一)根据经济管理类本科专业的能力培养目标,重新修改《管理学》课程的实践环节的教学大纲

重点整合了该门课的课堂实践教学内容,设计了一系列适合在课堂上开展的管理能力综合实践项目和单项实践项目,其中包括管理能力实践1:管理者角色扮演——演讲讨论课:"如果我是班长"。管理能力实践2:相识有创造力的我;我的时间管理日记;收集资料并分析知名企业的核心竞争力。管理能力实践3:策划与交流;团队决策训练。管理能力实践4:学会撰写招聘计划(方案)或个人应聘讲演提纲。管理能力实践5:播放管理培训大师余世维先生的光碟,并进行讨论。管

理能力实践 6:领导指挥与决策游戏:"在地震中逃生"。管理能力实践 7:学会认可与赞美他人:谈谈我最欣赏的大学同班同学;真诚地沟通:如何给他人提意见或建议? 如何接受他人的意见或建议? 管理能力实践 8:情景剧表演:我的上司为什么这么讨厌? 管理能力实践 9:企业管理经典综合案例分析与讨论,等等。

通过在课堂上开展这些实践项目,在整个教学活动过程中,充分尊重了学生的人格,关注了个体差异,满足了学生的不同需要,创设能够引导学生主动参与的教育环境,激发学生的学习积极性,培养学生掌握和运用知识的态度和能力,有效发挥了学生的主体作用。

(二)在课堂教学中注意提升学生的外语能力

由于笔者所在的学校是一所民办外语类本科院校,外语学习气氛浓厚,经济管理类专业采取"经贸 + 外语"的复合型、国际型人才培养模式,并且与欧美、东南亚等国家的四十几所高等院校合作办学,提供给经济管理类专业学生出国留学的机会,学校很多毕业生留在国外从事经济管理工作。因此对涉外经济管理类专业的学生外语能力要求很高。笔者在《管理学》的本科课堂教学中,每堂课教给学生1 个有关管理的专业英语词汇和 1 句在企业经营管理中经常使用的英语口语,既巩固了专业英语的学习,又活跃了课堂气氛,并且在日积月累中增加了学生学习外语的兴趣,为学生今后出国留学或在国外工作打下了坚实的外语基础。

(三)将互动式教学作为课堂教学改革的突破口

教学中的互动和合作,体现了学生的主体作用。在《管理学》的本科课堂教学中,教师以引导者的角色,创设丰富的互动教学方法,激发学生积极愉悦的情感,营造一种和谐的交流、合作、学习氛围。通过运用案例教学法、项目教学法、任务驱动教学法、情景模拟教学法、角色扮演法、头脑风暴法等互动性较强的教学方法,并充分运用多媒体教育技术手段,引导学生主动探索学习的问题,提高学生自主学习、解决问题、团队合作、与人交流等方面的关键能力。另外,还采取团队学习的形式开展课堂教学。比如在《管理学》的第一堂课,要求每班学生自由组成 4~6 个学习团队,选出队长,并用最有个性的名字给自己的团队命名。在往后的学习中,很多课堂讨论、实践项目等都以团队的形式开展,每个团队成员都有表现自己的机会,并且每个成员在课堂学习的表现优劣与否都会影响整个团队该门课的成绩。通过这种互动的团队学习形式,锻炼学生的团队管理能力,增强学生的团队精神。

(四)将考核方式的改革作为评价学生课堂学习效果的重要手段

在进行教学内容与方法改革的同时,必须改进"上课一本书、考试一份卷"的考试考核办法,建立新型的教学评价体系。传统的考试、考核方法最大弊端就是导致学生为考而学,高分低能,不利于培养学生的创造能力。因此,《管理学》课程采用考查与考试相结合的方式,最终成绩由四个部分构成:出勤占10%,课堂表现及参与程度占30%,实践作业占20%,期末闭卷考试占50%。将试卷考核形式作为考核学生学习情况的手段之一,另外辅助其他形式,比如"情景模拟"考试法、报告法、演讲法等,将这些方法充分结合起来,同时也将平时学习效果与期末检测结合起来,形成学生全面的、完整的考核成绩。比如"情景模拟"考试法,教师结合相关课程章节,设计某些情景,让学生融入情景中或者模拟扮演情景角色,运用所学知识,解决实际问题,提出个人思路、建议,同时还让学生代表参与评分,以增强考核成绩的公平性、透明度。由于加大了学生在本课程中的"参与度",以"体验式学习"的方法,使学生真正领悟到《管理学》课程所带来的趣味性。

参考文献:

[1]王颖.《管理学》课程教学方法改进探析[J].职业时空,2010,6(3).

[2]罗鸿斌.大学课堂教学理念探析[J].青年文学家,2010,17.

[3]黄亮.本科管理学课程案例教学存在的主要问题及其对策[J].企业家天地,2011(12).

[4]崔文子.《管理学》课程实践教学体系构建探析[J].大连民族学院学报,2011,13(2).

[5]任文举.《管理学》课程教学改革文献综述[J].现代企业教育,2012(22).

作者简介:

伍锐,女,1979—,广西桂林市人,硕士研究生毕业,广西外国语学院副教授、院长。主要研究方向:管理学,市场营销。

(原文载于《读写算》杂志,2014年5月第10期第12–13页。)

民办本科院校《概率论与数理统计》课程优化建设

——以广西外国语学院为例

广西外国语学院国际经济与贸易学院　王爱花

摘　要:本文以广西外国语学院为背景,结合学校、学生以及教师的特点,通过分析《概率论与数理统计》课程的重要性,指出优化建设本门数学课程的必要性,并针对目前教学中存在的问题,结合实例,提出了优化建设《概率论与数理统计》课程的几点建议。

关键字:民办本科院校;概率论与数理统计;优化建设

一、优化建设《概率论与数理统计》课程的必要性

《概率论与数理统计》课程是主要研究不确定性现象统计规律性的一门学科,是对随机现象进行定量分析的重要工具,是高等本科院校理工科各专业及经管类专业的一门基础必修课,具有广泛的实用性和应用性,不仅能够提高学生的数学素养,培养学生的抽象思维能力和逻辑推理能力,更因数学课程涉及的专业领域较广,可以为各专业提供理论依据,成为有力的数学工具。此外,《概率论与数理统计》课程是部分专业研究生入学考试必考内容,本科院校开设这门课程也为学生深造搭建了有利的平台。因此,优化建设《概率论与数理统计》课程有着重要意义。

二、《概率论与数理统计》课程建设存在的问题

(一)学生基础薄弱,缺乏数学学习兴趣

一般而言,民办本科院校学生数学基础相对薄弱,高考数学成绩不理想。而大学数学以高中数学为基础,先后开设《微积分》《线性代数》及《概率论与数理统计》三门课程。其中《概率论与数理统计》,不仅要求学生对高中数学充分掌握,更利用《微积分》中的数学方法为计算工具,这就大大增加了学习的难度,导致部分学生产生抵触心理,缺乏对数学学习的兴趣,上课不认真听讲,下课不认真复习,

侥幸指望老师划范围、讲重点，把期末考试及格作为唯一目标，这种消极的学习状态导致数学课堂沉闷，授课效果不明显。

（二）教学设备落后，教学效果不尽理想

为了清晰演示数学公式及计算的推导过程，有效锻炼学生的逻辑思维，传统的数学授课多以板书讲授为主，能够使学生和老师的授课思路同步。目前多媒体教学的优势越来越突出，不仅使原来抽象的数学定义通过图形、动画等表现形式而变得直观，也大量节省了书写烦琐定义、课堂例题的板书时间，如果采用板书和多媒体的有效结合，既增强了学生的学习兴趣，又提高了课堂效率。因此，《概率论与数理统计》课程仍采用纯粹的板书授课，无法提高学生的学习兴趣，降低了课堂效率。

（三）教学设计单一，无法满足专业需求

《概率论与数理统计》课程的考研大纲是根据专业来设定的。例如，计算机科学与技术等工科类专业考研大纲要求掌握本课程中的假设检验相关内容，而国际经济与贸易专业的考研大纲中则不涉及这部分考点，即使是两个专业考研大纲中具有相同知识点，考查的难易程度也不一样。因此，在平时的授课中，应当根据专业设置上课内容、计划课时、授课方式、重点难点等，过分强调统一的课程学时、教学大纲、教学进度，不仅使得教学模式过于单一，更无法满足专业需求。

三、优化建设《概率论与数理统计》课程的几点建议

（一）调整教学设计，提高教学质量

合理的教学设计是提高教学水平的先决条件。民办本科院校为了培养学生的专业应用能力，增加实践教学学时，这就限制了《概率论与数理统计》等基础课程的学时。目前，无论经管类专业还是理工类专业，本课程均设定 48 学时。大部分学时用来完成概率论的教学，只有小部分学时用来讲解统计学当中的参数估计、假设检验，而非常有应用价值的回归分析没有时间涉及，这就造成了"重概率，轻统计"的局面，只能传授学生理论知识，而不能教授学生实际应用。因此，应当适当调整教学设计，充分发挥教师的教学水平。

（二）完善教学设备，实现现代教学

良好的教学设备，是提高课堂效率的有力保障。《概率论与数理统计》是一门实用性很强的课程，不仅要求学生掌握相关理论知识，还需要熟悉 Excel、SPSS 等统计软件的应用，从而将理论知识应用到实际问题当中去。为提高本课程的课堂效率，清晰展现数学公式的推导、统计软件的应用，应将传统的板书讲授模式转变成板书和多媒体有效结合的教学方式。因此，学校应改善教学环境，完善教学设

备,除了满足课堂所需电脑之外,应在机房、图书馆等地购进统计软件、相关图书等,让学生在课外之余可以巩固练习课堂所学知识,拓宽学习领域,实现自主学习的现代化教学。

(三)构建学科团队,提高教师素质

优秀的教师团队是提高学生素质的强有力的后盾。应该引进学科带头人,构建一支专业的数学教师团队,实现群体建设。教学方面,应针对不同的专业学科,来确定《概率论与数理统计》这门课程的上课教师,课程总学时、周学时,制定相应的教学大纲、教学进度、重点难点等。定期召开教学研讨会,探讨课堂中遇到的问题,课程实施的情况,并根据实际情况及时解决。科研方面,应在学科带头人的领导下,合理规划个人科研任务,鼓励青年教师积极参与科研工作,撰写科研论文,并积极申报课题,为培养学术型教师,提高数学教师整体素质奠定基础。

参考文献:

[1]周兴才.应用型本科院校概率论与数理统计教学研究[J].襄樊学院学报,2011(5):60-63.

[2]钱海婷.地方本科院校教师队伍建设问题探析[J].西安文理学院学报(社会科学版),2009(5):85-87.

[3]孙明岩.独立学院数学课程教学模式探讨[J].产业与科技论坛,2011(19):169-170.

作者简介:

王爱花,女,1986—,河北省石家庄市人,硕士研究生毕业,广西外国语学院讲师,经济师。主要研究方向:区域经济发展、经济数据分析、概率统计、风险理论。

(原文载于《当代教研论丛》杂志,2016年3月第027期第15-15页。)

两岸应用型高校国际经济与贸易专业法律课程设置对比研究

广西外国语学院国际经济与贸易学院　　陈倩

摘　要：国际经济与贸易专业教学中大多开设了相关的法律课程，而在应用型高校的背景下却略有不同。一致的是，两岸的应用型高校中对于国际经济与贸易专业的法律课程设置一般较为简单，往往仅设置一门课程。因此，本文针对两岸国贸专业的法律课程设置来进行对比研究，分析其不同及各自的特点，进而对我国应用型高校国贸专业的法律课程设置提出具有实践意义的建设性意见。

关键词：两岸；法律课程；国际经济与贸易专业

　　基于我国与台湾地区互动日益频繁及应用型高校不断发展的背景之下，我国高校与台湾地区应用型高校之间的交流与合作日趋密切。研究两岸应用型高校国际经济与贸易专业的法律课程设置，对比分析其现状及各自的特点，发掘其中存在的问题，进而对我国应用型高校国贸专业的法律课程设置提出具有实践意义的改善意见，从而解决我国国际商务人才的现实需求与专业学习间的隔阂问题，推动应用型高校国际经济与贸易专业的健康发展。

一、两岸应用型高校国贸专业法律课程设置现状

　　当前，在我国应用型高校的国际经济与贸易专业（以下简称"国贸专业"）教学中大多开设了相关的法律课程，但对于相关法律课程的设置一般较为简单，仅设置了一门法律课程——国际商法（双语教学），极少数应用型高校会增设一门"经济法"。而经过笔者查询多所台高校课规发现，台湾应用型高校的国贸专业的相关法律课程设置也仅有"商务法律"一门相关法律课程，少数应用型高校增设一门"基本法与社会发展"。因此，从两岸应用型高校国贸专业的法律课程的数量设置上来说，二者基本一致。

　　我国应用型高校的主修课程为国际商法，旨在使得学生能够在国际贸易的实

践过程中拥有一定的相关国际商法知识,得出一般判断。但从查阅一些学校的人才培养方案来说,应用型高校对于该专业的课程设置目的更多的是强调使学生掌握国际贸易的基本理论和方法,掌握国际贸易的实际业务操作技能,几乎未提及相关法律课程的功能作用体现。且本课程在应用型高校多是以双语教学为主,而教学实践中,本课程的主次关系容易发生倒置,即教师在进行教学活动中专注"双语"教学,而忽略"法"本身。这样一来,学生在本门课程仅得到了外语提升的机会,却难以填补自己的相关法学知识空缺。

而对于应用型高校国贸专业的另一门非常设法学类课程经济法而言,目前有学者及从教人员认为,经济法课程和国际商法课程中有相当比例的教学内容重合,因此许多应用型高校在对于国际贸易专业的课程设置中逐步取消了经济法课程,仅对国际商法课程做了保留并推送为主要的国贸法学课程,担当国贸专业法律教育的重任。

而台湾地区的应用型高校的国贸专业所设置的商务法律课程与大陆地区的国际商法课程相类似,课程内容亦包括国际商法的部分(商事主体法、商事行为法、国际商事争议解决规则等),亦包含本地区相关的现行法律法规。

二、课程设置与教学方式对比

(一)教学困境

单就所设置的课程而言,笼统来说,台湾地区的商务法律包含了国际商法的部分(商事主体法、商事行为法、国际商事争议解决规则等),亦包含本地区相关的现行法律法规;相对而言,我国大陆地区的国际商法则仅包含了前一部分,对于我国国内现行的民商事法律并未有所涉及。而综合来说,两者均鲜有对基础法律或现行国内民商事法律学习再对国际商法部分进行学习的。也就是说,目前两岸国贸专业的相关课程都缺少基础法律的前置课程(或课程中的内容)。法律是一门专业的学科,应用型高校的国贸专业学生对于法律课程的学习如果直接跳过一些基础的法理部分、基础法律部分,而对国际商法进行直接的学习是否能够达到理想中的效果这一议题是值得商榷的。

就国际商法来说,具体内容包括商事主体法(包括商事组织、商事代理、商业登记等);商事行为法(包括国际货物买卖法、国际货物运输法、国际货物运输保险法、海商法、国际技术贸易法、产品责任法、票据与国际结算法、国际资金融通法);国际商事争议解决规则(包括国际民事诉讼、国际商事仲裁)。如此来看,国际商法所涉及内容庞杂多样且事无巨细,而就目前的课时量及专业重点来说,我们的国贸专业所学习的国际商法并非能全盘讲授,毫无法学基础的学生也难以在一学期内能将巨量内容接纳与消化。因此,目前我国应用型高校的国贸专业仅能够对其中部分内容进行针对性学习。且又由于本课程还建立在双语学习的基础上,因此还需要分课时给予英语教学的部分,这样一来,课时更是紧凑。因此,对于缺乏基础法理知识及面对如此庞杂的课程内容,无论是授课教师还是接受学习的学生都肩负重任,而我们也对这样的现状抱有疑虑。

举个较为基本的例子来说,以较为基础的法理学中法系的问题为例,两大法系,即英美法系和大陆法系的概念及区别是法学基础的法理学的基本内容之一,也是学习其他法律课程的基础。而国际商法教材中虽略有提及,但无论是教材或是教授课程的教师本身,对此问题往往轻描淡写,笔墨或是重视程度严重不足,导致学生在根本没有区分其区别的情况下很容易忽视两大法系的差异问题,导致后续的国际商法具体内容的学习无法有一个扎实的学理基础。而这对于将来从事国际贸易实务工作来说,所导致的后果是巨大的。我们的学生将来走到社会中,除了在读书期间不太充足的实践经历之外,所依靠的只有在学校中所学习到的理论知识,因此,扎实学理基础是十分必要的。而现状却是,我国应用型高校的国际贸易专业的学生不具备相应的法学理论基础,相关课程中对法学理论基础也较少涉及,导致我们的学生是在缺乏前置的法学理论基础的课程(或课程内容)的情况下展开调查对国际商法的学习。这可以反映出当前专业对国际商法学的重要性认识不足,无论是授课者或是学习者均缺乏学习的积极性,更缺乏对该课程的开拓创新。

(二)可借鉴的内容

就以上陆台两地国贸专业法律课程对比而言,我们可以从中借鉴经验,补足自己的不足。

台湾地区应用型高校的国贸专业法律课程设置中,部分高校会在学习国际商法课程的前一学年或前一学期设置一门"基本法与社会发展"的课程,旨在让学生在进行国际商法学习之前能有一个较好的法理认知基础,能更好地对国际商法进行学习和掌握。此外,尤其值得一提的是,该课程除了基本法的内容,还包括了"社会发展"的相关内容。通过调查拜访台湾地区多所应用型高校我们了解到,这样设置课程的构想是在于国贸专业的学生与专业的法学学生仍旧是有所区别的,专业的法学学生更多的是偏重法律本身,专业的设置旨在能够进一步对法律进行深入的研究,而国贸专业的学生仅需对法理有一定基础后学习国际商法的相关内容便足矣。因此,在课程上面来说,基本法伴随着一定的社会现状进行实证分析,这样的课程设置与授课能够使得学生更快速地对基本法有一定的基础认识的同时,又能够站在法学角度对社会现状与发展趋势有一定程度的了解,更有利于后续相关法学课程、专业课程的学习。

三、改进和完善建议

综合以上现状分析,笔者针对目前存在的问题与借鉴内容提出了一些改进和完善的建议。

(一)适当增加基础法律课程,提高专业法律课程的接受度

如上文所述,目前我国大陆地区应用型高校国贸专业的法律课程大多为直接学习与之相关的国际商法一门课程,而由于法学相对其他学科来说具有一定的专业性,面对非法学专业的学生来说,缺乏前置的基础法理课程而直接学习专业课,将导致教师对于课程的讲授难以开启,学生对于课程的学习也难以接受。这样双向的困难就导致了开设这门课程的目的难以实现,不仅学生在学习此门课程时十分吃力,这样的学习成果也难以对其日后走入社会中带来实质性的帮助,脱离应用型高校专业的本心。因此,我们可借鉴台地区高校的课程设置,适当增加设置我国宪法或法理的基础课程,为国贸专业的学生后续国际商法的学习打下基础,铺好铺垫。此外,还可增加相关社会法学的简单内容为辅佐,如社会发展与宪法的关系,法理与社会现象的呼应案例等等内容,这类较为贴近生活的案例会激发学生的兴趣,也使得他们更能接受所学的知识点。

(二)丰富课堂形式,增加案例与互动,活跃课堂更利于法学内容的传授

考虑到目前较为固有且略显死板的教学模式下,学生的学习效率不高、成效不大,且我们目前应用型高校的国贸专业法学类课程多提倡双语教学,教师的侧重点容易往"双语"方向倾斜而忽略了"法学课程"本身。在这样的情况下,学生的注意力也会跟着转移,容易发生课程内容主次不清的情况。而如果能够丰富课题形式,增加案例授课,会更能使得学生接受所学的理论知识。在增加案例的情况下,将理论知识用案例的形式牢牢吸引学生注意,激发学生兴趣,再在此环节中运用双语教学的模式穿插其中,既能锻炼学生的英语能力,又能更好地使他们对所学法学理论知识进行消化和理解。这样,不仅更有利于法学内容对非法学专业的国贸学生进行传授,也对国贸专业法律课程的进行更为有利。

参考文献:

[1]柳晶晶.国际贸易专业视角下的国际商法课程教学初探[J].德州学院学报,2014(30):25-26,33.

[2]张宛连.高职类国际贸易专业法律教学改革之探讨——兼论经济法和国际商法课程的整合[J].无锡商业职业技术学院学报,2008,8(5):49-51.

基金项目:2015 年度广西高等教育教学改革工程项目"两岸国际经济与贸易专业课程体系比较研究——以桂台两地为例",项目编号 2015JGA378。

作者简介:

陈倩,女,1983—,广西北海市人,硕士研究生毕业,广西外国语学院副教授。主要研究方向:国际商法,区域经济,国际经贸合作。

(原文载于《西部素质教育》杂志,2017 年 12 月第 2 期第 144—145 页。)

《投资学》课程教学改革

广西外国语学院国际经济与贸易学院　陆景岳

摘　要:《投资学》课程教学面临着历史与现状的种种考验,必须逐一应对。对于立志革新的教师而言,提高自身专业素养和引导学生树立职业理想才是最重要的。

关键词:投资学;教学改革

《投资学》课程是金融投资类专业的核心课程,随着我国居民收入的不断提高,金融市场的逐步发展与开放,投资市场正在快速发展壮大,对投资类专业人才提出了更高的要求。而由于我国的高校教育体制滞后,市场需求与学校供应出现了一定的偏差。作为一项风险较高,对技术能力有更高要求的专业,如何提高教学水平,如何让学生更加自主、更加深入地学习是摆在教学工作者的重大难题。

一、现阶段《投资学》教学存在的问题

(一)师资力量薄弱

我国通过改革开放,逐渐脱掉贫穷的帽子富裕起来,这是一段历史过程,但也深深地影响了我国对投资领域的认识和研究。上一代的高校教师甚至还弄不懂市场经济,更何况投资学,我国1998年取消了经济投资学本科专业,将其并入金融学或其他专业。直至现在,我国投资专业人才培养的两个主要来源:一是金融学本科专业下的投资方向;二是公共管理、工程管理、房地产专业下的投资方向。当大家认识到人才需求的时候,教育主管部门陆续批准在一些高校恢复投资学本科专业。这段历史是造成我国师资匮乏的重要原因。

(二)教学设备不足

现在很多高校都有相应的金融投资实验室,硬件设施非常不错,但是软件设施却非常落后,甚至没有。主要是投资教学软件一年的使用费用动不动就几十上百万,很多高校都不愿意购买。所以教师只能借助市场上提供的一些模拟软件进

行教学,这里面存在着一个重大缺陷,就是市场走势非常缓慢,而学生的上课时间非常短暂,一慢一短,几乎没有任何效率可言。

（三）教材落后

学生是否对一门课程感兴趣,适合他们特点的教材也是非常重要。国内的很多教材都不尽人意,大部分都是照搬国外的理论,甚至把旧版的教材翻新一下。这些教材的问题在于内容枯燥,案例老旧,没有形成一套严谨的投资理论系统,大多都只是把市场的投资工具介绍一遍。

（四）学风问题

学风不良是中国高校的一个通病,学生喜欢上课玩手机,做其他与学习无关的事情,甚至睡觉。在投资学的实训课上,一部分学生玩游戏刷微博,严重分心,由于市场行情软件数据传输需要又不能停掉网络。教学最重要的在于学而非教,教师再有本事,面对无心向学的学生,所有的努力都等于零。

二、改革路径

（一）加大师资学习培训

用物质和精神两个方面鼓励教师去投资类企业参观学习,了解企业的产品和运作体系。聘请有经验的企业人员到学校与教师探讨专业知识与技能,为学生以讲座的形式传达最新的行业动态。鼓励教师到老牌的市场经济国家游学,缩短与发达国家的知识差距。加大师资力量建设,提高薪资和课酬聘请海外留学人员为专业教师或者外聘教师。

（二）增加设备投入

联合其他高校的同专业教师,向政府财政申请经费统一开发投资专业的教学软件,免费提供给各个高校使用。充分利用移动互联网优势,要求学生把市场行情软件装入手机系统,申请模拟账号,随时随地就可以了解市场行情或者模拟下单,把课堂延伸到更广的时空领域。

（三）编制实用型教材

投资学教材应该根据课程特点和高职院校人才培养方案以及学生的特点进行改革。简单实用对学生来说非常重要,理论知识点到为止,更加注重技能的训练培养;融合知识性和趣味性,可以以卡通漫画的形式来演绎投资专业技术技能,以更多的趣味故事来替代深奥烦琐的理论知识。课后习题可以转变成趣味任务的形式,激发学生的学习热情,培养学生的动手能力和创新能力。

（四）端正学风

学生的学风不好是由多个原因形成的,最根本的原因是中国的应试教育已经磨灭了学生的学习兴趣与热情,所以培养学生的兴趣就显得尤为重要,我们可以通过带领学生到企业参观学习,在课堂上讲述投资领域一些传奇任务的故事,让学生默默地树立起他的职业理想,这样能让学生产生自我约束作用。对于上课玩手机、分心、睡觉可以采用一些战术性手段来解决,譬如让学生上课把手机和其他与学习无关的物件统一放到一个箱子里,下课再领回,对睡觉的学生罚其到讲台来读一段课文来醒醒脑。

三、结语

要上好《投资学》这门课是不容易的,造成现状的原因不止一个,作为教师应该努力加强自身专业素养,以自身的责任心和使命感去努力革新教学方法。利用身边的可用资源来不断完善教学手段。积极参与教材的编写,把自身遇到的教学问题,结合实际情况,写出更符合当代学生的教材。在日常教学和生活中不断地引导学生树立自己的职业理想,培养他们的学习兴趣,是教师最平常但却是最重要的本职工作。

参考文献:

[1]李猛,于菁.《投资学》实践性教学模式改革浅刍[J].教育论坛,2010(11).

[2]朱瑞霞.高职院校《投资学》课程教学改革浅析[J].商业经济,2013(6).

作者简介:

陆景岳,男,1984—,广西钦州市人,本科毕业,广西外国语学院讲师,经济师。主要研究方向:金融学,证券投资,期货投资。

(原文载于《读写算》杂志,2014 年 9 月第 09 期第 7-8 页。)

应用型本科院校高等数学教学应用意识的培养探讨

广西外国语学院国际经济与贸易学院　韦玉球

摘　要:本文针对应用型本科学生数学应用意识的淡薄,以及对数学的重视不够的原因和后果进行分析,并对如何培养学生在学习高等数学课程的应用意识方面提出一些建议。

关键词:应用型本科;高等数学;数学应用意识

高等数学是应用型本科院校中经管类及财经类专业必修的基础课程之一,熟练地掌握并应用高等数学在今后的专业学习、知识深造等方面是必不可少的。学生在高等数学的学习中,由于基础差、学习目的不明确、不知道为何而学、学习数学有何作用,从而忽略数学的学习,只掌握一些数学的公式名词和基本的运算方法,这样,高等数学的教育就失去了其根本的目的和意义——实践应用。因而,抓住教学问题的根源,逐渐增强学生的数学应用意识,也是高校数学教师的职责之一。

一、学生数学应用意识淡薄的原因和后果

(一)内容抽象、理论体系缺乏应用元素,学生失去学习动力

现行的高等数学教材的编排重点,往往集中在强调其知识的科学性、系统性、严密性,教材体系过于封闭。不少内容多少都有脱离实际的嫌疑,大多数教材应用性实例匮乏,知识点和学科特点强调的多,教材分类不细,多个专业共用一本教材,针对性不强。由于教材中严谨的理论叙述和缜密推导过程往往会使学生一头雾水地"只见树木,不见森林",基本无法体会到所学的数学内容与所学专业的有机联系,学这门课程是为什么,对专业学习能有什么帮助,上述诸多问题不可能只凭教师在课堂上泛泛的几句"数学课程是专业课程的基础"等说辞而改变学生的心中困惑和疑虑;最终造成学生的学习热情和学习动力大打折扣,学习效果更是无从谈起的局面自然就会发生。

（二）教学模式老化，与学生专业脱节，使学生失去了学习兴趣

数学教师在教学过程中注重定理公式的推导、解题方法以及分析方法的讲解，忽略了数学应用性、工具性的一面。通常而言，数学专业教师只是循规蹈矩的利用数学教材讲数学，大量的数学名词、公式、定理、定义和练习、作业源源不断地朝学生涌来，教师对所教授学生的专业背景的生疏以及专业知识的陌生程度，会使得数学知识联系实际应用方面出现极大的障碍，教学效果与学生的期望值之间出现极大的差距。导致了许多学生对数学知识的应用价值认识不足，甚至认为学习数学课程只是"赚"几个学分而已，不存在真正意义上的价值。

二、树立学生对数学的正确认识，不断培养学生的应用意识

（一）教材编排方面

在有机会编写数学教材时，应根据应用型本科院校各专业的实际情况，以"够用"为基准，以"解决问题"为准绳，注重突显问题的拓展性、乐趣性、实践性和开放性。加强数学知识与专业课程知识之间的联系，让学生认识到数学知识在各个领域的应用，在应用中学习数学，在学习中应用数学。努力增强学生的学习热情和学习动力。

（二）教师必须结合相应专业的需要，突出数学的应用性，培养学生的应用意识

对应用型本科院校的学生而言，学习高等数学的目的不是研究数学理论，而是学会运用各种数学知识和数学方法解决自身所学专业中遇到的问题。这对我们从事高等数学教学的教师而言，自然提出了更高的要求：不仅要懂各种数学本身各个知识层面的"内部知识"，还要弄清楚所授课程班级专业的"外部知识"，至少应该弄清高等数学与相关专业知识的联系；理顺此专业中哪些知识与高等数学知识密切相关，这些联系和关系在专业课程学习中起到什么作用和处于怎样的地位。比如，在工程技术类的专业课中常常要联系微积分中的微分理论和积分理论，求解几何体的体积、平面的面积、近似计算问题等；计算机和通信专业往往更重视函数级数展开在计算函数值上应用的讲解；对经济学专业的学生则需要函数导数在经济学中应用的讲解。总之，每门专业课都要用到高等数学知识（事实上，专业课程教学大纲中开设有数学课程，必有存在的道理），数学教师欲提升教学质量和教学效果，必须做足"功课"，舍得花力气和心血，开展深入的调查研究，积累必要的知识容量，这样才可能做到理论联系实际，才能在数学课堂上做到游刃有余，真正体现高等数学在专业课上的作用，才有可能吸引学生愿意听你的高等数学课。

（三）引入专业案例，建立数学模型

建立数学建模是数学知识解决实际问题的第一环节，如何教授学生动手将应用问题转化为数学模型并找到解决问题的方法，它不仅体现了数学在解决实际问题时的作用，更重要的是培养了学生将所学的数学知识应用到解决实际问题中的能力和造就了学生的创新意识。同时，这也是数学知识直接渗透到实际应用中的最好的体现。然而，根据数学专业教师的学习背景和专业局限性，我们可以预料到这项工作并非是一蹴而就的轻松事情，需要每位"有心人"愿意付出和投入。笔者认为，至少以下环节是可以作为完成这项工作的渠道。

（1）任课教师在备课阶段就需要从教学思路、图书资料以及与专任教师的切磋等方面开始着手准备。考虑到数学教师对专业内容的生疏性，笔者认为，这种准备越早越好。由于并不是所有数学内容都能与专业课的知识对接，因此存在数学教学"选材"的问题。换句话说，数学教师可以通过与学生、专业教师等进行接触，详细调查了解学生已经完成的专业课程中的哪些内容需要用到与本学期的数学课程内容，然后对数学课程的教授过程做全盘的设计；挑出能与专业课程内容对口的数学问题，并正真将两方面精准对接形成数学模型，勾勒出课堂的讲述内容。我们还可以用小卡片或其他书写形式，将这些作为教学"随记"，成为教学工作的上乘资料。

（2）通常一位数学教师会承担多个不同专业学生班级的高等数学课程，所以上述方法的工作量一般是较大的。这就需要我们舍得"吃苦受累"，成为一个教学"有心人"。实践证明，问题案例库的建立是一种很值得推荐的方法。通过教师和学生共同采集的问题案例既是新教学模式实践的产物，也是师生合作学习的智慧结晶。应该重视问题案例库的建设，它不仅可以构成教师教学档案资料和形成下一轮问题案例探究的重要素材，还成为教学改革持续推进的基础。此外，在此基础上结合撰写书面问题案例分析等教学材料并经过缜密文字加工，完全可以形成教学改革的成果。

（3）将学生从开课中进入案例内容和角色，课后学生继续就案例的争执点进行讨论和相互启迪、得出最后认知结论的过程撰写书面问题案例分析材料，不仅可以构成教师的教学档案资料和形成下一轮案例讨论的重要素材，甚至经过缜密加工，可以成为一遍精彩的学生小论文。

（四）突破传统作业，开展课题讨论

高等数学上任何概念的产生，都来源于实际应用的需要，从实践中来，然后应用的实践中去，遵循"实践—理论—实践"的原则。我们在运用所学的数学知识和技能解决实际问题时，要考虑实际的情况，要进行创造性的运用。因此，应适当减少传统单调的计算证明作业题目,而应该布置讨论研究性课题,引导学生应用数学的常规公式、定理、法则,进行适当的数学应用实践活动,不断培养学生的自学能力、解决问题的意识和创新意识。在这个环节上,笔者利用实践体会提出几点设想。

1. 激发学生寻觅问题的冲动

在具体讲解教学内容过程中注重引导学生变被动听课为积极思考,激发学生的思维火花和求知欲,使学生置身于问题背景和角色之中,自觉提出问题,大胆表述看法,鼓励学生探求有效信息,挖掘事实真相。例如,在财经专业讲授函数概念时,学会建立数学模型,了解函数的性质和图像之后,如何引发学生对函数在经济问题中应用的思考,是教学的关键。我们可以通过列举生活中的经济现象大做文章。生活经验告诉我们:存款利息多数人都会算,但存款利息会随国家宏观调控产生波动的,当出现存款利息上调这样的情景时,对已存入银行的本金是否转存呢?转存的时机又如何选择呢?如何用数学知识解决这些问题?对经济类学生往往是最容易引发集体讨论的。

2. 诱导学生进入寻觅问题的角色

根据课程要求和学生实际,也可考虑在课前选编典型问题案例,拟定问题表述内容和讨论题目,制定教学目的和学习要求。进入课堂教学后,教师进一步补充问题案例背景和过程细节。在具体"诱导"过程中,可首先启发优等生率先发言,一点带面地唤起集体开放思维的迸发。

3. 组织小组开展讨论

就具有相对复杂性和对教学内容有一定影响力的问题案例,教师可以审时度势地组织学生开展课间和课后的讨论。针对学生对问题案例的讨论甚至争论,教师可从中引导讨论热点,揭示各种论点之间的内在联系,并进行必要的概括总结,得出认知结论,形成决策选择. 讨论后的点评以及根据活动表现对学生个体适当的褒奖是这一环节的关键之一,能起着承上启下的作用,切不可忽视。

参考文献:

[1]郑毓信,梁贯成. 认知科学建构主义与数学教育[M]. 上海:上海教育出版社,2002.

[2]季素月. 创新意识的培养与数学学习环境的重建[J]. 数学教育学报,2001(4).

[3]刘霞. 独立学院数学教学改革的探索与实践[J]. 湖南科技学院学报,2012,(5).

[4]袁慧. 在独立学院中加强数学应用性教学的探讨[J]. 教学研究,2011,(5).

[5]邓美兰. 将数学建模融入经济数学教学中的探索[J]. 考试周刊,2011,(43).

[6]任北上、刘立明、李碧荣. 高等院校近世代数课程问题型教学新模式的实践和教学效果分析[J]. 广西科学院学报,2012,(3)

基金项目:2012 年度新世纪广西高等教育教学改革工程 A 类项目,项目编号 2012JGA162。

作者简介:
韦玉球,女,1981—,广西河池市人,硕士研究生毕业,广西外国语学院讲师。主要研究方向:高等数学教学,数量经济,教学研究。

(原文载于《课程教育研究》杂志,2014 年 10 月第 10 期第 6 - 7 页。)

应用型本科院校国际贸易课程教学改革浅析

广西外国语学院国际经济与贸易学院　文园园

摘　要:随着中国－东盟自由贸易区的建立,作为广西首府,南宁是中国与东盟国家合作的桥头堡,是中国—东盟博览会的永久举办地,也是北部湾经济区的核心。根据区域比较优势,广西外国语学院国际经济与贸易专业的总体定位是"立足广西,面向东盟,强化素质,办出特色",重点培养为广西地方经济发展与中国—东盟自由贸易区建设服务的应用型国贸专业人才,如何培养出操作能力强、直接服务地方经济的应用型人才是当务之急,推进实践教学改革是国际经济与贸易专业发展的必然趋势,也是提高本专业学生就业竞争力的必然需求。

关键词:应用型;国际贸易;教学改革

一、引言

21世纪是全球竞争激烈的世纪,国际间的竞争,综合国力的竞争,归根到底是人才的竞争。构建适应经济与社会发展需要的新的学科方向和课程体系,就要更新教学内容、方法、手段和考核方法,以提高学生的实践操作能力和就业竞争力。应用型本科院校的国际经济与贸易专业,应以培养系统掌握经济学、国际贸易理论和实务,能够在涉外部门和企业从事国际贸易业务工作的应用型人才为目标。随着经济全球化和区域经济一体化的进程,新的国际贸易问题不断出现,世界贸易格局也在不断调整,这些都需要深入开展国际贸易理论与实务的研究。而国际贸易课程作为国际经济与贸易专业的主干课程,其传统的教学大纲、教学内容及其组织方式和教学方法都必须做出调整,因此,加强对国际贸易课程建设是国际形势和社会实践的需要。

二、目前国际贸易课程教学现状

国际经济与贸易专业是我校较早建立的专业,旨在培养适应广西北部湾经济区和中国－东盟自由贸易区发展需要的人才,但在国际贸易教学过程中,存在着一些问题。

（一）课程设置上，实践性的教学较少

目前国际贸易专业培养的重点仍然偏重于理论知识的讲授，对实际操作能力的培养没有得到应有的重视，导致学生毕业后要用相当长的时间去适应岗位需要。由于在教学计划的制订和课程设置的安排上未能摆脱普通教育课程设置的基本模式，对于国际贸易理论知识的系统性、完整性强调得比较多，使实践教学的学时比例达不到规定的要求。即使在教学计划中明确规定了实践教学环节，但在具体的执行过程中也没有严格的质量监控体系和检查标准，而且我校办学时间不长，教学经费与设备条件的增加跟不上学生规模的扩大，学生的实践训练受到很大影响，有的本应由学生自己动手的实验，只好成为参观性质观摩学，这导致不少课程在实践教学的组织过程中，受诸多因素影响变更实践教学的学时、内容和实训要求的现象较为严重。

（二）专业教师实践经验较少，教学方式单一

在学生的实践能力培养过程中，指导教师起着举足轻重的作用。他们的业务水平、实践能力、创造能力的高低直接影响着学生实践能力的提高。专业教师大都直接从高教毕业就上讲台，任课教师年轻居多且没有外贸实践经验，这就导致他们在讲这门课程的外贸实践环节时力不从心。其次，教学方式单一，主要是通过教师在课堂上的教学完成，并且，学生渴望接受领先知识的好奇心不能得到满足，学习兴趣与主动性不能被充分调动起来，对知识的学习也就无法上升为志趣。另外，在实践操作培养方面，人力物力投入较少，或者说投入并未达到所预想的效果，最后形成了理论与实践脱节的情况，两方面不能起到相辅相成、相互促进的作用，所学理论也不能被实际应用。毕业生由于知识面窄，在进入企业之后可能表现出一系列的不适应，从而达不到企业的要求，也就无法达到培养复合型、应用型人才的目标。

（三）学生对国贸实务训练重视不够，忽视专业资格证书

现在大学生思想开放，个性张扬，但心理脆弱，自我管理能力、团队合作精神和社会责任感有所缺失。学生在模拟实习和实践教学环节中没有严格的、系统的、科学的学习，很多学生家庭条件比较优越，所以没有压力，从而放松了对实践课的学习，操作能力较低。在实践教学过程中，如果学生没有主观能动性，其实践效果肯定是不能令人满意的。而目前很多学生忽视国际贸易从业资格考试，有些盲目跟风，有些只是考取一些简单的或是与专业无关的证书，没有真正从自身实际出发，针对性不够强。

三、国际贸易课程改革措施

（一）在课程设置上增加实践性课程的比重

自中国－东盟自由贸易区的全面建成，中国与东盟各国的联系越来越密切，以及广西北部湾的开放，急需既掌握相关国际贸易专业知识又具备分析、解决国际贸易实际操作问题能力的应用型对外贸易人才，这对于广西高校的学生来说是一个机遇。所以在课程设置上要科学的突出主干课，加强实践课。根据教育目标定位，根据企业相应岗位的要求确定学生必备的实践能力要素和结构，将各要素分解到国际贸易专业实践教学环节中，构成合理的实践教学体系。

（二）积极创新教学手段，提高学生操作能力

在课堂理论教学中，内容往往不够生动，学生学习兴趣不浓。即使国际贸易理论学得再好，国际贸易实践工作过不了关，缺乏动手能力和实践能力，无异于"纸上谈兵"，不能实现应用型人才的培养目标，更无法适应激烈的国际贸易竞争。改变原来单一的教授方式，采用案例教学、专业技能大赛、校内模拟实习到校外实习实践等方式，丰富学生的课堂，提升学习热情。尤其是开展模拟教学，学生在模拟贸易环境中不但可以进行实际的业务操作，而且也能亲自体验国际贸易的风险和乐趣。主要是利用进出口贸易模拟平台，仿真出一套完整的进出口贸易流程，使学生能在操作中熟练地掌握进出口的各个业务环节，如建立业务联系、发盘、还盘、价格核算、签订合同、审核信用证、报关、制作结汇单据、合同履行、争议处理等，根据应用型人才培养模式的要求，为学生构建一个全面、合理的实践能力体系。

（三）加强校企合作，服务地方经济

国际贸易专业作为文科类专业，在技能实训上一直以来都是个难点，因此我们更要加强探索、实践，形成具有鲜明特色、针对性强的外贸实训教学基地，建立稳定的校外实习基地，可以让学生对即将从事的工作有比较深刻的认识，也便于外贸企业发现和选择人才，为学生和外贸企业架起一座共同发展的桥梁，通过与企业建立协作关系，为学生提供实践工作的机会，加强学生的技能训练，为学生走上工作岗位打下了坚实的基础，更广泛地利用各种资源，同时服务地方经济。

（四）提高实践教学师资力量

目前对于"双师型"专业的教师比较缺乏，不管是老教师还是刚工作的青年教师，普遍存在着从学校到学校，缺乏企业的业务实践经验的问题。教师自身的动手能力不强，也是影响国际贸易专业课程教学开展的主要原因。可以考虑引进一些具有外贸实践经验的人才充实教师队伍，作为专职或兼职教师。其次，鼓励专

业教师到外贸部门锻炼,并考取专业职称证书和职业资格证书,提高教师的实践能力。最后,学院也应大力支持和鼓励专业教师进修或继续深造,或是聘请外贸公司、银行国际业务部、商检部门、海关等对外贸易有关单位的专家进行信息交流,不断吸取最新的国际贸易方面的信息和动态。

(五)鼓励"双证"学生,搭建职业技能平台

"双证"是指高等教育学位证书和职业资格证书。鼓励学生在完成培养计划内专业课程基础上,积极参加专业相关的职业资格证书考试。比如,单证员、报关员、跟单员、外销员以及国际商务师等。岗位资格考试更具体地反映了社会对人才素质要求的方向,其侧重都是从业务的需要出发,整合各个相关科目的知识来解决实际问题,强调专业知识和实务操作经验,有助于在校生毕业后持证上岗,提高就业竞争力。

总之,应用型本科院校国际经济与贸易专业要通过构建基于能力本位的课程体系,培养适应社会、适应国际竞争的人才也是我们教学的目的和宗旨,明确"核心技能 + 专业证书"的教学与考核思路,使学生熟练掌握进出口业务流程,增强实践操作能力,提高学生的就业竞争力,向社会输送复合型、应用型、外向型的高素质人才。

参考文献:

[1]纪明,颜蔚兰,许春慧.面向中国——东盟自由贸易区建设的国贸专业人才培养模式研究[J].教师教育研究,2009(1).

[2]孟亮.普通本科院校应用型国际经济贸易人才培养的定位[J].辽宁工业大学学报(社会科学版),2008(4).

[3]田苗.应用型本科院校国际经济与贸易专业实践教学改革研究[J].知识经济,2010(11).

[4]罗志.基于应用型本科院校国际与贸易专业培养模式的研究[J].中小企业管理与科技,2013(10).

作者简介:

文园园,女,1986—,广西桂林市人,硕士研究生毕业,广西外国语学院讲师。主要研究方向:区域经济,国际贸易。

(原文载于《经营管理者》杂志,2014 年 2 月第 2 期第 356 - 356 页。)

面向东盟的《国际货物运输与保险》
教学改革与实践

广西外国语学院国际经济与贸易学院　莫奕锟

摘　要:围绕面向东盟的复合型、创新型国际商贸人才这个培养目标,本文作者从《国际货物运输与保险》这门课程的教学内容、教学模式等方面不断进行改革与实践,逐步探索一套新型的将双语教学、案例教学、情景模拟、直观展示、注重计算、实践操作等多种教学方法与手段融于一体的教学模式,并提出教师提升、校企合作、国际合作这三个努力方向。

关键词:面向东盟;国际货物运输与保险;教学改革与实践

随着中国—东盟自由贸易区的建成与发展,中国与东盟十国之间的经贸商旅往来日益密切。处于中国—东盟自由贸易区前沿阵地的广西北部湾经济区,更是迎来了借助自由贸易区实现跨越式发展千载难逢的历史机遇。集区位优势与发展机遇于一身,广西外国语学院国际经济与贸易学院启动了《面向东盟的国际商贸人才本专业＋跨专业模块之教学模式研究与实践》项目研究,正着手探索一套与中国—东盟自由贸易区的区域经济发展需求深度融合、与企事业单位需求有效对接、满足学生个性化发展和学院自身特色培养相结合、本专业＋跨专业模块的复合型、创新型国际商贸人才的培养模式,为广西培养更多符合经济社会发展需求的社会主义建设者和接班人,为广西高校服务广西新发展做出典范。与此同时,我院在课程体系设置、教学模式改革、师资队伍建设等方面相互配套,而《国际货物运输与保险》教学改革与实践就是紧紧围绕这个项目研究而展开的。

一、课程性质及目标定位

《国际货物运输与保险》为本专业＋跨专业模块的典型特色课程,它既是国际经济与贸易专业的一门专业核心课程,同时也是与国际物流专业领域交叉的课程。不管是对将来从事实际进出口业务的国际商贸人员,还是对日后可能从事国际货物运输业务、保险业务的人员来说,其关键作用都特别凸显。

面向东盟的复合型、创新型国际商贸人才,既要有扎实的知识功底,更要有熟练的实践操作技能,这也正是本门课程的目标定位。通过本门课程的学习,学生能够掌握各种运输方式的优缺点、业务流程、运费核算,不同类型的运输方式对货物的适用性,国际货物运输保险的基本原则、保障范围、实务操作,要能够正确、熟练操作各类运输单据、保险单据,正确磋商、拟定、审核运输条款、保险条款;除此以外,还要熟知东盟十国的经济、社会、地理、人文等方面的常识,东盟各国的相关法律与法规,中国与东盟十国之间签订或采用的国际公约及惯例,广西与东盟国家之间的公路网、铁路网、航海路线、航空路线等。

本门课程在本科三年级开设,学生在此之前先学习《国际贸易实务》,从整体上把握外贸进出口业务流程,为本门课程打下坚实的基础;与此同时,学生学习《国际贸易地理》《国际商务单证》《国际商务谈判》《进出口业务模拟实践》等,这些课程相互补充,共同形成一个有机的课程体系。

二、改革实践

在课程目标定位的指导下,任课教师在课程的教学内容、教学模式等方面不断进行改革与实践。

(一)教学内容

在教学内容编排上,我们遵循学生的认知规律,打破教材的原有编排结构。我们先从学生较为熟悉的国际公路、铁路货物运输开始,然后到学生较少接触的国际海洋货物运输、国际航空货物运输,接着过渡到在传统海陆空运输方式基础上进一步发展起来的国际集装箱运输以及国际多式联运,最后就是国际货物运输保险的理论与实务知识了。

在教学内容拓展上,我们突出广西与东盟区域经济发展的特色。如在陆运方面,我们重点讲解广西的凭祥、东兴、水口、龙邦这四个邻边口岸以及覆盖整个中南半岛的公路网、铁路网;而在水运方面,我们重点讲解广西的钦州、北海、防城这三个海运港以及中国与越南、菲律宾、新加坡、马来西亚、泰国等东盟国家之间的航海路线。此外,东起深圳、西至鹿特丹的第三亚欧大陆桥连接了广西与缅甸等东盟国家,也是需要我们重点掌握的新兴国际大通道。

(二)教学模式

伴随着教学内容的改革,我们也在探索一套新型的、多样化的教学模式,逐步从"理论知识导向"向"职业能力导向""工作过程导向"过渡。

1. 双语教学

大多数东盟国家都把英语定为官方语言或第二语言,因此双语教学就成了培养面向东盟的国际商贸人才的必然要求。首先,在课堂教学中,教师授课要尽可能多使用英语词汇,尤其是国际商贸领域的专业术语,就要在中文名称后面附上其对应的英文表达,如班轮运输 Liner Transport,整箱 Full Container Load 等。其次,鉴于《国际商务单证》已重点讲解过海运提单,本门课程则以全英文的托运单、装箱单、场站收据、投保单、保险单等作为教学素材来讲解它们的构成要素,培养学生正确填写各类运输单据、保险单据的实际操作技能。再次,与《国际商务谈判》相对接,本门课程要以中英对照的买卖合同来讲解运输条款、保险条款,培养学生正确磋商、拟定、审核合同条款的职业技能。最后,教师应多给学生观看一些跟课程内容相关的英文视频,如第三亚欧大陆桥的英文宣传片,既让学生通过电视、网络等媒体资源了解本专业领域的发展动态,同时也为今后从事国际商贸工作奠定一定的英语基础。

2. 案例教学

这门课程知识面广、实操性强,因此单纯的、枯燥的理论灌输已经满足不了培养复合型、创新型国际商贸人才的要求,而在理论讲解的同时结合有代表性、有针对性的案例来分析讨论,既能形成师生共同参与的活跃课堂氛围,又能加强学生对知识点的理解、激发学生对课程学习的兴趣。如在讲授海运基本险这节内容时,教师从中国与东盟国家的外贸实践中找来几个典型的知识点案例,让学生通过案例分析来区分平安险、水渍险、一切险;然后再通过一两个信息量大点的综合性案例,让学生把基本险别、责任起讫、除外责任等这些知识点联系在一起、形成系统化认识,对案例进行综合分析。案例分析能将理论用于指导具体的外贸实践,逐步培养学生分析问题、解决问题的能力,同时也有助于学生创新性思维的培养。

3. 情景模拟

国际货物运输业务流程环节多、程序复杂、涉及面广,单纯的教师讲解不易于学生理解和接受,而学生通过角色扮演模拟具体的业务操作,寓教学于游戏之中,既能加深学生对具体业务流程的理解,又能提高学生参与到教学过程中的积极性。如在讲授集装箱货物出口业务流程这节内容时,教师让学生事先预习和上网查找办理整箱货物与拼箱货物班轮托运的业务流程,准备好必要的背景图片、道具、单据、PPT 等,然后在课堂上由学生扮演不同角色,模拟演练整箱货物托运的操作流程:发货人填写托运单,船公司做出承运,发货人持空箱提交单领取空箱并填写集装箱设备交接单,发货人将空箱拉回仓库装箱并填写装箱单,发货人将整箱货物运至集装箱堆场交接,集装箱堆场工作人员向发货人签发场站收据,发货人持场站收据去船公司换取提单后再去银行办理结汇事宜,船公司将货箱装船后负责运输,船公司向收货人发提货通知书、到货通知书,收货人持提单去船公司换取提货单,收货人持提货单领取整箱货物并填写交货记录,收货人将货物运回仓库后在规定期限内归还空箱。

4. 直观展示

大多数同学在日常的学习和生活中,对集装箱之类的运输工具普遍接触不多,有的同学甚至从未见过,纯粹通过书本上的文字描述来理解它们的构造、功能、用途,确实有一定的抽象性和难度。因此,教师在备课过程中就要充分利用网络资源和多媒体技术,以增强教学内容的趣味性和直观性。比如,教师可以把形形色色的集装箱图片制作成精美的PPT,这样学生就能直观地分辨出干货、散货、冷藏、通风、开顶、框架式、平台式、罐式、汽车、动物、服装等类型的集装箱;教师可以播放一些集装箱、码头现场作业的视频文件,让同学们对集装箱装卸、搬运这些环节有个直观、形象的认识,有助于学生对授课内容的理解和消化。

5. 注重计算

本门课程的另一大块内容,就是运费、保险费的核算以及贸易术语之间的价格换算,这是从事实际进出口业务的国际商贸人员应当熟练掌握的一项职业技能。因此,同学们在学习这块内容时,就要在理解的基础上加以反复练习、强化巩固,牢牢掌握这一基本技能。

要掌握班轮运费的计算,同学们就要学会从班轮运价表中查找该批货物的等级费率和计费标准,然后根据以下公式算出即可:班轮运费 = 等级费率 × 运费吨 × (1 + 附加费率)。

航空运费的计算跟班轮运费的计算差不多:航空运费 = 运价 × 计费重量。特别之处就在于,航空运费有可能适用较高的计费重量分界点计算出来的运费,这一点是同学们最容易忽略的。

出口货物通常按 CIF 或 CIP 货价加一成投保,因此保险费的计算应为:保险费 = CIF 或 CIP × (1 + 投保加成率) × 保险费率。

弄清楚运费、保险费的计算之后,要在 FOB、CFR、CIF 这三个贸易术语之间或 FCA、CPT、CIP 之间进行价格换算就不再是什么难事了。

6. 实践操作

学生在《进出口业务模拟实践》课程中,可以在实训室里通过 Sim – Trade 模拟软件实践操作国际贸易整个进出口业务流程,而国际货物运输与保险正是国际贸易进出口业务的重要组成部分与必经环节。这时,学生就可以将本门课程所学知识运用于国际贸易进出口业务的实践操作之中;同时,学生对这一环节的操作演练,也是对本门课程所学知识的有效印证、有益补充、强化巩固。

总之,《国际货物运输与保险》是一门实践操作性极强的课程。任课教师就要改变传统的"填鸭式"教学模式,逐步向"职业能力导向""工作过程导向"的教学模式过渡,注重培养学生操作各类单据,拟定合同条款,核算运费及保险费,贸易术语价格换算等职业技能,为今后从事国际商贸工作打下扎实的基础。

三、努力方向

(一)教师提升

本门课程教学改革的顺利开展,首先有赖于教师的不断探索与研究。随着中国—东盟自由贸易区的快速发展,教师要始终抱着活到老学到老的心态,时刻关注中国与东盟十国之间的经贸时事,紧紧跟上区域经济社会发展的新态势,不断扩宽自己的知识面、完善自己的知识结构,然后把这些新知识、新技能运用到教学改革实践中,不断更新、丰富、充实教学内容。此外,教师还可利用周末、寒暑假这些闲暇时间多去当地有实力、有规模的企业参观学习,甚至挂职锻炼,深入企业一线岗位亲身体验国际商贸工作,同时跟企业资深人员保持联系以便日后多向他们讨教实战经验。总之,教师要不断提升自己,才能更加胜任这门课程的实践教学。

(二)校企合作

本门课程教学改革的顺利开展,还要依赖于学校出面与当地外贸、货运、保险公司联合创建实习实训基地、开展全方位的校企合作。这样,教师就可以分批带领学生到实习实训基地开展现场教学,实现理论讲授与实践教学的高度融合,使学生了解企业的真实工作场景、实际操作流程。此外,学校还可以安排学生定期到企业的一线岗位实习实训,给学生提供运用其知识与技能、施展其才华与素养的平台,真正做到工学结合,促使学生在专业素质、综合素质等方面都能得到全面提升,成为符合当地企事业单位需求、德智体美劳均衡发展的社会主义建设者和接班人,在今后的工作岗位上为地区经济社会发展做出应有的贡献。

(三)国际合作

本门课程教学改革的顺利开展,还可借助于学校出面与东盟各国的知名大学联合开展国际合作办学这一更佳出路。一方面,学校可以创造机会并提供条件选派骨干教师到东盟国家的名牌大学学习深造,让教师能够切实感受当地的人文、经济、社会,能够与当地的优秀学者共同探讨中国与东盟各国之间的商贸往来,还能够倾听当地老百姓对中国—东盟自由贸易区的心声与愿望。另一方面,学校还可以与东盟国家的名牌大学开展合作办学,双方互派交换生到对方学校进行半年乃至更长时间的学习,甚至鼓励家庭经济条件允许的学生出国留学、攻读硕士学位。总之,开展国际合作办学,将使双方的全校师生均能从中受益匪浅。

参考文献:

[1]潘连乡,何荣友. 面向东盟的应用型、复合型国际商务高级专门人才培养的创新与实践研究[J]. 现代企业教育,2012(10).

[2]刘志琳. 如何上好《国际货物运输与保险》这门课[J]. 北方经贸,2011(12).

[3]任舟. 高职高专国际货物运输与保险课程教学研究[J]. 现代商贸工业,2013(07).

基金项目:本论文系2013年度广西高等教育教学改革工程立项重点项目:面向东盟的国际商贸人才本专业+跨专业模块之教学模式研究与实践,项目编号:2013JGZ162。

作者简介:

莫奕锟,男,1985—,广西钦州市人,广西外国语学院讲师,经济师。主要研究方向:国际经济与贸易,国际货物运输。

(原文载于《新教育时代》杂志,2015年11月第2期第49-50页。)

面向应用型本科期货投资课程教学改革探讨

广西外国语学院国际经济与贸易学院　黄贤炎

摘　要：基于期货行业人才需求特征和能力结构要求，重点结合期货投资课程的主要特点，着重剖析当前应用型本科期货投资教学中普遍存在的问题，提出创新教学手段，以实际应用、动手操作为导向的应用型本科期货投资课程教学手段和方法，切实提高教学效果。

关键词：应用型本科；期货投资；教学改革；实践操作

近年来，国内期货市场成交量和成交额均创历史新高，新的期货品种不断推出。快速发展的期货行业对从业人员的数量以及整体素质不断提出新的要求，期货行业人才短缺的矛盾进一步凸显，再加上人才结构不合理等问题，已经严重制约了国内期货行业的发展。因此，期货人才的培养显得尤为迫切。作为重点培养应用型人才的本科院校，必须承担起应尽的社会责任——如何通过教学改革增强教学效果，提高人才培养的质量和水平，是我们亟须思考和探讨的问题。

一、期货人才知识构成及需求特点

证券投资与管理专业作为广西外国语学院开设的特色专业，主要就业方向为银行、证券公司、期货公司和基金公司等金融类企业，以及有套期保值、套利交易需求的企业。同时，社会也对期货人才寄予很高的期望，要求具备较好的学习能力、全面的知识以及适应实际工作需要的沟通能力和丰富的实战操作经验。从当前社会对期货人才的需求来看，大体上要求期货人才具备三方面的能力：一是基本的职业技能；二是市场营销及公关能力；三是实战操作能力。具体而言，就是要求期货人才具备良好的职业素养，良好的职业操守和过硬的职业道德，并具备良好的市场开发能力以及公关能力，不断维护好现有客户，并能为企业拓展新的客户资源；此外，期货人才还必须具备实战的能力，要懂得研判市场行情，分析技术，能为客户提供良好的技术指导等。这一切都说明，期货人才不仅要理论知识过硬,更重要的是要学以致用,理论能付诸实践,通过学习该课程,能达到符合社会需求特点的应用型人才。

二、期货投资课程的主要特点

(一)建立在金融学基础之上,知识点多,综合性强

期货投资课程是主要建立在金融学基础之上的,具有知识点多、综合性强的特点。学生在学习期货投资课程之前,应当具备一定的经济学、金融学、心理学、概率论与数理统计学和证券投资学等学科相关基础知识,只有具备这样的能力,才能够理解相关金融术语以及金融行为,有利于更进一步学习期货投资相关课程。以笔者的教学实践来看,否则会觉得非常吃力,特别是对刚接触期货投资这门课程的学生而言,理解起来会很困难,难以消化所学知识。

(二)理论与实践的高度对立统一,学科内容变化不断,从业要求越来越规范

与其他学科相似,期货投资课程具有很强的理论性,要求学生系统掌握扎实的理论知识。学生经过系统学习之后,必须掌握证券投资的基本理论,掌握所学的证券投资工具,具备良好的投资分析能力,了解现代证券投资理论和证券投资分析方法。期货投资又有自己独特的学科特色,它是一门高度实践化的课程,学生通过不断模拟甚至实盘操作训练,经常性观摩交易高手交易视频,才能将枯燥无味的理论知识化作生动有趣的实践活动。学生只有通过不断的实训模拟训练,才能检测所学知识的掌握情况。从这点上看,期货投资课程具有高度的理论与实践统一的特点,不仅强调理论知识学习,更强调学以致用,注重学生动手操作的能力。另外,经过几十年的逐步发展,我国期货市场得到了极大的发展和完善,不断有新的期货品种推向市场,各项法律法规不断出台。而国家对期货相关从业人员的要求越来越规范化,要求期货从业人员必须具备期货从业资格证书。从这一点上可以看出,期货投资课程内容不断扩容,知识点,思维和理念,法律法规都要不断地更新。这要求教师在教学时首先要选用最新教材,其次要时刻关注行业发展动态,要将这门课程相关新知识,新变化融入教学中。为培养适合社会需求的人才,在教学过程中还要始终以期货从业资格证为导向,引导学生努力考取从业证。

三、当前期货交易课程教学存在的主要问题

(一)双师型师资不足,缺乏具有实践经验的教师

目前很多开设有证券投资管理专业的高职院校,甚至本科院校多数缺乏双师型教师,作为金融前沿学科,从业教师多为大学刚毕业的年轻老师,不但缺乏教学经验,更缺乏社会相关工作经验。这意味着在教授学生的过程中,学生可能掌握

到的更多的是理论上的知识,导致动手实践操作能力不强,不利于学生就业指引和职业生涯规划。另外,由于教学经验上的不足,传统教学手段单一,也可能造成学生学习的积极性不高。对专业性很强的期货投资课程,学生在理解时常常会感到非常吃力,进而导致厌学情绪。

(二)传统教学模式落后,难以提升学生学习积极性

目前很多教授期货投资课程的模式仍然跟许多其他学科一样,以教师讲授为主,学生参与为次。再加上多媒体教学创新上的不足,致使教学形式比较单一,仅通过 PPT 动态演示教学环节,效果不是很佳。一方面,造成学生是否真正掌握所学相关知识教师无法了解,另一方面,很难提高学生参与课程学习的热情与积极性,更谈不上学生主动在学习过程中发现问题,提出问题并具备解决问题的能力。另外,目前许多高校在平常教学过程中,往往更注重理论知识的灌输,忽视动手实践能力的提升,在考核学生学习情况时,往往也较注重理论知识部分,且考核手段无法与培养应用型人才相匹配。没有建立起围绕期货从业资格来进行教学,使得学生缺乏从事期货工作所应具备的从业资格,忽视职业能力的培养,与社会需求脱轨。

四、针对当前教学存在问题提出的几点改革

为更好地培养适应社会需求的期货人才,结合笔者近年来的教学实践,提出几点适应该课程教学改革的对策和建议。

(一)引进双师型教师,注重实践操作能力提升

学校能否培养出符合社会需求的人才,很大程度上取决于教师的素质。针对本课程理论性与实践性较强的特点,应用型本科院校在引进教师人才时应侧重引进双师型教师,即在本课程教学上,具有教师证又具有期货行业丰富经验的教师。双师型教师不仅能更好的引导学生学习本课程,还能向学生传授具体的实践操作经验,进行有针对性的进行实践教学,以此提高学生理论学习的热情和实践操作能力,并能很好地为学生今后的职业规划奠定坚实的基础。

(二)改变教学模式,综合利用多种教学手段,注重实践教学

树立以学生为中心的教学理念,不断转变教学思路,改变传统的灌输式教学模式,引入引导式、启发式教学方法,通过互动,激发学生参与讨论问题、思考问题、解决问题的热情。同时,要注重教学手段创新,充分利用各类型多媒体、互联网等,充分挖掘案例教学,注重情景演练,利用现有电脑实训室加强学生实践操作,通过实训提高学生的学习积极性,检测理论知识成果。作为授课老师,还要在教学过程中不断地将行业新动态、新变化与学生分享,让学生充分了解新知识,新业务和新观念。在教学考核上,更侧重于考核实践操作能力的提升。最后,教师

还应创造条件让学生积极参与校外实训,通过建立校外实训基地,使学生能深入期货公司了解新知识,新理念,熟悉期货公司业务情况和工作环境等。

(三)创新考核方法,以职业就业为导向

由于国家对期货从业人员要求具备期货从业资格证,而应用型本科院校培养学生是面向社会应用型人才。因此,在教学过程中,要始终贯穿期货从业资格证的考试辅导,着重提高学生从业证考证通过率。在期末考核上,可以引入免考制度,凡通过期货从业证考试的学生,期末可申请免考,充分提高学生考证积极性。统计资料显示,目前全国共有期货公司164家,期货营业部800多家,但全国期货从业人员却不足3万人。特别是随着2010年股指期货业务的开始,人才紧缺的窘境进一步加剧。因此,创新考核方法有利于提高学生就业市场的竞争力。

综上探析,目前社会对期货人才的要求越来越高,不仅对从业人员数量要求增加,同时对从业人员必须具备的专业知识也提高。高校只有积极适应市场需要,以就业为导向,转变教学理念,创新教学手法,以应用型培养为方向,充分调动学生学习本课程的积极性,引导学生考取期货从业资格证,才能收到良好的教学效果。

参考文献:

[1]《面向21世纪深化职业教育教学改革的意见》,教育部,1998年;

[2]《期货市场教程》(第六版修订),中国财政经济出版社,2010年5月;

[3]高职证券与期货专业"双证书"人才培养模式探讨,辽宁教育行政学院报,2007.12,VOL22,(12);

[4]张存萍. 高职教育证券行业人才培养目标的设想[J]. 北京市财贸管理干部学院学报,2013 - 01 - 07;

[5]马赞军:金融学应用型本科人才培养模式的探讨,高校论文,2008年6月第3期;

[6]赵娴,"产学研"结合培养应用型期货专业人才,中国期货业协会,2013年第6期(总第36期)。

作者简介:

黄贤炎,男,1983—,广西百色市人,本科毕业,广西外国语学院讲师,经济师。主要研究方向:金融保险,教育教学研究。

(原文载于《时代金融》杂志,2014年9月第9期第166 - 166页。)

跨文化角度下基于"文莱－广西经济走廊"的商务英语谈判

广西外国语学院国际经济与贸易学院　刘丹羽

摘　要：中国－东盟自由贸易区的升级，文莱作为东盟国家之一和中国的经济交往将会变得更加频繁和深入。而作为以英语为国际商务语言的亚洲同盟国家，其无论是在地理上还是在文化上都有很多独特之处。本文主要从文莱与中国之间的文化差异性出发，探讨文莱文化导入对于建设"文莱－广西经济走廊"的必要性以及其导入途径。

关键词：跨文化；文莱－广西；商务英语；谈判

东盟作为一个以英语为官方商务语言的亚洲国家群体，将自身文化、习俗和社会习惯等融入英语的使用中，形成了独特的商务英语使用特点，使得其在建立后就受到了英语语言研究者的关注。广西作为中国－东盟自由贸易区的前沿枢纽，在中国与东盟的贸易关系中更是扮演了至关重要的角色，为中国－东盟自由贸易区的输送了大量的商务英语谈判人才。而随着自由贸易区建设的逐渐深入，为了避免各国文化差异对国际商务活动产生阻碍，对于对方国家文化的导入就显得十分重要，唯有在跨文化的视角下看待各国间的商务活动，才能使国际间的商务往来更加的顺畅。文莱作为东盟国家中经济较发达的国家，在中国与东盟各国之间的贸易往来中占有重要地位，对其国家文化、习俗、社会习惯和禁忌的了解能帮助我们在商务谈判的过程中更加顺利，且对"文莱－广西经济走廊"的建设具有重要作用。

一、基于跨文化角度进行商务活动的必要性

广西作为中国－东盟博览会的永久举办省，其在中国－东盟自由贸易区的建设中的作用可见一斑。从 2004 年到今天中国－东盟博览会已经举办了 10 届，从内容上看，这不仅是一场国际贸易盛世的展示，更是一场东盟各国文化亲密交流

的契机,每届博览会都会开设一个专门的专题来展示各个国家的民俗文化和城市特征。由此可以看出,文化产业在中国－东盟贸易中占有相当重要的地位,而文莱作为东盟成员国之一,对于其国家民族文化的导入、认同以及建立起两国间基于文化的经济贸易往来的意识能够帮助广西的商务英语人才在谈判中更加顺利。当然,以跨文化角度来看待"文莱－广西经济走廊"的商务英语谈判不仅仅只是要求谈判者对对方国家的文化有一定的了解,更重要的是谈判者必须能在本国文化与对方文化之间建立起一种比较联系,培养自己在商务场合中的跨文化意识。

作为全球商务活动唯一的官方语言,英语作为主要的信息传递的手段在中国广西与文莱的经济贸易活动中占有重要地位。但文莱并不属于母语为英语的国家,其在国家文化、风俗习惯、宗教信仰等方面都与西方国家存在较大的差异,不同的文化背景将会导致其传递信息的方式和行为发生变化,在此背景下的商务人士也会由于社会背景文化等的影响,形成不同的表达方式和表达习惯,使国际间的贸易活动变得更加的复杂。要使"文莱－广西经济走廊"蓬勃发展,广西的商务英语谈判人才必须从根本上意识到培养自身的跨文化交流意识对于文莱－广西贸易活动的重要性,甚至从某种程度上来讲,广西与文莱的经济往来就是基于两国文化的往来。虽然文莱的文化纷繁复杂,不可能通过学习使得自身对于文莱的文化有个非常全面的掌握,但必须要对在商务谈判中产生重大影响的文化差异有个必要的了解,比如文莱的宗教信仰、行文禁忌、文化偏好、社会风俗,等等。交际无处不在,每一种文化形式和每一种社会行为都或明或暗地包含着交际。在与文莱的经济往来中,广西的商务谈判人才必须对文莱的文化表示尊重和理解,尊重文莱的风俗习惯,才能使与文莱的谈判过程更加的顺利。如若对对方国家的文化不够了解,缺乏跨文化交流的意识,出现对文化差异处理的失误,将有可能会直接导致商务谈判的失败。因此,为了促进两国交流的深化和商务谈判的顺利,对文莱文化的导入和培养商务英语人才的跨文化交流意识就显得十分重要。随着"文莱—广西经济走廊"建设的不断加快,对于文莱文化的导入在广西地方商务英语教育中的重视程度将会逐渐增加。

二、对文莱文化的导入

中国与文莱都属亚洲国家,两国文化之间建立了很多联系,属于同一本源的文化。但随着时间的推移,由于地理位置、历史发展等原因,文莱与中国之间的文化出现了一些差别,比如宗教文化、风俗礼仪、社会习惯、文化偏好等,直到现在,两国已经发展处了各具特色的文化体系。接下来的部分,笔者将会从以下两个角度来阐释对文莱文化的导入。

（一）宗教文化导入

文莱是一个具有极强烈宗教信仰文化的国家。与中国的佛教文化不同，文莱是受伊斯兰教影响更多的国家，国内基本都是伊斯兰教信徒。在伊斯兰教中，人们十分重视个人勤奋节约的品质，认为随意浪费、懒惰等都是对伊斯兰教义的违背，因此中国的商务谈判人才在与文莱进行国际交流活动的时候切记不能像在中国一样，为了表示对客人的尊敬就将流程布置得十分铺张浪费。伊斯兰教教徒忌吃猪肉和血液，在设宴款待时千万不能上与猪肉有关的菜肴，甚至在交谈的过程中也应避忌"猪"这个字眼。在商务场合中握手是最基本的礼仪，但在文莱的文化中左手却被认为是肮脏的，所以他们在交换物品的时候一般都会使用右手，同时不少的当地马来人是不愿与异性握手的，因此除非他们先伸出手来，否则不要主动地去和他们握手。还有一个相当重要的细节，为了表示尊敬，文莱地区有人在握完手时会将手在胸前轻轻的碰一下，若我国的商务英语人才在与文莱的商务谈判中对对方宗教行为进行了正确的判断和使用，无疑将会对合作的成功起到推波助澜的作用。

（二）风俗文化导入

文莱并不属于单一民族文化，随着时间的推移形成了各民族融合聚居的特点。各民族文化在碰撞和摩擦中产生出了属于文莱的特色社会风俗文化。在与文莱的商务交往中，我国的商务英语谈判人才也应该对文莱的风俗文化有个大致的了解，避免因为文化差异而造成商务谈判的失败。在中国，饮酒文化已经渗透到了商务场合的基础活动中，甚至有"生意是喝出来的"这样的俗语，但这个礼仪若在与文莱的经济交往中错误使用将会直接导致文化冲突，甚至直接造成商务谈判的失败。文莱是一个禁酒、禁赌、禁黄的国家，国内没有卖酒的地方，只有到专门的酒吧才能喝酒，因此，在与文莱的商务谈判中应当事先询问好对方的意见，从而决定是否设酒款待，切不可直接进行劝酒活动。在文莱，直接用手去抚摸小孩的头被认为是一种冒犯，在双方交往的过程中，用手指直接指人也被认为是一种冒犯之举，在必须要指的时候手也应当握成拳。同时，在对文莱的商务谈判中，我国的商务人才也一定要注意双腿不能交叉或重叠，这在文莱也被视为不礼貌的一种。

三、跨文化角度下"文莱—广西经济走廊"商务英语谈判专才的培养

（一）体验式教学

广西作为中国—东盟博览会的永久举办地，为当地的商务英语教育提供了很大的帮助。为了培养学生的跨文化视角，教师可以在博览会举办期间带领学生参

观文莱风情民俗展示,了解文莱的民族特色、风俗文化。同时,学校也可以为学生提供在博览会担当志愿者的机会,让学生深入地接触到文莱的当地文化,从而提升学生的跨文化交流意识。鉴于广西的特殊地理条件,学校也可以联合多种组织,建立其文莱与广西的留学生交换计划,真正让学生走出国门到真实的环境中去感觉两个国家的文化差异,建立起对文化差异的敏感性。

(二)教学渠道拓展

除了让学生亲身去体验文莱文化与中国的文化差别外,教师还可以通过拓宽学生知识渠道的方式来实现对文莱文化更广的理解。第一,在课上播放一些有关文莱风俗文化的视频;第二,利用互联网的世界连通性,收集一些有关文莱风俗文化的网站作为学生课后学习的补充;第三,邀请文莱文化专家到学校开办专题讲座,让学生们充分认识到跨文化交际的重要性,培养起跨文化交流意识。

四、结语

总而言之,对文莱文化的导入对于建设"文莱—广西经济走廊"具有相当重要的作用。无论是在职的商务谈判人员还是正在学校接受培养的商务英语专业学生,都要充分建立其对跨文化交流意识的足够重视。学校在培养具有跨文化意识的商务人才方面也应当更加重视,在辅之以合适有效的教学手段,才能培养出更加合格的商务英语谈判人才,从而为"文莱—广西经济走廊"的发展推波助澜。

参考文献:

[1]顾嘉祖.语言与文化(第二版)[M].上海:上海外语教育出版社,2005:17.

[2]吴夏娜.面向东盟.服务地方[J].玉林师范学院学报,2010,31(6):98
-101.

[3]梁燕华.全球化视角下的东盟英语探究[J].长春工业大学学报,2012,24(4):73-75.

作者简介:

刘丹羽,女,1987—,广东佛山市人,硕士研究生毕业,广西外国语学院讲师。主要研究方向:商务英语,英语语言文学。

(原文载于《英语广场学术研究》杂志,2015年8月第08期第49-50页。)

商务英语课程与跨境电子商务行业的对接

广西外国语学院国际经济与贸易学院　　刘丹羽

摘　要:跨境电商是未来发展前景巨大的新兴产业,是电子商务与互联网的结合,已经成了我国外贸发展的重要增长点。在此形势下,为了不断提高学生职业技能与就业能力,商务英语课程也在寻求与跨境电子商务行业的紧密结合。本文通过分析跨境电子商务对商务英语人才的需求,主要探讨了商务英语课程与跨境电子商务行业的对接,希望对更好地加强高校外贸人才的培养提供一些帮助。

关键词:商务英语课程;跨境电子商务行业;课程建设;人才培养

商务英语课程涉及门类多,是以语言学与应用语言学为理论指导的一种跨学科交叉性综合体,是专门用途英语学科下的一个分支。而跨境电子商务一出现就推动了我国国家商贸活动的蓬勃发展,具有巨大的发展潜力,是依附于互联网技术发展的国际贸易新形势和新手段。同时跨境电子商务也给商务英语专业发展带来了新的机遇和挑战。目前,就业市场对于跨境电商人才的需求不断增加,熟悉掌握一些跨境电商运营平台的操作技术,通过自身的外语优势,能够为商务英语毕业生提升就业机遇。但是,实际上,不管是素质方面还是操作能力方面,商务英语专业毕业生都无法满足用人企业单位的需求。本文通过分析跨境电子商务对商务英语人才的需求,主要探讨了商务英语课程与跨境电子商务行业的对接,希望对更好地加强高校外贸人才的培养提供一些帮助。

一、跨境电子商务对商务英语人才的需求

跨境电商是一种国际商业活动,是指通过电子商务平台,不同国家的交易主体进行支付结算,完成交易,并且通过跨境物流来送达商品。随着互联网的不断发展,跨境电商交易额占比持续攀升,预计 2017 年,跨境电商贸易额年均增速接近 30%,贸易额将达到 8 万亿元。由此可见,迅猛发展的电子商务改变着国际贸易方式。全球经济环境下,通过跨境电子商务平台,越来越多的企业尝试与海外

买家直接进行线上交易,这种变化对国际贸易出口造成了严重的影响,同时也催生了巨大的人才需求。跨境电商的发展,对高校外贸人才的知识结构和素质提出了新的挑战和要求,为商务英语专业学生提供了良好的就业机会和职业发展前景。

作为一个独立运行的组织,不但能够直接服务于社会经济发展,还能为产业部门培养各类技术技能型人才。涉外型企业需要技术技能型人才来从事产品销售及商务管理和操作,这些人才不但需要"懂商务",还需要"懂英语"。在很大程度上,为了满足跨境电子商务企业的需求,高校外贸商务英语培养的这些人才必须要为企业跨境交易的顺利进行提供强有力的技术服务,并且能够在跨境电商操作过程中,帮助企业解决遇到的英语也商务方面的困难。因此,为了适应社会经济的发展,商务英语课程必须要与时俱进,与跨境电子商务企业的紧密对接,大胆的进行改革创新,才能满足企业对商务英语人才的需求,才能帮助企业解决专业人才需要的困难,促进经济的进一步发展。

二、商务英语课程与跨境电子商务行业的对接

商务英语课程是人才培养和发展的"助跑器",是专业建设和改革的载体,其不但能够实现商务英语专业人才培养的目标,还是专业教学计划实施的主要依据。"电子务商英语"课程突出的特点就在于实际操作的重要性,其有别于一般传统外贸及商务英语课程,是专业技能与专业能力提升的载体。因此,为了培养高质量应用型技能人才,就要加强对商务英语课程的建设和改革,整合教学资源,为商务英语课程建设开拓一条新的思路。

（一）以服务于区域经济发展为原则,建设商务英语课程

商务英语具有跨学科的复杂性,是专业英语课程的一个分支,其不但重视语言和技能,还要注重商务专业内容,才能培养出"英语＋外贸实务"的复合型人才,两者缺一不可。"商务"涉及的内容广泛,不但包括营销、电子商务等,还包括经济、贸易和金融,等等。而一般情况下,高校外贸商务英语专业都是三年制,要想造就全能的"复合型"人才是很困难的。并且目前,跨境电商已经成了中国乃至世界经济社会发展的强大引擎,在传统外贸经济疲软前行的情况下,跨境电商已经成了中小企业参与国际贸易竞争的重要阵地,传统企业纷纷迎合互联网开辟新纪元,跨境电商都在积极开拓国际商务贸易新模式,这也催生了巨大的人才需求。因此,作为专业引领的重要课程,商务英语课程要面向地方行业和企业发展趋势,以服务区域经济的发展为原则,体现出"专"的特点,课程建设要侧重培养应用性技能人才,不但要懂"英语、外贸",还要懂得"电子商务操作",这样才能满足时代

的需求。

（二）确立多维度的商务英语课程建设目标，有效提高教育教学水平

课程目标主要来源于对学习者本身的研究、学科专家的建设以及对校外当代生活的研究。在课程和教学领域中，课程目标是一定教育价值理念的具体化。这种来源多样化的目标适用于高校外贸商务英语课程。客观上来说，设置课程目标要以社会需求为目标，从单纯"学科"中心转向兼顾学生自我发展的实际、社会需要和学科体系，以就业为导向，突出商务英语的应用功能，坚持提高学生素质、培养学生较高的职业能力，才能使学生稳步进步，适应职业生涯的可持续发展要求。因此，在商务英语课程内涵建设的过程中，为了突出以职业能力培养为中心的基本理念，要根据区域跨境电子商务主体的主要对口岗位（群）的任职要求，做到学校的人才培养和企业需求的无缝对接。同时要参照相关的职业资格标准，确定课程建设目标，对商务英语人才培养模式进行创新，有效提高教育教学水平。

（三）结合真实工作任务确立课程内容，突出岗位职业能力

高校外贸商务英语教育的目标是为社会和企业的发展培养合格的应用型人才，服务与区域经济的发展。其课程内容必须要突出岗位职业能力，与岗位真实工作任务紧密结合。因此，在项目实施过程中，为了明确岗位关键能力和关键技能，跨境电子商务要以实施的工作流程（任务）或产品为载体，以高校学生和区域涉跨境电子商务主体有关单位为对象，展开调查，还原和再现工作过程。并且在此基础上以与实际问题相关的技能和知识为课程的中心，合理开发设置商务英语课程内容。首先，商务英语专业课程团队要将理论与实践相结合，打破学科体系内的纵向联系，分解和研究跨境电子商务典型工作任务，其主要包括：职业基础课程、职业选修课程、职业方向课程以及综合实践课程。职业基础模块能够突出语言综合能力，主要包括"综合英语"等，是为了进一步学习职业方向课程做准备；职业方向课程的每门课程是后面课程的前期预设课程，有事前面课程的延续和深入。主要是结合商务知识技能，以跨境电子商务活动为主线的系列课程，是职业基础课程的延续，主要包括"商务英语视听说""跨境电子商务英语""网络商品学""国际贸易操作实务"。

（四）以职业能力为导向，强化课程实践教学

为了使学生有机会实践商务英语目标所隐含的行为经验，就要在阐述选择学习经验时达到某一目标。为了应对复杂的电子商务实际环境，商务英语专业建设的重点是依托跨境电子商务，培养具有较强实践操作能力的应用型人才。因此，为了强化课程的实训操作能力，商务英语实践教学要以跨境电子商务操作技能训练为重点，以英语为教学语言和目标语言，构建"理论实践一体化"的教学模式。

在涉及跨境电子商务各环节的应用中，"跨境电子商务英语"包括了各类跨境电子商务情景，如产品标题的关键字提炼、接单和催单、产品的详细描述、产品评价回复、物流状态说明等。专业课程支撑着专业发展，课程建设是高等职业教育内涵发展的关键，是教学改革实践的重中之重。因此，课程内容依托蓬勃发展的跨境电子商务的发展，结合真实工作任务，注重对专业教学目标的研究，以职业能力为导向，能够开拓出一条新的思路，从而为高校外贸商务英语教育教学改革提供一些启示。

三、总结

跨境电商门槛低、环节少、成本小，不仅很多企业，更有大批个人都想积极投身于跨境电商行业中。新时期下，为了满足社会发展和市场变革的需要，高校外贸商务英语创新人才培养模式，将商务英语课程与跨境电子商务行业进行无缝对接，是当前和今后一个时期中推进高等教育综合改革的重要内容，也是高质量人才培养的需要。

参考文献：

[1]孙蕾,王芳.中国跨境电子商务发展现状及对策[J].中国流通经济,2015(3).

[2]王艳艳.商务英语专业人才需求和培养模式调查与启示[J].外语界,2014(2).

[3]陈浩,丁红朝.基于跨境电商的高职商务英语教学改革与实践探析[J].岳阳职业技术学院学报,2015(3).

[4]卢静宜.电子商务创业背景下(跨境)外贸商务英语的教学改革[J].当代青年月刊,2015(7).

[5]谢晓琼.适应跨境电子商务的商务英语人才需求分析[J].辽宁高职学报,2015(9).

作者简介：

刘丹羽,女,1987—,广东佛山市人,硕士研究生毕业,广西外国语学院讲师。主要研究方向:商务英语,英语语言文学。

（原文载于《读天下》杂志,2016 年 10 月上期第 280 - 281 页。）

民办本科院校线性代数教学改革初探

广西外国语学院国际经济与贸易学院　农秋红

摘　要:根据线性代数课程内容抽象繁多,学生不易理解掌握的特点,浅谈我校线性代数教学改革中的几点做法,肯定多媒体技术、数学软件应用于线性代数课程教学重要性,提出民办本科院校实施教学改革需要循序渐进,逐步深化。

关键词:线性代数;民办本科院校;教学内容;教学模式;课程考核

线性代数是本科院校理工科、经管类专业必修的一门基础课程,通过本课程学习可以提高学生的逻辑推理能力、抽象思维能力,为学生深入学习后续专业课程提供必要的数学基础,也是部分专业研究生入学考试的必考课程。但是由于线性代数课程中的基本概念、符号、定理和运算法则较多且抽象,在传统的教学模式下,学生普遍反映较难理解概念和掌握性质,学起来非常吃力。一些数学基础较为薄弱的学生甚至产生畏难和厌学情绪,这对学生的学习和课堂教学都产生不利影响。本文从整合线性代数教学内容,完善课堂教学,改进课程考核方式等方面浅谈我校对线性代数教学的优化建设。

一、整合线性代数教学内容

线性代数教材的内容和编排顺序大体为:行列式、矩阵、向量空间、线性方程组、矩阵的特征值及二次型,教材内容多侧重理论,轻应用。对于民办本科院校的学生(尤其经管类专业的学生多数为文科生)而言,概念和定理的推导和证明太抽象而难以理解和消化,更谈不上将本门课程的思想方法应用到后续课程的学习中。因此在教学改革中我们将教学内容进行整合、优化设计。

线性代数课程的建立来源于解线性方程组,因此抓住线性方程组这条贯穿线性代数中繁杂内容的主线,就能很好地将各章的主要教学内容整合起来。事实上学生在中学时都有学习过方程组,相对其他内容较易理解和掌握。故在教学内容的编排上,可以先介绍第四章的《线性方程组》,通过用消元法解二元、三元线性方程组的解引出二阶、三阶行列式,进而引申到 n 阶行列式以及克拉默法则。而矩阵则是对应于更一般的线性方程组,即未知数个数与方程个数不等的情形。为了求解线性方程组的解,以及探讨解的情况,需要再学习其他章节,这样各章节的知识就相互衔接起来了。总之,改变"只讲结论不讲缘由"的做法,尽可能让学生了解概念的来源背景,通过线性方程组等数学模型使一些概念具体化、直观化,通过矩阵的初等变换让学生理解本门课程学习的目的和各章节内容之间的关联性,从而建立本课程的知识体系,明确应用方向。

二、完善课堂教学

传统的线性代数课程课堂教学采用的都是"粉笔＋黑板"模式,在讲解高阶行列式的计算、矩阵乘法、矩阵的初等变换等内容时,老师的板书不但占用了大量课堂时间,且容易让学生在听课过程中感到枯燥乏味。尽管线性代数的内容繁杂,但教学课时较少(经管类专业一般是 48 学时)。由于学时有限,老师只能讲解基本概念、定理、性质及其证明,对线性代数的实际应用常常是一带而过。

随着多媒体技术的成熟,在线性代数课程的教学中我们尝试将多媒体技术融入传统教学模式中,使用多媒体课件可以大大改善板书费时费空间的现象,同时多媒体课件的灵活性,如随时返回上一步骤的特点,可以让学生更直观地观察到行列式或矩阵中某行(列)元素发生变化的过程,及时消除疑惑,有效提高学生的课堂学习效率。而在课堂授课过程中,老师围绕课程主线,以问题驱动的形式启发学生探究学习新的概念和定理。

另外,对于 4 阶以上的行列式、矩阵、4 元以上的线性方程组,运算过程繁杂且枯燥,因此在课堂讲解时可以只介绍思想和方法,腾出的课时可以以操作实验的形式到机房学习和运用 Matlab 软件。同时在实验课中精选融入数学建模思想的例题,让学生通过建立数学模型再利用软件计算结果,从而提高学生的学习兴趣和解决实际问题的能力。

三、改进课程考核方式

考试是学习的指挥棒,传统的课程考核在评价学生学习能力和教学效果方面也发挥了一定作用,但平时成绩比例较低的结构设置使得部分学生常常采用期末突击复习、作弊等投机方式通过考试,未能达到应用型人才的培养目标。因此改进课程考核方式,旨在提高学生的学习积极性和主动性,激发学生应用数学的潜能,检查学生学习效果以及促进教学改革。具体改进措施如下。

（一）加大平时成绩比例，激发学生的学习积极性

平时成绩的考核主要体现在考勤、课堂表现和作业方面。虽然线性代数的课时有限，但是由于在教学内容上做了整合，在课堂教学中老师已经明确了本课程主线，因此在每个知识点讲解结束时会抛出问题让学生回去结合新内容做思考，学生以小组讨论的形式在下一次课中发表本组的见解，即为课堂表现之一。作业方面，为了避免学生互相抄袭的现象，老师可同时布置固定题和创造题两道作业题，提升学生学习的主动性与创造能力。

（二）期末考试减少考试题型，重应用

传统考试题型有填空题、选择题、判断题、计算题和证明题五大题型。由于线性代数的运算较容易犯低级的计算错误，为了不影响整体得分，考虑将填空题整合到选择和计算题中。判断题亦是相似的思想，因此改革后，考试的题型主要有选择题、计算题、综合题三大类，其中选择、计算题考查基础知识和运算法则，综合题考查证明和应用。同时命题教师同时出 A、B 两套试题，由主管教学的副院长抽取其中一份作为期末考题，如此既能激发学生的学习潜能，也能防止因为"点题"而出现作弊的行为，更好地检验教学效果。

四、结语

随着互联网和多媒体技术的发展，线性代数课程的教学也要与时俱进。但是由于民办本科院校的发展具有一定的局限性，因此线性代数的教学改革是一个循序渐进的过程，如何将网络教学资源引入课堂教学，更好的开发创造性习题和完善试题库，提高教学质量和评价体系是我们进一步深化改革线性代数课程的目标。

参考文献：

［1］韩冰，李洁，杨威，高淑萍．线性代数教学改革中的几点探讨［J］．高等数学研究，2013（4）．

［2］亢琳．独立学院线性代数教学中的几点思考［J］．课程教育研究，2014．

［3］刘艳艳，王建国．线性代数课程考核方法改革初探［J］．中国教育技术装备，2013（9）．

基金项目：2014 年度广西高等教育教学改革工程项目：新建民办本科院校财经类专业大学数学系列课程的建构与探究，项目编号 2014JGB253。

作者简介：

农秋红,女,1985—,广西崇左市人,硕士研究生毕业,广西外国语学院讲师,主要研究方向:高等数学,数量经济,统计学教学与研究。

（原文载于《智富时代》杂志,2016 年 9 月第 13 期第 293 页。）

应用型本科院校概率论与数理统计教学改革探讨

广西外国语学院国际经济与贸易学院　吕婷　农秋红

摘　要:概率论与数理统计是应用型本科院校经管类和理工类专业的一门基础必修课,其应用性非常广泛。为培养学生应用概率论与数理统计知识解决实际问题的意识和能力,本文分析了学生知识体系和专业体系的关系,从教学内容、教学方法和教学手段三方面提出概率论与数理统计教学改革的一些建议与措施。

关键字:应用型;本科;概率论与数理统计;教学改革

概率论与数理统计是研究大量重复随机现象及其统计规律性的一门应用数学学科,它的应用性非常广泛,而在高等院校,概率论与数理统计是经管类、理工类专业必修的一门数学课程,是培养学生思维的一个载体,是学生学习后续相关专业课程的重要工具。2014 年国家提出加强应用型人才的培养,为了响应号召,努力培养应用型人才,适应社会和市场的需求,对概率论与数理统计课程进行教学改革势在必行。

一、学生知识体系与专业体系的关系

目前概率论与数理统计教学中存在"重理论、轻实践;重运算技巧、轻数学思想"的问题,偏离学以致用的教学理念。

1. 学校开设的专业大部分偏向于文科,招收的本科生大部分是文科生,他们的初等数学知识层面无论从深度还是从广度都不及理科生,基础也相对薄弱。如:在讲授古典概型方面,需要用到排列组合的相关知识,部分学生对此一无所知。

2. 学习概率论与数理统计,需要将高等数学与线性代数作为前期课程铺垫,所以一般选择在第 2、3 学期开设。前期阶段,有些专业数学这两门课程均开设,有些专业只开设高等数学(或微积分),对于高等数学中的多元微积分学知识讲授不深也不广,对级数未做介绍,这些知识点在学习概率论时都要用到。同时,概率论与数理统计也是作为相关专业的前期课程,因为随机现象在我们的生活中随处可见,在工作中也会遇到,学好它,利于学生毕业后更好地走向工作岗位。

(三)教材是供教师顺利教学,学生自主学习的工具。但当今的概率论与数理统计教材在结构和体系上大同小异,没能够体现具体学科的应用重点和专业特色,编写的例题和练习千篇一律,与专业相关的案例甚少,易造成"只知其有用,却不晓得如何用",不利于学生对知识的强化与应用。

二、改革教学内容、教学方法和教学手段

(一)根据培养理念,调整教学内容

现在高校普遍面临课时压缩、教学内容删减的现状,无法向学生展示知识的完整性及其呈现的多元化。而基于培养应用型人才的理念,我们需要增加或删减概率论与数理统计中的教学内容。

1. 压塑概率论的内容,缩减概率论的课时

概率论这一板块内容涉及古典概型、条件概率、随机变量及其分布、数字特征、大数定律和中心极限定理等知识点,涵盖较多的计算,需要用到初等数学和微积分的知识,其中积分计算又是学生的一大短板。过去在概率论这一板块的讲解,花费较多的课时,成效差,且其中的部分内容与生活的实用性不高,故可将概率论的内容和课时缩减,而注重其中的一些概念、原理和思想的讲解。因为概率论与数理统计中存在很多的抽象概念和定理的证明,该部分内容对学生理解概率论与数理统计的理论知识及其应用具有重要的意义。如条件概率的使用、随机变量的引入、数字特征的计算、大数定律和中心极限定理的理解等,其实用性和应用性更强、更贴切生活和工作。

2. 加大数理统计的内容,增加统计的课时

我们每天都和数字打交道,接触到形形色色的数据。而哪里有数据,哪里就有统计。对于经管类和理工类学生,统计是非常重要的一大板块,必须予以重视和掌握的,是社会的需要也是专业的需要。过去受课时的限制,我们偏重于概率论的讲解,占用较多课时讲概率论,而删减掉统计这一块的内容,只讲点估计和一元线性回归模型,而区间估计、假设检验、方差分析等基本上忽略不讲。数理统计的计算是烦琐的,我们需要放弃其中复杂公式的推导,只需交代清楚其背景和意义,否则易造成学生厌学,对课程教学效果和学生的实际应用均是无益的。统计是实际工作中经常用到的,我们因此需要加大这一块的讲解,注重统计思想的疏导和统计方法的介绍,引导学生理解和利用统计知识、统计方法解决实际问题。

（二）根据教育理念，改革教学方法。

在教学中，我们常常希望学生能学以致用，举一反三，能运用知识解决实际问题，实现创新能力的培养。我们能把知识点用一些通俗易懂的语句形象地刻画出来，建构学生的认知体系，从而让学生更好地吸纳和消化知识点。从教育理念出发，可以从以下几点来加强。

1. 运用案例教学法，培养学生分析问题和解决问题的能力

利用案例教学法，以贴近生活的实例激发学生学习概率论与数理统计的兴趣。在教学中，选择一些有趣的典型案例来切入知识点，如"平分赌金问题""投资策略""福利彩票"等，引导学生思考、讨论，并提出解决问题的思路与设想，从中让学生加深对知识的理解，增强了学习的趣味性，提高课堂教学效果。

2. 融入数学建模，赛教结合，辅助概率论与数理统计教学

全国大学生数学竞赛是我国各高校的一个重大活动，是检验学生的团队协作精神和创新实践能力，是理论与实际的结合。我校提倡"赛教结合、寓教于赛、以赛促教"，鼓励学生参与并为此营造氛围，开设数学建模培训、统计学等课程。从近几年全国大学生建模竞赛题目中，不难发现，竞赛题目涉及的概率论与数理统计知识和方法越来越多。如2012年葡萄酒的评价与脑卒中发病环境因素分析及干预问题，2015年"互联网＋"时代的出租车资源配置问题。故而在概率论与数理统计教学过程中可以融入数学建模，引进数学模型，探索一些具有现实意义、应用性强的实例，让学生分析、调查、研究，在其中体验随机问题的魅力，从而进一步巩固概率论与数理统计的基本理论和基础知识，提升学生的实践应用意识和能力。

（三）结合时代发展，改进教学手段。

随着科技的发展、时代的进步，计算机的使用越来越普及，信息化技术融入学科教学中，为教学提供很好的媒介。过去我们进行数学类课程的日常教学采用的是普通教室、黑板板书，现在学校对教学设备予以更新，引进了一批一体机，使教学与信息化技术有机结合，改善了教学条件。在课堂教学中，教师呈现抽象教学内容的形式更直观、具体、形象，缩减大量的板书时间，增加了课堂信息量，让师生间有更多的交流互动机会，提高课堂的教学效率；但是也带来了一些弊端，需要我们花时间磨合与适应。对于数理统计的教学，若能结合计算机辅助教学，有计划地安排部分课时让学生有机会到机房来上机操作，介绍计算机在统计中的应用和一些常用统计软件的使用，这将让学生认识到统计的可操作性，而不拘于复杂公式的记忆和推导，优化教学，使学生更好地掌握和运用这门学科。

三、结束语

概率论与数理统计是一门理论联系实际的学科,在经济高速发展和科技飞跃发展的今天,它发挥着越来越重要的作用。通过对概率论与数理统计教学内容、方法和手段等方面的改革,激发学生学习概率论与数理统计的兴趣,提升学生的实践应用意识和能力,从而提高教学质量。对概率论与数理统计进行教学改革,这是一项长期工程,任重而道远。

参考文献:

[1]薛婷. 概率论与数理统计课程教学浅谈[J]. 科教纵横,2011(8).

[2]游学民. 经管类《概率论与数理统计》课程改革与探索[J]. 今日南国,2010(10).

[3]方茹,田波平,王勇. 谈案例教学法在概率论与数理统计教学中的应用[J]. 大学数学,2014(12).

[4]魏传华,贾旭杰,徐世英. 论《概率论与数理统计》的教学改革与学生应用能力的培养[J]. 中央民族大学学报(自然科学版),2014(2).

作者简介:

(1)吕婷,女,1984—,广西玉林市人,硕士研究生毕业,广西外国语学院讲师。主要研究方向:高等数学,数量经济,数理统计。

(2)农秋红,女,1985—,广西崇左市人,研究生,广西外国语学院讲师,主要研究方向:高等数学,数量经济,统计学教学与研究。

(原文载于《经营管理者》杂志,2017年5月第16期第371页。)

新升民办本科院校经管类高等数学教学改革探讨

广西外国语学院国际经济与贸易学院　吕婷

摘　要:高等数学课程是新升民办本科院校经济管理类专业的一门基础必修课,对该课程进行教学改革是非常有必要的。文章针对新升民办本科院校学生的特点,并结合学校的培养目标,分析当前民办本科院校在高等数学教学中存在的问题,并结合教学实际情况进行探讨,探索适合新升民办本科院校高等数学的教学方法,提出了几点改革的措施。

关键词:新升民办院校;本科;经管类;高等数学;教学改革

高等数学是新升民办本科院校经济管理类专业的一门基础必修课,是为大学生学习后续课程作铺垫,也是硕士研究生入学考试数学科目中的一部分,是为培养我国社会主义现代化建设所需要的复合型高质量专门人才服务的。高等数学课程的教学内容多,学时少,同时它具有高度的抽象性、严谨的逻辑性、完整的系统性、广泛的应用性。另外,民办高校经管类的学生,他们的数学基础薄弱,这就增加了高等数学课程教学的难度。作为数学教育工作者,我们要努力搞好数学教学,同时要针对教学中存在的问题进行合理有效的教学改革,以利于教学的顺利开展,更好地服务于社会主义建设的宏伟目标。

一、高等数学课程教学的基本目标

新升民办本科院校,面向东盟,服务于广西,促进桂台经济合作发展,肩负着培养适应广西社会经济新发展的需要,面向桂台贸易与投资合作和中国－东盟自由贸易区发展需要的复合型高级专门人才的重大责任。因此,开设高等数学课程是为了让经管类的学生学习微积分的基本知识和基本方法,使学生打下坚实的数学基础,掌握牢固的数学知识,提高学生的数学概括能力、运算能力、空间想象能力、逻辑思维能力、解决实际应用问题的能力和培养其创新能力。这些能力对大学生走上社会工作岗位具有非常重要的意义。

二、当前民办本科院校高等数学的教学现状

随着我国高等教育从"精英教育"转向"大众化教育",高校招生规模不断扩大,使得入学新生的总体素质有所下降。在当前,新升民办本科院校在高等数学教学过程中存在以下几个问题。

(一)高等数学课程在各二级学院开课安排上不统一

高等数学一般开设在大学的第一学年,民办院校的国际经济与贸易本科专业(含东盟商务与投资方向)和金融工程本科专业在大一的第一学期开课,接下来他们还会开设线性代数和概率论与数理统计课程;而行政管理和市场营销这两个本科专业则安排在大一的第二学期开设该课程。除此之外,课程在课时的分配上也不一致。

(二)在教材选择上受限制

民办院校学生的初等数学基础相对薄弱,学习的动力不足。目前市场上发行的教材,大多数适用于一本院校的学生,与民办院校学生的实际情况存在不小的差距,而且在书籍采购上设定了过高的门槛,无法选择一套适合民办本科院校经管类的教材。

(三)教学内容多,教学方法与教学手段单一、陈旧

在当前,民办院校没有办法将现代教育技术、信息化技术与高等数学教学的学科特点有机地结合起来,开展计算机辅助教学。而仍然沿用黑板加粉笔的单一传统教学手段,讲授式、填鸭式的教学方法,与信息技术发展脱节。

(四)师资队伍建设有待加强

基于学校的发展,学校的建校史不长,很年轻,有着一批年青的师资队伍。为了学校的生存与发展,大家聚集到一起,为学校发光发热而不断努力着。

三、提出的几点教学改革措施

针对新升民办本科院校在经管类高等数学课程中存在的实际情况,提出几点改革的思路与措施。

(一)合理安排开课时间

对于大一的新生而言,他们刚从高考中过来,对高中的数学知识还不陌生,其初等数学的基础相对较为薄弱,而经管类的高等数学以微积分为主,其主要的研究对象是函数,研究工具是极限,所以在教学时上会安排部分课时用于讲授函数内容,这一块和高中的初等数学衔接紧密。所以,提议在大一的第一个学期就开设高等数学课程。不仅如此,经管类的学生在后续会学到经济学的课程知识,或

者是其他与数学相关的专业课程,都需要用到高等数学的知识来解决一些实际应用问题,故尽早开设这门课程对学生、对教学的顺利进行都是有益的。

(二)选择合适的教材书目

目前,新升民办本科院校面临评估事宜,教务要求在选择教材方面使用"十二五"普通高等教育本科国家级规划教材,故挑选的是中国人民大学朱来义编写的《微积分》教材,该书对民办院校的学生显得偏难,提出的要求难度太大。学生的数学基础相对较差,无疑会让他们看不懂,啃不动,多次努力而受挫,渐渐地丧失信心,降低学习的热情,甚至产生厌学的不良情绪。所以,我们需要在目前发行的教材中挑选适合民办本科院校实际情况的优秀教科书,或者尝试编写一套适合民办本科院校经管类学生的校本教材。

(三)对教学内容进行删减,有选择性地讲授,注重教学方式方法

高等数学课程教学内容多,学时少,甚至面临缩减课时的压力。对于书上的每个知识点和例子,教师不可能全部都讲,而且还讲得很细致。这要求教师对教学内容进行一个处理,深入地剖析每个知识点,选择性地开展教学工作。古语说:授人以鱼,不如授之以渔。课堂上,教师把握好"三基"原则(基本概念、基本性质、基本运算),针对教学内容中的重点、难点、疑点等展开教学,讲思路、讲方法,并适当地举一些例子,让学生更好地把握知识点,能运用所学知识解决实际应用问题,这样也可以提高学生学习的兴趣。

同时,对那些抽象性很强和逻辑性很严谨的数学知识,则尽可能地用一些通俗易懂的话语来刻画,便于学生理解把握,从而达到教学的目的。如:数列极限的概念、导数的概念,可以用直白的语言与浅显的事例描述,让学生理解并感受它们是从静态到动态的一个变化过程。再如,介绍定积分的概念,二重积分的概念,我们可以利用数形结合思想,也可以利用类比拓展的思想,引导学生发现问题、分析问题、解决问题。

(四)提高教师的综合素质,加强教学团队的建设,让教学与专业衔接更紧密

在新时代,教师不再是教书匠,而是应该具有教育思想、教育风格、教育能力的教育家。同时,教师也是开展教学活动和教改工作的关键人物,推进着数学课程的教学改革的步伐。俗话说:教师要给学生一碗水,则自己要有一桶水。所以,对教师而言,特别是青年教师,需要不断地提高自身的综合素质,加强业务的学习,提高自己的教学水平,提升科研能力和综合应用能力,从而把教学团队建设成为一支高业务水平和具有奉献精神的教师队伍。

再则,讲授高等数学课程的教师队伍,专业多为数学专业,属于理学类,对高等数学的学习与理解较为深刻;而所讲授的对象是刚入校的新生,他们的专业多

为经管类(如国际经济与贸易、金融工程、财务管理、行政管理、市场营销等),教师对学生的专业知识理解就存在不足,容易使教学内容和专业人才的培养产生脱节。因此,教师的教学需要结合学生的专业特点和该专业的人才培养目标、市场定位,满足学生学习的需求和就业的需求,让教学与专业对口,使两者衔接得更紧密。

(五)现代教育技术、信息技术与高等数学教学有机结合

计算机迅猛发展的今天,信息化技术已经迅速渗透到各个领域、各学科,这为高等数学的教学提供了一个很好的媒介。与此同时,随着现代科技的发展,越来越多的人使用高科技产品,高校也注重对大学生的计算机操作能力的培养。虽然采用多媒体教学在教学效果上远不及传统的黑板教学方式,但是现代教育技术、信息技术与高等数学教学整合,会使抽象的教学内容变得直观、具体、形象,缩减大量的板书时间,增加课堂信息量,让师生之间有更多的交流互动机会,提高课堂的教学效率,特别是在高等数学教学内容多,学时少的情况下,更利于完成教学大纲所要求的教学任务,提高教学的效率。同时,我们可以利用现有的网络平台,与学生进行一对一的互动交流、答疑解惑,健全答疑体系。

四、结束语

对新升民办本科院校经管类高等数学课程进行教学改革,是一个长期的工程。提高民办院校高等数学教学质量,是民办院校学生学习的需要,也是民办本科院校生存和发展的需要。因此,我们也在高等数学的教学管理和教学实践中,不断地研究高等数学的教学规律,不断改进教学方式方法,探索适合民办本科院校高等数学的最佳教学模式,为培养高素质的复合型专门人才做出应有的贡献。

参考文献:

[1]朱来义.微积分(第三版)[M].北京:高等教育出版社,2009.5.

[2]孙杰远.现代数学教育学[M].桂林:广西师范大学出版社,2004.6.

[3]谢俊来,邹广玉.对高等数学教学改革的思考[J].教育与职业,2011(2).

[4]张玉芬,高红亚.大学数学教学改革探讨[J].保定学院学报,2010(5).

[5]马红艳,李士红.独立学院理工科大学数学教学改革的探索与实践[J].产业与科技论坛,2011,10(20).

[6]邓益军.民办高校数学与应用数学专业教学改革的思考[J].读与写杂志,2011(3).

作者简介：

吕婷,女,1984—,广西玉林市人,硕士研究生毕业,广西外国语学院讲师。主要研究方向:高等数学,数量经济,数理统计。

（原文载于《西江月》杂志,2014 年 3 月中旬期第 56 – 58 页。）

注重应用的西方经济学教改建议

广西外国语学院国际经济与贸易学院　王少婷

摘　要:现有的"西方经济学"教学改革实践主要偏重于"教"这一方面,没有考虑现阶段学生的素质和学习动力状况,从培养学生创新能力的角度出发,针对课程内容、教材选择和教学方法等方面的问题,本文提出以学生专业为基础调整教学内容、改革教学方法和教学手段和改进考核方式的建议。

关键词:西方经济学;改革;应用型

一、研究背景

20 世纪 80 年代《西方经济学》就成为我国高校经济管理类课程的专业核心课程,它是对西方资本主义国家市场经济发展规律的概括,所涉及的理论和定律能够系统地反映现代市场经济运行机制,重点研究在资源稀缺性的基础上如何合理配置,应用到实证分析、规范理论分析和现代数学方法,里面特有经济数量关系分析、数学模型、图表和文字理论对大学生的分析推导能力和逻辑思维能力要求甚高,这种能力的训练也是其他课程不可代替的。它也能够解释经济发展过程中的正常现象和新现象,成为西方经济学研究的趋势。西方经济可分为微观经济学和宏观经济学。通过学生对于西方经济学的学习要求学生掌握基本的价格理论、博弈论、经济增长及波动等知识,为学习基于市场经济条件下微观的消费、生产和宏观经济政策等一系列经济管理行为提供理论依据。

二、《西方经济学》教学中存在的问题

(一)缺乏清晰的教学理念

在过去相当长的一段时间内,我国高校更多的是在意识形态领域考虑《西方经济学》课程传授给学生的具体内容。现在,我们已经普遍接受《西方经济学》的基本原理和大部分观点,但由于教学理念不明晰,仍然存在着一方面强调"中国特色",另一方面又直接照搬方的教科书,过分强调掌握每个原理、图形、理论模型,

忽视了《西方经济学》课程本身的精髓和教学价值,也忽视了教学对象——本专科学生的真正需要。因此,明晰教学理念,贯彻现代教育的素质教育要求,是进行《西方经济学》教改亟待解决的问题。

(二)教才选择不尽合理

目前国内高校教材高鸿业主编的《西方经济学》应用较广,此教材是教育部推荐的财经类核心教材,教材本身的内容选取是优质的,但不一定是适合的。目前国内西方经济学教材更侧重理论介绍、相关定理证明缺乏相关经济现象的解读与分析。使学生普遍感到《西方经济学》内容庞杂、理论深奥,造成学生学习感觉枯燥的情绪,进而影响了学习的热情。如果学生有较强的自学能力和学习动力,可以选用高鸿业主编的教材,但是目前大学生对西方经济学的学习动力明显不足,此教材不一定是最合适的。另外,该教材强调模型,西方经济学的教学目标是完成现代经济学知识普,相对来说,曼昆的《经济学原理》更适合学生。

(三)教学手段和教学方法陈旧

教学老师习惯使用填鸭式的灌输方法将理论知识传授给学生,缺乏对于相应理论分析工具的经济学含义的解读。在有限的课堂上多是对理论进行抽象分析和解释,描述或描画经济图形与模型,尤其是本科生自身缺乏社会经验,只能死记硬背、囫囵吞枣,随着课程内容的增多,往往造成前后无法融会贯通,很难理解其内涵。另外缺乏必要的现代教学手段,造成课堂气氛沉闷,教学效果不理想。

三、《西方经济学》课程教学改革的建议

(一)以学生专业为基础调整教学内容

西方经济学是一门应用经济学,具有很强的实践性,我校作为应用型本科院校应着重培养学生的"学以致用"能力,在讲授的过程中要提醒学生背景不同,经济学理论的实用性就不同,启发学生的比较研究兴趣。另外应根据不同学历层次和不同专业的培养目标与教学要求,开设"重点各异"的系列《西方经济学》课程。联系各专业学生已有的基础、课时量等实际情况合理选择教学内容,给学生留出自由考量和解决问题的空间,引导他们自己去拓展相关内容。

(二)改革教学方法和教学手段

完善已有的案例教学、启发式教学和讨论式教学,开发情景教学、模拟教学,形成完善的具有较强针对性的案例库和情景教学与模拟教学的设计模型,增强学生学习的主动性,正如刘金石、刘方健认为应在教学过程中熟练运用经济学的"三种语言"(生活语言、经济语言和数学语言)打造妙趣横生的经济学课堂,引导学生像经济学家一样思考,以达到更好的学习效果。在教学手段上鼓励采用多媒体教

学,引入课程网络互动式教学,组织教师在线答疑,搭建第二课堂,提高教学效果。进行互动教学,个性化的学习和分组教学,组织老师在线答疑,通过网络建立教师与学生在课堂之外的沟通。传统板书能够让学生清晰地理解图形和数学的演绎步骤,更好地理解经济模型背后的含义。因此应综合运用多媒体课件及板书发挥各自优势提高教学效果。

（三）改进考核方式

目前我国高校《西方经济学》都是作为专业基础课,多以期末闭卷考试方式为主,考评方法太过单一,学生多是考试前几周集中复习,难以对学生的课程学习过程进行全方位考核,试卷内容也以知识要点考核为主缺乏联系实际的案例分析,阅卷过程也以标准答案为主,考核方式注重的是学生知识记忆能力。难以对发言、讨论、实践所表现出的创新能力、思维能力和实践能力进行考核。建议在试卷设计环节设计现实案例分析类题型,在教学过程中设置平时课堂参与成绩,不仅能够考核学生的综合应用能力,也给教师一定的自由教学和学术讨论的空间。笔试仍然是考核的重要形式之一,为了保证笔试考核的科学性,应建立大容量的、规范化的试题库,每张考卷设置标准化题型,合理确定主观性和客观性试题的比重,注重试题的认知层次和难易程度的协调搭配,准确考评学生的学习情况。

参考文献：

[1]年四敬、赵鸿雁.基于应用的西方经济学教改分析[J].市场周刊·理论研究,2008(6):149-150.

[2]汤向俊.基于创新能力培养的西方经济学教改分析[J].经济研究导刊,2013(22):57-58.

[3]赵栋强."西方经济学"教改中存在的问题探讨[J].中国电力教育,2011(22):86-87.

[4]易杏花,刘云忠.让"沉闷"的经济学生动起来——《西方经济学》教学改革的几点思考[J].湖北经济学院学报(人文社会科学版),2009(2).

作者简介：

王少婷,女,1987—,山东省烟台市人,经济学硕士,广西外国语学院讲师。主要研究方向:区域经济合作,农林经济,桂台经济贸易发展。

（原文载于《商情》杂志,2015年12月第12期第148-149页。）

四、教学模式及方法改革

财务管理探究式课堂的教学模式研究

广西外国语学院会计学院　李林秋

摘　要:随着教育改革的不断深入,大学的教学模式也发生了翻天覆地的变化。现阶段,我国绝大多数高校都开始以探究型教学模式作为进一步提高人才质量的重要途径。本文系统地阐述了在财务管理教学中探究型教学模式的应用,旨在进一步提高高校财务管理课堂的教学水平,为社会输送大批量的高素质人才。

关键词:探究型教学模式;财务管理;传统教育教学

使学生充分理解相关知识内容是大学财务管理相关课程的主要学习重点,在传统的教学模式中,学生在课堂上的主体地位没有发挥出来,被动地接受着教师的讲授,在这种情况下学生很难对课堂知识进行深入的理解。而将探究型教学模式应用到财务管理课程当中,能够有效避免上述问题,教师在课堂上能够将与财务管理方面有关的知识,源源不断地引入教学过程当中,并在此基础上将课堂教学系统地分为三个部分,包括知识点讲授、案例探讨、专题研究,从而有效帮助学生吸收基础知识,提高学生的逻辑思维能力,提升学生的综合素质。

一、探究型教学模式的理论基础

众所周知,教学模式主要有三个部分构成,一是教育思想;二是教学理论;三是学习理论。这三个部分并不是孤立存在的,它们是有机联系在一起的。在我国教学领域,教育思想和教学理论一直处于一种稳定发展的状态,但是学习理论却与之相反,它的发展经历了数个阶段,包括经验主义、行为主义等,这些阶段对我国教学模式的变化与发展产生了非常密切的影响。具体来说,主要包括以下几个方面:首先,经验主义教学在教学过程中更加重视知识的传授,忽视了学生在课堂的主体性地位,要求学生利用死记硬背这种方式不断强化具体知识。其次,行为主义教学。它认为外部刺激是知识的主要来源,因此,教师在教学过程中须要对学生进行比较强烈的刺激,如对学生进行评价等。除此之外,认知主义学习理论对于学生学习的内部心理过程给予了高度重视。最后,构建主义教学是在认知主义不断发展的基础上得来的,所谓构建主义教学,其实就是指以学生原有的心理结构和认知经验作为基础,系统地构建知识的行为,它在教学过程中,对学生的主动性给予了高度的重视,尤其是在整个学习过程中学生的主体性地位等,上述三方面内容就是探究式学习模式的理论基础。

二、财务管理教学中,研究型教学模式的作用

(一)帮助学生深入了解财务管理教学的相关知识

财务管理本科教学主要包括三个部分,一是企业的投融资部分;二是企业的利润分配部分;三是企业的营运资金管理部分。通过上述三个部分的教学实践活动,我们不难发现,教师在教学过程中,应打破教材知识的束缚,不要仅仅向学生传递课本理论知识,而是要引导学生充分理解企业的融资活动。可以说,将探究型模式应用在财务管理教学过程中,为学生深入理解相关知识提供了一个巨大的平台,长此以往,学生的学习能力或是综合素质都会有一个大幅度的提高。

(二)帮助学生充分了解财务管理的前沿理论知识

随着改革开放水平的不断提高,财务管理学科不断进步,相应的理论研究深度也在不断拓展。而将探究式教学模式应用到财务管理教学过程中,然后使教师以课本知识为基础,将财务管理学科的前沿知识同基础知识有机结合在一起,有利于帮助学生充分了解财务管理学科的前沿知识,不断提升学生的知识储备量,为学生今后的发展奠定基础。

三、财务管理教学中研究型教学模式的具体应用

(一)以课堂知识点为研究对象的教学

以课堂知识点为研究对象是指教师对财务管理课堂中所遇到的教学难点和教学重点进行系统的总结,并引导学生树立研究型学习意识。例如,教师在课堂上介绍财务管理的具体目标的过程中,可以引导学生将所有的目标集中在一起,并进行相应的比较,将优点集中在一起,并将缺点也集中在一起;教师在对学生讲解企业风险和杠杆效应的过程中,可以引导学生就此进行讨论,并针对相关影响因素,不断地拓展学生的思维;在学习股利分配政策之后,教师可以引导学生具体的梳理股利分配政策的经典理论,这种方式方法,有利于学生深入了解财务管理知识,调动学生学习积极性,培养学生学习兴趣。

（二）以课堂案例为研究对象的教学

财务管理是一门实践性较强的学科，它需要学生具备较强的实践能力，然而，传统的课堂教学由于忽视了学生的主体性地位，导致学生学习积极性不高，学生实践能力很难提升上来。笔者认为，以课堂案例为研究对象进行教学能够在充分调动学生学习兴趣的同时帮助学生提升实践能力。例如，教室在教学过程中可以选择一些大家熟知的上市公司的财务管理方式进行具体的财务分析，还可以积极鼓励学生去实地研究，以这种方式来提升学生学习的兴趣。

（三）以课题为研究对象的教学

以课题为研究对象的教学模式主要是以学生对财务管理基础知识的掌握为基础，引导学生具体研读经典文献的教学模式。任课教师可以在教学过程中向学生们提供相应的经典文献，安排学生具体研读比如现金持有、资金投资等知识，但是值得注意的是，教师所选择的文献应充分考虑学生的实际情况，根据学生的水平确定文献，之所以这样做的主要原因在于，如果文献难度过高，则会在一定程度上降低学生学习的积极性，但是如果引用的文献过于简单，则达不到相应的研究目的。教师在确定研究的专题后，要积极鼓励学生充分利用文献检索工具，从而自主的寻找相应文献资料，为今后撰写毕业论文打下基础。

四、结语

总而言之，将研究型教学模式应用到财务管理教学过程中，有利于充分调动学生学习积极性，培养学生学习兴趣，提高财务管理教学水平，从而推动我国高校教育的进一步发展，为社会输送大量的高素质人才。

参考文献：

[1]曹容宁. 财务管理案例教学的翻转课堂模式研究[J]. 江苏技术师范学院学报,2014.

[2]王颖梅、李铁群，汤孟军，彭云. 财务管理课堂教学模式的改革与建构[J]. 湖南财经高等专科学校学报,2001.

[3]孙静芹. 大学生创新能力培养研究——基于财务管理专业主干课程群"自主、合作、探究"教学模式的探讨[J]. 财会通讯,2013.

[4]张淑真. 基于契约理论视角的高职财务管理教学模式改革探究[J]. 南宁职业技术学院学报,2013.

作者简介：

李林秋，女，1985—，广西来宾市人，研究生班毕业，广西外国语学院讲师。主要研究方向：会计学，教学方法。

［原文载于《经贸实践》杂志，2016年1月（下）第151页。］

民办高校《审计》课程教学模式研究

广西外国语学院会计学院　　刘凤英

摘　要:《审计》在高校课程中其理论性和操作性的要求是很强的,作为全国注册会计师考试必考的科目之一。审计课程本来具有一定的难度,需要学生具备相应的会计知识才能很好地掌握。传统教学方式在当前高校教学中出现了极大的不适应性,本文结合民办高校学生的特点及教学现状,分析《审计》课程教学中存在的问题,研究民办高校《审计》课程的教学模式,提升民办高校《审计》课程教学效果。

关键字:审计;教学模式;教学改革

一、前言

随着全国高校规模的不断扩大,高校的办学定位大多是建设应用型本科院校,民办高校更是如此。民办高校把培养应用型人才作为其目标之一,这些学生将来能将专业知识和技能应用于所从事的工作中,能够熟练将所学运用于实践工作。对应用型人才的内在要求在高校教育不断发展中得到了提升。就审计专业的应用型人才培养来说,在坚持应用能力培养的导向下,坚持满足社会实际需要为根本,培养学生的理论知识素养,结合社会对审计人才需求变化来培养学生。审计专业学生可以选择注册会计师从业,也可选择单位的内部审计工作或政府审计工作。如何提高民办高校的应用型人才培养水平,满足社会需要,《审计》课程在培养审计人才起到一定的作用,其中也少不了高校教师教学所起的作用。

二、《审计》课程教学现状

(一)审计课程设计与社会需求存在一定程度的脱节

社会对从高校走出的人才技能要求是能否在短时间内上岗,节约人才培养成本。对于会计审计类学生更是要求适应能力强,对会计类毕业生适应岗位的审计学科是一个应用性很强的学科,需要毕业生迅速适应岗位,融入企业。但是高校要培养学生时,较少考虑学生对审计职业的敏感性。审计工作,需要面对同样的审计材料,能够迅速从材料中发现蛛丝马迹,快速找到切入点,工作效率很高,而高校对于这些培养缺乏一定的实践性。高校审计专业的毕业生在刚刚参与审计工作时,往往会缺乏一定的综合判断能力,还是运用教科书上教条的文本处理现实的审计问题。面对形形色色的被审计单位,不同行业的不同情况,缺乏高度的综合判断力,进而缺乏从宏观和微观两个层面去剖析问题和解决问题,可能会导致给出的审计意见是片面的,不能全面准确处理审计工作问题。审计工作在许多人的印象中似乎只是简单的监督工作,但是社会需要的审计工作者或是会计工作者要掌握多种层次的知识结构,除了基本的审计职能,还要完成成本控制、风险管理、投资决策等重要角色,高校在制定人才培养目标的时候,欠缺考虑到复合型的知识结构的重要性,培养出的学生拥有的技能比较单一,将很难适应社会发展的需要。

(二)审计课程需要的实践能力强,初学者较难掌握

《审计》课程必须根据当前国家在审计工作方面的政策进行编排,所以会存在许多枯燥的法律条文、专业术语多,对逻辑关系要求有很强的掌握能力,而且内容多、信息量大,进而让学生对《审计》课程产生一定的抵触情绪,普遍出现不愿学、学不会、挂科率高的现象。

《审计》课程囊括了经济、财会、税法等学众多学科的知识,专业术语多、理论强、章节之间看似独立有存在微妙的联系,从而让学生在课程学习中感到枯燥,从一开始就怕困难,不愿多学。很多高校,特别是民办高校一直采用传统的教学模式,如教师只是照本宣科教学、板书,激发不了学生的兴趣,课堂氛围沉闷,互动少,进而导致教学效果不理想。民办高校在《审计》课程的教学安排中一直都是把重心放在理论性教学,忽略实践性教学,出现教学安排偏重于理论几乎没有实践课的现象。但是,审计学一直都是一门实践性较强的学科,既注重理论,更要求高的实践能力,社会需要的财会、审计工作者应具备理论和实践相结合的应用能力。学生在一个学期的《审计》课程学习中,学到的是有限审计专业知识,实践能力较弱,导致培养目标不能适应社会需求。民办高校的教师大部分是青年教师,一部分是从高校毕业直接进高校任教。自身的实务经验少,几乎没有真正从事过审计实务工作的。由于教师本身缺乏实践操作能力,使审计教学几乎都是理论授课,实践性教学难以达到令人满意的效果。枯燥的理论知识讲解,学生提不起兴趣,不能准确理解整个审计体系,如雾里看花,毕业后社会适用性差。

(三)审计课程计划缺乏实验环节

民办高校的审计教学课时计划在一个学期内安排 64 学时的理论教学。在一

个学期内要求教师既要把抽象的审计理论讲透彻,又要把实践性很强的审计实务传授给学生,而要完成这个目标,教师只能采用单一的填鸭式讲授法授课。可是审计工作在经济发展中的应用很强,技术要求也很高,为经济活动主体提供全面的审计信息,对经济决策起到极其重要的作用。高校开办《审计》课程的目的之一就是为经济社会培养审计人才。但是《审计》课程并不是那么容易掌握的,理论要求高和实践能力强并重,学生学习兴趣普遍不高。必须有足够的学时讲授案例和配以足够的习题。但是,目前许多学校的实际情况是,把审计学看作会计学的一个分支,仅在一个学期内安排 64 学时的理论教学。在有限的学时内,理论和实务都要兼顾,其结果是两个方面都是浅尝辄止,都没有时间深入透彻地分析讲授,难以实现审计学课程的教学目标。师授课方式主要是理论讲授,实践环节就是通过教师安排习题给学生练习,通过审计经典的案例分析加强学生的实践能力,提高学生对《审计》课程学习兴趣,增强学生的感性认识。但是这些付出只能起到的效果较小,毕竟学生并没有真正的实践操作,脑海里的都是理论知识。同时,在有限的学时里,所做的练习和案例分析都是有限的,导致教学效果不佳。总地来说,《审计》课程教学模式不完善,教学环节体现不出学生在课程中的实践能力,缺乏一定实用性。导致审计教学脱离实践,导致教师感觉"审计难教",学生感觉"审计难学",造成理论和实践无法衔接,偏离《审计》课程教学目标,无法适应社会的需要。

(四)审计传统教学模式不适用现代应用型人才培养的发展

民办高校仍然以传统教学模式为主,教师上课仅靠教材和板书,教师和学生之间缺乏互动的平台,学生的学习兴趣很难提高起来。这种单一的黑板书写和口头交流使得大多数审计课程的课堂显得枯燥。再者,学生学习审计,也多仅限于课堂教学,没有机会参与案例分析和实验教学,没有实践能力,无法适应实际工作的需要。民办高校办学成本高,注重产出收益的影响。在实验基地的建设中还有很大的发展空间,所以很多高校采用校内手工模拟实验室和综合实训实验室。这种实训模式有利于节约成本,可是同时也束缚了学生了解审计的实务操作流程。另外,与实训相配套的教材和软件也相对滞后,这些软件存在时滞性,与当前的审计工作存在一定的冲突,使得师生在教与学的过程中与社会需要的审计要求脱节。

三、《审计》课程的一般教学模式

审计教学要求学生能够重点掌握审计基本概念、审计基本技术、审计程序;审计实训阶段要求学生掌握审计程序在六大业务循环中具体报表项目的应用;再通过模拟审计工作情境让学生充分体验真实的审计工作。

《审计》课程是审计、财会专业的基础专业核心课程。《审计》课程教学过程中突出实用性、实践性的原则重新组织、更新教学内容，充分利用项目化、案例、小组讨论、角色扮演等教学方法，对原有的课程章节内容进行整合和压缩，打破传统的学科体系，按照课程的学习情境，重组教学内容；实施任务驱动、目标教学的教学方法，积极探索、努力实现理论教学案例化和实践教学实操化的多元化、多角度的"教学做"理论实践一体化的教学模式。

民办高校会选择案例教学法作为《审计》课程的主要教学模式。《审计》课程本身具有极强的专业性和实务性，案例教学法在审计课程上得到了很好的发展，这种方法也是全国民办高校普遍采用，在民办高校运用取得了很好的效果，特别是审计、会计类课程的教学。案例教学主要是弥补了在理论学习的缺陷，同时也为学生展示实际工作遇到的审计工作模拟情境，学会各类审计工作相关的审计技能，增强对审计工作敏感性，进而巩固学生对审计理论的掌握能力，把审计工作理论与实践完美结合，达到学以致用的效果。

在民办高校中，教师通过多渠道、多途径收集审计工作经典案例，再经过层层筛选，并每年及时更新案例库，在这过程中教师的教学能力和科研能力得到一定的提高。并在教学过程中，在不同的章节上选择与该章节相适应的典型案例，向学生展示，增强课程师生互动氛围，在谈论中增强学生对审计工作的掌握。民办高校一般采用国内外经典的审计案例，教师利用自身理论和实践能力对案例进行剖析，再引导学生参与讨论。

《审计》课程教学采用多种多样的方法和模式。其中，结合多媒体教学，通过图形、视频、音频等相结合的直观"实物示教"，活跃课程氛围，增强学生对《审计》课程的学习兴趣，实现课程目标。通过多媒体，更形象直观，相对于传统的"讲与听"的传统教学模式具有很大优势，也得到学生欢迎，课堂氛围不再枯燥，学习不再死板。从直观的视与听学习审计流程、审计内容。诸如，教师在讲解审计流程时，通过 PPT 多种方式让学生身临其境感受审计流程中要注意的问题，选取典型案例中某企业有关内部审计工作，引导学生身临其境地思考，实际的审计工作该怎么开展，遇到问题该如何处理，并进行相关讨论。最后通过动画视频完整展示某个企业的内部审计工作流程，激发学生学习兴趣，达到学习目的。

通过对真实企业审计工作的模拟，加强学生的实践能力。通过模拟某企业内部审计工作，使学生学习在课堂上难于接触到的仿真审计工作内容，在模拟情境中做到教与学相结合，让学生以一个审计工作者的身份去完成该企业的审计业务，教师从中给予指导。这种模拟情境教学模式更能激发学生对审计课程的学习兴趣,使得学生再模拟中逐渐熟悉审计流程,巩固审计内容,改变以往对审计枯燥无趣的认识,更积极主动融到审计课程学习中,提升实务能力。

四、民办高校审计教学改革措施

(一)民办高校重视审计课程建设,加大对基础实验的投入

审计专业主要培养学生的会计审计精神,拥有较强实践能力,能够涉猎经济、管理、法律、金融等相关知识,掌握会计和审计等课程基本知识,掌握审计理论知识、审计技能,熟练进行会计及审计实务操作。在构建应用型本科院校目标指导下,民办高校财经类院系应重视审计课程建设,注重加强实训基地建设,通过在原有的校内实训基地和实验室基础上,建设一批能够开展顶岗实习和实践操作的校外实训基地。通过寻求与地方对口企业进行合作,在实施教学的过程中,充分发挥与这些企业的互动沟通,建立长效的双赢模式。补充校内实验室实训模式,改革和完善实训手段,让学生把理论运用于实践中,进而提高审计实践能力。

(二)在审计教学加强实践部分,强调理论和实务并重

在民办高校审计教学中,理论讲授是重点,极少关注实务操作,所以目前的改革主要是加大实践教学的分量,在计划课时设计理论和实训五五分。审计实训可以通过学校的实验室,特别是建立专门的实践基地,与校外企业、会计师事务所对接起来建立实训基地、实习基地。同时充分利用校内的各种资源,为实训教学和模拟审计工作情境设计专门的实训基地,及时更新案例资料,充分调动学生积极参与,形成师生有效互动。所以,通过增强学生的审计实际操作技能,弥补实践工作经验的缺乏,有利于审计课程模式改进。

(三)教师自身素养的提高,让教学模式多样化

在审计教学中,教师作为"传道授业解惑者",提高自身教学素养很重要。在信息时代,动学习互联网技术。能够运用多种渠道,诸如网络、图书馆、论坛等来扩大审计知识,对不同渠道的大量信息进行充分的了解和甄别,有意识有目的的将有利于课堂的内容整理出来。同时,提高先进的教学方式,在多媒体教学模式下,灵活传授知识给学生,活跃课程氛围,让学生爱上审计。把过去的"讲与听"模式转变为"讲—听—看—思考—提问—讨论"的有效互动模式,使枯燥的审计课堂活跃起来。

教师积极参加审计理论与实务培训,增强实务经验。每年的寒暑假积极参与学校组织的审计专业再培训,通过继续教育增强审计工作的实践能力。有条件情况下,还可以选择到国家重点的财经院校进修,学习重点院校审计教学最新的教学模式。同时,教师应该积极与企业、会计事务所联系,争取多做短时间的兼职

和专职审计工作,增加审计的实践经历,丰富审计实践教学经验,有利于增强实训教学。

参考文献:

[1]刘华.审计理论与案例[M].上海:复旦大学出版社,2005.

[2]梁冠华.审计学课程教学改革探讨[J].科技信息,2008(6).

[3]王琳琳.高职院校会计专业《审计学》教学改革探索田[J].财经界,2010(18).

[4]石振河.工学结合下审计课程改革模式的构建[J]商业会计,2011(15).

[5]孙丽华.内部审计学教学改革与实践探讨[J].财会通讯,2014(11):48.

作者简介:

刘凤英,女,1987—,广西玉林市人,硕士研究生毕业,广西外国语学院教师,主要研究方向:国民经济学,审计管理,财务管理。

(原文载于《读天下》杂志,2017年3月上期第187－188页。)

"工学结合"视角下以任务为导向的《财务报表分析》课程改革探析

广西外国语学院会计学院　　兰丽娟

摘　要：应用型本科提倡培养学生的实践能力、创新能力。本文就《财务报表分析》课程以任务为导向开展课程教学改革，将六个任务贯穿在整个授课过程中，以学生实训为主，采用情境教学、案例教学、竞赛式教学等方法，在财务管理实训室开展教学，让学生在学中做，在做中学，很好的锻炼了学生的实践能力、创新能力、解决问题能力，提高了教师的教学水平，取得了良好的教学效果。

关键词：工学结合；任务导向；教学改革

"工学结合"就是在学中做、在做中学，《财务报表分析》是财务管理专业的专业核心课程，如何在教学过程当中，既能以学生为主导，让学生在学习的过程中得到更多的实践锻炼，又能提高学生的创新能力、解决问题能力，这是我们需要不断探讨的。传统的本科院校，在该门课程的教学上，还是以老师讲解为主，学生完成相应的作业，期末结束时采取笔试的考核方式。虽然有些老师也注重引入案例教学，但是也是只是老师讲学生听，没有实现师生互动，没能让学生在课堂上进行分析问题、解决问题。

任务为导向教学法是以任务为主线，学生为主体，教师为主导，促进学生主动学习的创新型教学方法。以实践性和应用性作为教学的基本原则，整合课程结构，构建实践教学体系，以提高学生实践技能为核心。《财务报表分析》课程注重培养学生利用财务报表分析理论对企业的经营状况、成果、现金流量等进行综合分析，是一门实践性非常强的课程。本文以广西外国语学院财务管理(本科)为例，在对这门课程的培养目标、授课过程、考核结果以任务为导向的课程改革进行探讨。

一、以职业岗位要求来优化培养定位

《财务报表分析》是一门在实践工作中都很实用的课程。一般开设在第六学期,在此之前,财务管理专业的学生就已经学习了《基础会计》《中级财务会计》《成本会计》《中级财务管理》《高级财务管理》《管理会计》等课程,让学生在掌握了一定理论知识的前提下学习本门课程。这样,对于财务报表分析的理论知识容易理解,并巩固了以前所学的知识。正因为如此,这门课程在授课上就应该少讲理论知识,而是让学生多练习、多分析、多实践、多总结。

同时,财务报表分析对企业经理、分析家、投资者和理财者来说是非常重要的,甚至每个企业的高级财务管理者,都会运用到财务报表分析方法来分析本企业的经营状况和经营成果。所以,对于应用型本科院校财务管理专业的学生,毕业后不可避免地要涉及这些领域,学习了《财务报表分析》这门课程,就应该具备熟悉并掌握所有分析方法,能熟练运用所学的分析方法来分析企业的经营状况和经营成果,合理评价企业基本的财务状况,能提出分析结果的改进意见和自己的见解,帮助企业做出相关的投资、信贷决策,等。而不仅仅是只会运用这门课程的分析方法。

二、以任务为导向进行课程教学设计

按照《财务报表分析》这门课程需要学生掌握的分析方法,分成不同的任务,学生在学习的过程当中,完成相应的实践任务。强化职业核心能力培养,构建"教学做"一体化的教学模式。

教学任务	任务内容	完成要求	完成形式
任务一	财务报表阅读与分析	要求学生阅读一家上市公司年报,包括资产负债表、利润表、现金流量表、所有者权益变动表、报表附注。并做出该公司共同比利润表和现金流量表	上交分析报告
任务二	企业偿债能力分析	要求学生运用偿债能力分析方法完成一家上市公司报表的偿债能力分析	上交分析报告
任务三	企业营运能力分析	要求学生运用营运能力分析方法完成一家上市公司报表的营运能力分析	上交分析报告
任务四	企业盈利能力分析	要求学生运用盈利能力分析方法完成一家上市公司报表的盈利能力分析	上交分析报告
任务五	企业发展能力分析	要求学生运用发展能力分析方法完成一家上市公司报表的发展能力分析	上交分析报告
任务六	综合能力分析	以小组为单位分析同行业不同两个企业的财务报表,并得出分析报告,提出发展意见	上交综合分析报告,并以组为单位进行PPT演示

广西外国语学院采用模拟仿真的形式,在财务管理实训室授课和完成实训任务。让学生不出校门就可以体会到在企业开展财务报表分析的情境,实现教学与岗位的无缝对接。同时,充分利用电脑授课,解决了在多媒体教室授课教师讲课为主的弊病,教师利用案例讲解完分析指标如何运用后,马上就可以布置实训任务,让学生在电脑上完成相应的分析任务,并及时提交分析报告。最后,在期末阶段,将学生进行分组布置综合能力分析任务,每组成员自行分工、相互协作,共同完成两家上市公司财务报表分析,并提出对这两家公司未来发展的建议和意见,除了上交纸质版的综合分析报告以外,还要分组进行 PPT 演示,分组竞赛,最后由老师按照相应的考核标准进行打分。

通过这样的以任务为导向的教学改革,激发了学生们的学习兴趣,既锻炼了学生自主学习的能力、探究能力、创新能力、沟通能力、表达能力和团队协作能力,又深化和丰富了教学,体现了实践教学对理论教学的促进作用,提高了教师的授课水平和教学效果。

三、加强案例教学,提高教师业务素质

《财务报表分析》课程教材内容相对单一,一般只是对财务分析方法进行解释,案例比较少,或是更新慢,所以要求授课教师要不断更新案例,摒弃十几年前已有的蓝田股份、银广夏、美国安然等已经过时的案例,选择近几年发生的案例进行讲解,也可以布置任务,让学生通过互联网等手段收集近几年发生的财务报表舞弊的案例,鼓励学生积极参与,主动学习并提出自己的看法。另外,也可以分行业让学生学习小组,分析不同行业主要上市公司的财务状况,并进行比较,从中找出这些被分析企业的财务风险或发展问题,然后参与课堂讨论。

同时,对一些没有在企业工作的青年教师还应该积极到企业挂职,深入企业参与实践。比如:利用假期到与企业有合作关系的会计师事务所参与审计,从而得到第一手的教学案例素材,并能理论联系实际,深化了对理论知识的有一认识,得到锻炼和提高。

四、改革考核方式,实行多元化的考核方式

我们对《财务报表分析》的考核,采取提交实训成果 + 考试的模式。实训成果包括了 6 个任务的实训报告(纸质版) + 以小组为单位的 PPT。这部分实训成绩占总成绩的 50%,加上纸质版的考试成绩占 50%。改变了以往只以考试为主的考核方式。实训部分的成绩,每一个任务所占的分值也不一样,任务 1 至任务 5 占 75%,任务 6 占 25%。所以,实训成绩既体现了个人能力又突出了团队协作能

力。改变了以往以期末考试的成绩为主,学生不注重上课过程,期末突击复习了事的弊端。

该门课程的教学模式改革之后,有不少学生反映,上课没有时间玩手机和开小差,总觉得上课时间过得太快,经常在上课时间不能完成相应的数据分析,需要在课后继续完成,投入了比其他课程还要多的时间和精力,同时在分组分析中,加强了学生之间的感情和团队协作精神,觉得这样的教学模式真正能学习到许多实践知识,激发了学生的学习兴趣,也有助于学生将来更好地适应工作需要,具备更强的职业发展能力。

总之,以任务为导向的《财务报表分析》课程教学模式,是对"工学结合"模式的又一探索,应用型本科的教学与高职教育还是有本质的区别的,如何掌握好既让学生学到相应的理论知识,又让学生能够在学中做、在做中学,需要我们不断地在教学上进行改革。以任务为导向的教学模式在教学过程中运用了项目式教学法、情境教学法、案例教学法、竞赛式教学法等教学方法,优化了课程体系,激发学生的学习兴趣,使学生在学校学习中得到了实践锻炼,实现了岗位与教学的零距离。

参考文献:

[1]何畔、陈雯如.《财务报表分析》课程改革及其实践教学研究——以福州外语外贸学院为例[J].吉林农业科技学院学报,2016(4)

[2]张铁铸.财务报表分析课程内容和考核方法研究[J].高等财经教育研究,2014(6)

[3]蔡旺清.基于"三维"视角的《财务报表分析》课程教学研究[J].财会教育,2014(6)

[4]殷枫、张亮.PBL教学法在财务报表分析课程教学中的应用探讨[J].大学教育,2014(4)

作者简介:

兰丽娟,女,1974—,广西来宾市人,高级经济师,广西外国语学院教师。主要研究方向:企业财税管理、财务管理教学研究。

[原文载于《经贸实践》,2017 年 7 月(下)第 30 - 32 页。]

"翻转课堂教学法"在《财务管理》课程中的应用研究

广西外国语学院会计学院　钱宇晴

摘　要:翻转课堂教学法是一种逆向的教学法,它把"翻转课堂"的教学新理念引入《财务管理》课程教学过程中,从而转变教师教学观念,改变教师教学策略和方法,使教学能够遵循人的发展规律。翻转课堂教学法与民办高校培养应用型本科人才的办学目标相契合,以体现学生主体性教育。翻转课堂教学法有助于提高《财务管理》课程的教学实效,有助于推进教学质量的全面提高,有助于促进培养高素质应用型本科人才目标的实现。

关键词:翻转课堂教学法;财务管理课程;应用

一、"翻转课堂教学法"的理论与实践发展

翻转课堂教学法由学生自主学习、教师讲授和学生研讨三部分构成。学生自主学习是指学生按老师的要求阅读财务管理课程教材,观看财务管理课程案例视频,思考设定的问题,准备讨论和发言材料,以及独立完成若干问题。这是"翻转课堂教学法"的前提。教师讲授是指教师针对章节重点和难点问题进行解释说明,目的在于补充新知识,回应疑惑,延展视野,这是"翻转课堂教学法"的支撑。学生研讨包括分组讨论和自由表达。分组讨论是指学生自发或者按照老师的要求组成学习小组,针对案例问题展开讨论,在意见沟通中形成选择性方案或者观点。自由表达是指教师指定具体学生针对某一问题或者事件阐述个人观点。学生研讨通常由教师组织或者指导完成。这是"翻转课堂教学法"的核心。

"翻转课堂"是一个比较新颖的概念,自诞生以来就受到国外学者的普遍关注,但专门研究民办高校"翻转课堂"教学应用的文章相对较少。欧美教育发达国家进一步对"翻转课堂"的概念进行完善和论证,欧美学者乔纳森·伯格曼进一步总结了"翻转课堂"的相关理论,被誉为"翻转课堂"理论的奠基学者之一。"翻转课堂"优势在于可以使不同层次的学生根据自己已有的学识结构,在课下自主完成教学视频的选择性观看,调整自己的学习方法,使自己学习的收益最大化。国

外先进的"翻转课堂"教育理念与教学经验对我国《财务管理》课程与"翻转课堂"的教学模式相结合提供了宝贵借鉴。截至目前,在中国知网的学术搜索中,关于中小学"翻转课堂"教学研究的文献较多,而高等院校中"翻转课堂"教学研究,尤其是精确到《财务管理》课程教学中的应用研究占比仍然较少。

二、"翻转课堂教学法"在《财务管理》课程应用的可行性分析

"翻转课堂教学法"在教育信息化的背景下应运而生。如何转变传统课堂教学模式,加快对"翻转课堂"相关理念和教学模式的研究与探索,特别是针对财务管理学科的研究和探索,将成为我国高等院校在财务管理学科中的教学模式的重大的创新。《财务管理》是一门综合性和实践性较强的学科,但在该课程的教学中存在着诸多问题,尤其是实践教学缺失问题。尽管有关学者对财务管理传统的理论与实践教学做了一些研究,但针对《财务管理》课程与"翻转课堂"创新结合的研究甚少,对于《财务管理》与"翻转课堂"的教学模式探索还没有引起足够重视。笔者认为,以"翻转课堂"的新式教学模式与《财务管理》传统学科为出发点,通过研究"翻转课堂教学法"的教学模式,深度发掘其优点,将"翻转课堂"创造性地运用在传统的财务管理学科当中,可以有效填补《财务管理》教学模式中思维僵化、创新力度不足等弱点,为民办高校财务管理学科教学实践创新做出应有的贡献。

在传统的教学课堂上,学生一味接受来自教师传授的知识,较少发挥学习的主动性,师生之间的互动较为僵硬和单一。"教师讲多少,学生记多少"的模式成为了贯穿40分钟教学课堂的主基调,沉闷乏味的课堂使教师缺乏讲课的激情,学生降低听课的兴趣。"翻转课堂"为转变这种单一灌输式的传统教学方式,提供了一个极好的契机。"翻转课堂"最主要的特点是颠倒了教学流程,教师运用技术资源将课堂上需要讲授的教学内容制作成教学视频,将学习资源上传到在线交流学习平台,学生根据自己的学习情况安排学习进度进行学习,课上教师和学生相互探讨解决问题,课下通过作业检测巩固课堂的知识与技能,从而来提高学生的学习积极性、主动性和对知识的理解掌握程度。这种新型的教学模式让学生在学习过程中由被动学习变为主动学习,让以教为主转变为以学为主,不仅增强了师生之间的互动与交流,也让学生在自主学习过程中获得不同程度的学习体验。

《财务管理》是经济管理类专业的核心课程,是根据财务信息,管理财务各项活动,处理财务关系的一门实用型课程。目前,普通高校《财务管理》课程普遍采取的是传统的知识导向型课程教学模式。传统课堂基本都是灌输式教学,重视客观知识的传授,学生被看作知识容器;教学过程强调老师对学生的控制,强调知识对学生的控制,其过程呈现封闭的特点。这种课程教学模式,老师在灌输式教学

中处于中心地位,以课程知识为主线来对学生进行系统知识的传授、以课程知识间的逻辑顺序来进行课程与教学内容的组织和实施、以课堂教学为主要途径来达成课程与教学目标的要求。民办高校以培养应用型本科人才为目标,学生不仅要学会财务管理课程的理论知识,更重要的是教师要引导学生从理论知识出发,形成自己的知识结构体系,并且将所学知识运用于具体实践中,注重构建财务管理知识的思维。传统课堂的模式与民办高校以应用型人才的培养目标发生一定的偏离。一味机械地对学生灌输知识,难以充分调动学生的学习兴趣,教学效果不甚理想。在知识导向型的课程教学模式和有限的课时总量下,学生难以很好地掌握《财务管理》课程所灌输的职业能力。

《财务管理》课程理论性较强,在以往的教学模式中,以教师讲授为主的传统教学模式较为枯燥和乏味。对人才的培养不仅要着眼于应用型人才,更注重培养动手能力和创新能力,传统的《财务管理》教学注重基本概念、基本原理以及公式运算的灌输式教育,已经不能满足当下社会对财务管理专业人才多样化的需求。随着社会发展与产业结构转型,国家不仅仅需要数以亿计的高素质劳动者,更需要数以千万计的专业技术人才和大批拔尖创新人才。传统的课堂内齐步走的教学节奏,教师讲学生听为主的授课方式,带来的不良结果之一是学生个性化的学习需求得不到很好的满足,学习方式较为被动。学生的高级思维能力、创新精神、动手实践能力没有得到很好地发展。因而,如何转化课堂教学模式,在保证知识和技能扎实的基础上,促进学生高级思维能力的发展和拔尖创新人才的培养,是传统课程教学模式改革的当务之急。

财务管理课程目前主要讲授模式是教师采用案例分析模式,引导学生对财务管理课程各知识点的理解。引入的案例背景涉及政府配置企业资源、国有企业改制、大数据环境下网络交易安全等,这些案例背景对于财务管理专业的在校生而言,因为缺乏实际的工作经验,是比较陌生的。教师在课堂上讲授的时候,学生的注意力难以集中。在此环境下就需要运用"翻转课堂教学法",对学习的案例素材加以补充,融入学生自身对问题提示的争论,对社会情境的思考,呈现创新学习的张力。

本科教育存在的普遍问题是学生学习水平参差不齐,接受能力呈现差异化、多样化形态。"翻转课堂"能够针对现有学生的学习水平,提供不同层次学生的学习帮助,使学生从被动学习转化为主动学习。"翻转课堂"的核心是尊重学生的个体差异化,它作为一种有别于传统课堂模式的教学法,无论是从教师、学生还是从教学内容出发,都呈现了以学生为中心的形态,充分尊重学生的个体差异化。

把"翻转课堂"的教学新理念引入《财务管理》课程教学过程中,从而转变教师教学观念,改变教师教学策略和方法,使教学能够遵循人的发展规律,从尊重人、帮助人到发展人的模式转变,真正体现学生主体性教育,从而提高《财务管理》课程的教学实效,有助于推进教学质量的全面提高,有助于促进培养高素质应用型本科人才目标的实现。

三、"翻转课堂教学法"在《财务管理》课程的具体应用分析

"翻转课堂教学法"可以通过教师制作微视频,使学生在课前充分了解上课内容,提前融入所上课程知识点的学习氛围中,激发学生对所学知识点的兴趣;教师通过组织学生课堂研讨形式,深化学生对课前所了解到的学习知识点的思考。

这样,通过"翻转课堂"模式的教学改革,旨在改变传统教学模式下学生被动接受知识的低下效果,进而提高《财务管理》本科课程的课堂教学效果。"翻转课堂"的最大潜力,在于学生最自主的学习,在课堂最大的时间和空间里,实现师生最有效的互动、协作、探究和创造。

师资问题是制约课程教学改革的瓶颈之一。翻转课堂教学法的重大突破是整合已有的优秀师资资源、这些资源通过互联网微课的形式呈现。民办高校教师日益年轻化,不少教师并非师范院校出身,往往专业理论知识储备充足,教态讲课方式稍显不足。青年教师充分利用优质的微课资源,不仅可以提高自身对教学内容的认识,更可以弥补教态讲课方式的不足,减少青年教师对教学课程的焦虑,促进教师教学方法创新。

"教师不满意学生的学习态度,学生不满意教师的教学水平"的现象在普通高校比较突出,改善教学质量是高校教学改革的出发点,现有课堂教学法改革成为落脚点。课程改革的目的是提高学生学习效率,深化学生对所学知识点的认识。"翻转课堂"模式是一种新型教学模式,基于应用型人才培养的翻转课堂教学模式以课前知识传授、课堂中知识内化为主,注重培养学生批判性思维和创新能力,发展学生智慧。

翻转课堂教学法是教师提出学习内容,以学习《财务管理》课程财务预算编制章节为例,拆解为三个步骤。步骤一为教师将微课视频观看网址发送给学生,学生在上课前实现自主学习,学习场所不仅局限于宿舍、教学楼、图书馆,只要在有网络覆盖的地方,都可以通过手机或者电脑观看微课视频。根据个人的理解能力和对前置知识点的掌握程度,进行对新课程章节的自主学习,针对自己的知识短板,可以重复听、看微课视频。步骤二,在课程章节微课视频的结尾,教师提出本章节问题供学生思考,学生通过观看所学视频找出答案,或者学生通过翻阅课外书籍,查询互联网得出答案。步骤二为在课堂40分钟里,学生分组讨论课程章节

微课视频结尾问题,每组在前 20 分钟里达成一致意见,向老师汇报最终问题答案,并指出得到答案的经过。集体讨论,有助于学生的思维进行碰撞,取他人所长补自己之短。步骤三为教师在课堂后 20 分钟里评述各组结论,阐述讨论的微课视频中各知识点的联系,引导学生从不同角度思考问题,创新学生学习思维。

四、"翻转课堂教学法"的局限性

(一)教师观念制约问题

大部分教师习惯于先教后学的传统,先学后教的方式对传统的教学方式形成冲击,一时无法适应新型的教学模式。在翻转课堂中,由于学生自主学习的差异化,理解知识的水平参差不齐,产生的突发情况可能使一些教师始料未及,一时之间难以解决,这样也会使教师的备课工作变得复杂。

(二)教师能力局限问题

翻转课堂教学法对教师的综合能力要求很高。微课视频来源普遍存在两种模式,一是教师自己制作,微课视频涉及计算机信息技术的操作,要求教师要掌握互联网制作微课视频知识,这给部分计算机信息技术掌握不佳的教师造成一定的困难,容易形成教学心理障碍。二是教师通过观看教学网站优质课程资源,推荐给学生观看。但是现有的课程资源难以做到和授课教师想体现的教学内容完全一致。优质的微课视频不仅要求传输的知识准确无误,还要求寓教于乐,能够激发学生学习兴趣。翻转课堂教学模式第一个步骤是由学生在课下观看微课视频完成,微课视频的好坏决定了翻转课堂教学法能够成功达到既定教学目标。质量好的微课视频要优于教师传统课堂的知识传授,这样才能使学生倾向于翻转课堂教学法体验。教师的主要教学使命是帮助学生完成对课程知识点的理解,翻转课堂教学法的创新之处在于激发学生学习兴趣,使学生化被动学习为主动学习,如何有效激发学生学习兴趣,也是教师在运用翻转课堂教学法时所需要探索的。

(三)学生自主学习问题

学生的自觉性、自律性是翻转课堂教学法得以成功突破的关键因素。现各种网络电视剧、网络游戏层出不穷,学生是否能够集中精力一段时间或者利用零散时间,片段式的观看完整视频有赖于学生的自觉性和自律性。存在少数同学一边观看微课视频,一边完成其他课程作业的情况,一心二用,导致课前学习课程的收益甚微。翻转课堂教学法的初衷,是使学生能够按照自己现有知识水平,自主学习微课视频,遇到较难的知识点,可以通过反复观看视频加深理解。

学生大多习惯于传统课堂中教师对每一知识点的讲解,在教师讲授的重点、难点做好笔记即可,自主学习能力并不高。课前环节学生完成效果不佳,就难以在课堂上提出问题并积极参与讨论。

参考文献：

[1]余冠芳. 财务管理课程在翻转课堂中的应用[J]. 科教文汇,2016(8):61－62.

[2]袁智慧. 本科财务管理课程应用翻转课堂教学的思考[J]. 中国管理信息化,2016(11):234.

[3]宋彪. 经济法翻转课堂教学方法与实践[M],北京:中国人民大学出版社,2015.8.

[4]夏贵华. 探讨翻转课堂在财务管理课程教学中的应用[J]. 劳动保障世界,2015(7):63.

[5]曹容宁. 财务管理案例教学的翻转课堂模式研究[J]. 江苏理工学院学报,2014(1):100.

作者简介：

钱宇晴,女,1987—,广西防城港市人,硕士研究生毕业,广西外国语学院讲师。主要研究方向:会计学,财务管理。

（原文载于《成功》杂志,2017 年 7 月第 276 期第 60－62 页。）

角色扮演法在《商务谈判》课程教学中的应用研究

广西外国语学院工商与公共管理学院　潘俊

摘　要:角色扮演教学法已被证明是适用于应用型课程的一种行之有效的教学方法。文章将此方法引入《商务谈判》课程的教学中,研究了《商务谈判》课程应用角色模拟教学法的必要性,提出了应用角色模拟教学法开展教学活动的一般步骤,并以具体实例加以说明,同时分析了角色扮演教学中可能存在的问题并提出相应的对策,对提高《商务谈判》课程的教学效果具有借鉴意义。

关键词:角色扮演教学法;商务谈判;实例

一、《商务谈判》课程的特点及引入角色扮演教学法的意义

《商务谈判》是经济管理类专业的必修课,是一门实践性很强的课程。它具有以下特点:一是应用性。商务谈判课程是一门理论和实践结合紧密的应用性课程,主要包括商务谈判的策划、商务谈判的心理、商务谈判的方式、商务谈判的策略及技巧、商务谈判的礼仪等内容,具有知识面广、系统性强、应用性强的特点。通过学习本课程,学生可以掌握关于商务谈判内容和方法的基本知识,学习商务谈判的程序和技巧以及商务谈判的策略等有关技能,学会如何处理谈判过程中遇到的各种错综复杂问题以及如何通过平衡各方之间利益关系来实现双赢的目的。这些知识、理念和技能不仅可以用于商务谈判活动中,还可以延伸到工作和生活的其他方面,对于提高学生的社交能力、应变能力、组织能力,形成今后从事经济管理工作所需要的综合素质都大有裨益。二是直观性。与《经济学概论》《市场调研与预测》和《财务管理》等管理学科的其他课程相比,《商务谈判》这门课程所涉及的内容,大多是可以直接感知的知识。既没有抽象的定义、定理和理论,也不需要进行复杂的数学推导和验算,很少有学生难以理解的问题,基本上不需要有其他学科的知识准备就可以进行学习,直观易懂。三是生动性。《商务谈判》课程的内容直接来源于现实生活,是对现实商务谈判活动的概括和总结,与企业的实践密切相连,随手就可获得丰富而鲜活的教学素材,形象生动。《商务谈判》课程的

这些特点,对在课堂教学中引入角色扮演教学法提供了坚实的基础。

相对于传统的教学方法,角色扮演教学是一种以学生为中心进行教学互动的新式教学方法,适用于以培养应用型人才为目标的各专业的教学。角色扮演教学法在课堂上模拟现实中真实情景的做法,可以为学生提供一个高仿真的学习环境,让学生"身临其境",在扮演各种角色的过程中体验快乐、学习理论、运用知识,进而逐步养成今后从事专业工作所需要具备的各种知识、能力、理念、习惯等职业素养。在《商务谈判》课程的教学中采用角色扮演法可以调动学生学习的积极性,激发其对专业课程的学习热情,对提高课程的教学效果、实现课程的教学目标有积极的意义。

二、商务谈判角色扮演教学的步骤与实例

在《商务谈判》课程中运用角色扮演教学法开展教学,就是根据《商务谈判》课程具体学习任务的要求,精心设计某个商务谈判的模拟场景,将要求学生掌握的课程知识点进行提炼并融入模拟商务谈判活动的相关场景和环节。

创设高仿真的商务谈判活动情境,然后依据教学设计在课堂上让学生扮演或观摩其中的各种角色,寓教于乐,从教学游戏中学习商务谈判的理论知识及方法技能,从而达到传授知识、培养能力、提高学生综合素质的目的。角色扮演教学法的实施,一般可以分为前期准备、课堂模拟和总结评价三个阶段。

1. 前期准备

"凡是欲则立、不欲则废",做好充分的教学准备是角色扮演教学获得成功的前提条件,在前期准备阶段,教师应做好以下工作:一是提炼课程教学的重点,选择素材,创设场景。在此阶段教师要完成具体的教学设计,编写内容详尽、任务明确的活动计划书,如同拍摄电影中导演编制的"分镜头导演手册"。活动计划书是课程教学活动的"剧本",是保证角色模拟教学活动顺利展开的重要基础。二是做好教学活动的组织工作,包括布置教学模拟场景、配备设施,指导学生复习相关知识、为学生分组、选派角色、进行角色分析等。三是做好宣传鼓动工作,让学生明白课程的价值,激发学生参与活动的兴趣,以积极的态度和饱满的热情投入教学活动。学生在此阶段的主要任务是收集相关的信息,完成知识准备通过复习课本上的理论知识和研究教师提供的活动计划书,以小组讨论的形式明确各角色的特征和角色定位并草拟台词,做好扮演角色的准备。

2. 课堂实施

在教学的实施阶段,教师处于观察员、指导者和监督管理人的位置。主要任务是维护课堂秩序,及时帮助解决学生在活动中出现的问题,及时纠正学生偏离

计划书的行为。同时做好现场氛围的调控,当活动陷于困境或学生之间的观点相持不下时给予及时指导,保证活动的顺利开展。在此阶段,有扮演任务的学生根据教学任务书的设计,完成自身的角色扮演任务。其他无角色扮演任务的学生作为观众在一边进行观察,并将角色扮演者的

表现记录在观察记录表上,进行间接学习。在此期间教师应尽量安排扮演者与观察者轮流互换,尽可能使学生都有参与角色表演的机会。

3. 总结评价。活动结束后,应要求学生提交参加本次教学活动的心得体会。教师可以采用专题讨论课的形式,及时对活动的全过程进行总结和评价。一是再次明确本次活动所涉及的知识点和技能要求;二是对学生在课堂上的表现和学生提交的报告书做出评判;三是指出活动不足之处,并就相关知识点提出一些更深层次的问题,引导学生把学习引向深入。

三、角色扮演教学法在《商务谈判》课程中的应用实例

1. 情景描述

某学院新校区建设,需要购置教学用计算机 205 台,计算机服务器 1 套,LED大屏幕显示器 1 套。众多供应商闻讯后纷纷与学院联系,表示愿意优惠提供质量上乘的产品。为了更好地采购所需设备,学院由设备管理处牵头组成采购小组对供应商进行遴选,并与符合条件的供应商谈判。

2. 教学准备

将学生按学院方(买方)和供应商(卖方)分成两组,每组按照商务谈判组织的要求配备好主谈人、陪谈人、决策人和智囊团(技术人员、财务人员和法律顾问)等成员角色。然后按照分工通过网络进行谈判前调查,确定谈判主题、谈判目标和谈判策略,准备谈判资料,写出谈判策划书,形成谈判方案。

3. 活动实施

上课时教师先通过提问的方式,对相关理论进行简要的回顾。然后扮演买方和卖方的学生分别进入各自的角色,根据任务书的要求进行现场表演,在设定的时间内完成谈判开局、摸底、报价、还价、议价、打破僵局、促成交易等商务谈判的各个环节。教学活动可分 4 组来进行,有条件的最好在商务谈判实训室里进行。教师组织其他学生现场观察,对各角色的行为方式和解决问题的风格和效果等进行记录。

4. 课后总结

活动结束后,由教师组织专题讨论课对教学活动的整个过程进行回顾和总结。在总结中,教师首先要根据教学的要求和学生所提交的活动报告,将要求学

生掌握的商谈判的策划、谈判心理、谈判的程序、谈判的策略和谈判的技巧等相关理论融入点评之中,进一步引导学生把在活动中的直观、感性的体验提升到理论的高度,实现理论的升华。其次,要对学生在活动中的表现给予中肯的评价,详细地指出学生在理解角色和扮演角色方面正确的地方和不足之处,并分析出现偏差的原因,以此来突破教学的难点。最后,教师应对学生表示感谢,鼓励他们继续努力。

四、角色扮演教学中可能存在的问题及对策

角色扮演教学可以较好地满足《商务谈判》课程教学的需要。应用这种教学方法,既提高了学生对课程的兴趣,也提高了老师的授课热情,能够有效地促进"教学相长"良好局面的形成,师生对此反馈的信息都非常积极。但是作为一种教学方法,角色扮演教学也存在局限性。一是它不适用于基础理论知识的教学,不能替代课堂讲授和教材阅读;二是在课堂上无法完全模拟和重现现实商务谈判活动的实际情景,教学过程带有浓重的表演性质,与真正意义上的情景教学尚有不小的差距;三是在教学过程中学生可能难以进入角色。由于每个学生的资质不同,并不是每一个学生都能将自己融入角色,而且这种角色扮演还必须在观众面前展示。这对于某些学生来说也许很容易,而对另外一些学生则可能不自觉地会产生一些抵触。针对角色扮演教学中可能产生的问题,我们的建议如下。

1. 应把角色扮演教学法与其他教学方法—包括传统的课堂讲授法综合起来使用,毕竟"教学有法,但无定法"。

2. 在进行教学设计时要采用多种手段和方法,尽可能创造出高度仿真的场景。另外,在选题上最好选择现实生活中的真实案例,以利于学生真情投入,最大限度地减少活动中的"表演"成分。

3. 组成学生小组的时候,将不同性格的学生进行合理搭配,尤其要选配好小组长。对因性格比较腼腆而难以融入角色的学生要不断鼓励,反复训练。

4. 要有详细的脚本和周密的活动计划,教师要努力通过各种途径,不断提高自身控制场面的能力。

5. 对作为观众的学生要提出具体的要求,要事先设计好观察记录表格,指导学生认真观察过程并详细记录,事后要求其写出实训报告。

参考文献:

[1]董琼华. 情景模拟教学中的若干问题研究[J]. 高等教育与学术研究,2008,(2):36-38.

[2]华洪珍. 论情景模拟教学中教师的责任与角色定位[J]. 广西教育学院学报,2004,(5):10-13.

[3]高文. 情境学习与情境认知[J]. 教育发展研究,2001,(8):30-35.

[4]翁亮,陈畴铺. 浅析管理模拟教学[J]. 杭州电子工业学院学报,2002,(2):58-60.

[5]瑾轩. 关于建立管理学情景模拟实验体系的构想[J]. 桂林电子工业学院学报,2004,(4):29-31.

作者简介:

潘俊,男,1964—,广西来宾市人,硕士研究生毕业,广西外国语学院副教授,经济师。主要研究方向:教学法,企业管理,营销管理。

(原文载于《教育教学论坛》杂志,2013年2月第6期第54-56页。)

高校转型期高等数学课程考核模式改革的探讨与实践

广西外国语学院国际经济与贸易学院　　农秋红

摘　要：近年来许多高校对《高等数学》课程的教学内容、教学方法、教材编写等方面进行了改革，然而教学成果却很难达到预期的目标。究其原因是教学考核方式跟不上教学改革的步伐。本文从传统《高等数学》课程教学考核方式存在的弊端探讨顺应广西外国语学院转型为应用型高校而实施的课程考核模式改革方案，通过运行效果说明多元的课程考核方式能有效提高教学质量。

关键词：高等数学；课程考核改革；应用型人才

2014 年 6 月以来，教育部要求全面推进现代职业教育体系建设，引导一批普通本科高校向应用技术型高校转型，尤其是 1999 年以后升本的院校。广西外国语学院根据形势的发展加大教学改革方向和力度向应用型本科院校转型。《高等数学》课程作为财经管理类专业的一门重要基础课，在培养学生的逻辑思维能力、分析和解决问题的能力方面起着无可厚非的作用。课程考核是教学中的重要环节，是检验学生学习成果的重要方式。随着《高等数学》教学内容、教学方式等方面的教学改革的进一步深入，需要同步加强改革课程考核方式。

一、传统的《高等数学》课程考核体系存在的问题

1. 传统的高等数学课程考核制度为平时成绩占 40%，包含学生的出勤率、课堂表现和课后作业完成情况；采用闭卷考试获得的期末成绩占 60%。由于期末成绩占的比例高，不少学生轻视过程学习，表现为课堂不积极参与讨论，课后作业相互抄袭，采用考前突击训练的方式获得成绩。

2. 期末试卷命题方式死板。《高等数学》期末试题包含有选择题、填空题、计算题、应用题和证明题五大题型。选择、填空题一般考查学生对基本概念和基本结论、基本运算等的掌握情况，为了体现试题的难易程度，区分学生的差距，命题老师常常在计算题和应用题中出几道较抽象或综合性较强、或算法较复杂的题，

也有老师喜欢在题目中设陷阱。单一死板的命题方式让许多基础薄弱的学生面对试题无从下手,导致高数的高"挂科"率。

3. 不利于培养学生的数学思想和素质。《高等数学》不及格率居高不下是许多高校中普遍存在的现象。一方面,"成绩不及格"会对学生评奖评优、是否毕业等方面产生直接的负面影响,在调查中发现,大部分学生在《高等数学》课程的考试中存在较大的心理压力,更有学生为了通过考试甘愿采取作弊方式。另一方面,不少学生听学长学姐说根据老师划的重点在考前进行强化训练就能顺利通过考试,于是忽略了平时对基本概念、定理的理解,忽视了对数学思维的训练和知识连贯的学习。其影响,小的方面体现为卷面答题时逻辑思维混乱,答题步骤不规范等;大的方面表现为学生的思维能力得不到良好的训练,影响后续课程的学习。

二、《高等数学》课程考核模式的改革方案

(一)提高平时成绩比例

根据培养应用型人才的教学理念,结合课程性质,将平时成绩比例提高到50%,突出过程性学习的重要性。改革后平时成绩的考核主要包含学生的出勤率、学习小组的课堂学习积极性、课后作业完成情况、阶段性测试以及参加数学建模选修等方面。

课堂表现方面结合教学改革中实行的"互助学习小组"模式,各学习小组需在课堂上通过积极参与教学活动、随堂演练等方式获得加分;在课后作业环节中,老师布置的作业将采用"学号捆绑"式取代以往"统一题目"的做法。"学号捆绑"式作业,即学生将自己的学号末两位(或三位)去替换作业题中的常数或字母后再进行解答。这种变换方式不但可以促进学生在完成作业的过程中领悟解题的思想和方法、掌握题型的变式规律,还可以有效地遏制学生相互抄袭作业的习惯。

由于绝大多数的财经管理类专业的学生毕业后很少直接从事数学理论研究的相关工作,在教学过程中不必过多的要求学生掌握中等难度以上的算法,这样便可从以往的习题课中腾出时间进行阶段性测试,测试题则多偏向考查基本定理、公式和经济数学的应用,旨在促进学生很好地理解和应用概念。

数学建模是很好将数学和其他学科进行整合的桥梁,但是由于《高等数学》课程学时一再被压缩,数学建模的思想只能在高数课堂中做简要的介绍,因此将选修数学建模课程纳入高数平时成绩,在一定程度上激励了学生学习数学建模知识,提高了学生应用数学的能力。

（二）优化命题方式

传统的考试题型中，许多学生考不出好成绩，虽然与学生学习习惯和数学基础相关，但也和出题老师的命题方式有很大关联。考试过程中，心理素质不够好的学生在面对较难较繁较抽象的题型时常常选择放弃。围绕应用型人才培养方案开展教学改革后，应当结合新的教学大纲要求，设置匹配的考核内容，改变以往出偏题、难题、易错题的现象，删减技巧性强、运算繁杂的题型，增加考核学生思维能力、综合应用能力的内容，例如，考虑将期末考试中的证明题换为较简单的、与学生专业相关的数模题，由于证明题考查的是基本定理的应用，专业性较强，学生在后续课程中较少用到，换成开放式题型，可以较好地考查学生的思维能力、创新能力以及解答实际问题的表达能力。

（三）弱化期末考试的功利性，培养学生的数学素质

调整期末考试成绩比例后，教师引导学生端正学习态度，正确对待过程学习和期末考试，帮助基础较薄弱的学生克服抵触心理、树立学习信心；引导善于"投机取巧"的学生将精力投入数学建模的辅修中。通过严抓过程学习，训练学生思维，增强分析解决实际问题的能力，通过期末考试促进规范学生的表达能力，激发创造力以及培养良好的逻辑思维习惯，为后续课程的学习服务。

三、结论

应用型是高等教育的一种类型，而不是一个层次，因此改革课程考核模式不是单纯地将考试难度提高或降低，而是结合应用型人才培养的需要，变传统单一的考核方式为多元的形式，以促进学生实践能力、创新能力的提升，适应未来人才市场的需要。《高等数学》教学改革推动了该课程考核模式的改革，而课程考核模式改革的成功能有效地提高学生的学习积极性，进而促进教学质量的提高。总之，只有转变应用型本科院校中《高等数学》课程考试的观念、考核内容和考核方式，才能使学生真正从中获益、促进学生自身的专业学习，为培养应用型人才做贡献。

参考文献：

[1]孙建英,孙卫卫.培养应用型人才的高等数学考试改革初探[J].教育教学论坛,2013(11).

[2]张亚卓,祁雪莲,邓华玲,孟军.农林院校高等数学考试改革探索与实践[J].大学教育,2014(11).

[3]党丹,刘艳杰,张晓萍,梁露花.药学类院校高等数学考试模式改革[J].

数理医学杂志,2014.

　　[4]李夏隆,白振飞.地方应用型本科院校课程考核体系的研究与实践[J].新课程研究,2014(8).

　　[5]宋瑞丽,霍振宏,牛大伟.独立学院高等数学课程考试改革的几点思考[J].课程教育研究,2013(5).

　　[6]孙璐,陈洪海,王春,王新霞,于海姝,李雪.高等数学考试方式改革的研究[J].高师理科学刊,2013(1).

　　基金项目:2014年度广西高等教育教学改革工程项目:新建民办本科院校财经类专业大学数学系列课程的建构与探究,项目编号2014JGB253。

　　作者简介:

　　农秋红,女,1985—,广西崇左市人,硕士研究生毕业,广西外国语学院讲师。主要研究方向:高等数学,数量经济,统计学教学与研究。

　　(原文载于《当代青年》杂志,2015年10月第10期第137页。)

"互联网＋"时代微课在高等数学教学中的应用

广西外国语学院国际经济与贸易学院　农秋红

摘　要：在"互联网＋"时代，微课成为教学模式改革的新载体，将微课应用于高等数学教学中具有深远意义，本文进一步阐述了微课在高等数学教学中的具体应用及前景展望，提出微课的应用缓解了传统高等数学教学中存在的问题，提高了教学效果。

关键词：互联网微课；高等数学；教学

随着时代的不断发展进步，互联网在各行各业掀起了深刻的变革。在"互联网＋"的浪潮中，教育也已成为其加数之一。互联网在的发展为学生提供了更快更便捷的学习渠道，学生们可以通过互联网平台随时随地地获取个人所需的知识及信息。近年来，微课以"时间短、主题突出、内容具体、针对性强、传播广"等优势在我国教育领域中得到迅速发展，作为新型教学手段，将微课融入高等数学教学中，是"互联网＋"背景下高等数学教学改革的必然趋势。

一、微课应用于高等数学教学的意义

高等数学是一门具有高度的抽象性、严密的逻辑性和广泛的应用性的课程，是理工经管类本科专业必修的基础课，基于其课程特点，不少学生在学习过程中感到非常吃力，甚至对高等数学的学习失去热情和信心，给高等数学教学改革带来极大的挑战。为此，利用微课的新教学手段改进教学方式，扩充学生知识储备，提高课堂教学效果具有十分重要的意义。

（一）微课是中学数学与高等数学之间的桥梁

高等数学课程一般开设在大一，由于高等数学比高中数学的知识抽象，内容体系和知识结构也较为复杂，因此对于刚步入大学的学生，尤其是基础本就薄弱的文科生来说，学习高等数学是有很大压力的。把一些中学里没有提到的内容，如正割余割函数、反三角函数、复合函数等知识点制作成微课，再让学生通过网络平台上的微课学习获取到相应知识,及时填补了课堂上的知识盲点。

(二)微课成为重点难点问题的移动教学载体

高等数学作为专业基础课,所分配的学时并不多,但内容却不少。因此课堂教学的容量普遍较大,然而经管类专业的学生数学水平良莠不齐,给教师的课堂教学带来很大的困难。在互联网背景下,教师可将抽象的数学定义、繁杂的公式推导等重点内容和难点问题制作成微课,并鼓励学生在课前跟着微课预习,在微课学习中学生还可以根据自身的需要随时暂停、思考或反复多次地听取知识点的讲解,这样一来就能有效地为学生解惑,极大地提高学习效果,进而促进学生的学习的积极性。

(三)微课应用是深化教学改革的新动力

在"互联网＋"的大环境下,学生的知识来源不再是单一地从课堂中获取,网络教学对传统教学形成了一大冲击,微课融入传统教学势不可挡。数学教师除了要有扎实的专业基础和教学技能外,还应有与时俱进的教育理念和掌握现代信息技术,如 PPT 的制作、微课的制作等能力。因此微课在数学教学中的应用不但给学生的学习带来有效的帮助,也推动了教师的自我完善。数学教师的综合素质能力得到提升,才能更好地组织和开展教学,才能推动高等数学教学的深化改革。

二、微课教学模式在高等数学教学中的应用

(一)微课的选题与设计

并不是所有的知识点都有必要做成微课,因此在内容的选取上,应根据高等数学教学大纲和学生专业的具体要求,按照教学内容和教学对象的实际情况进行分析,选择每个章节中的较为抽象的基本概念、定理,或较为繁杂的公式推导及课后习题作为微课制作的内容。如极限的定义、导数的定义、隐函数的求导、第二类换元积分法等大部分学生感到较难理解却又是教学重点的基本定义和计算方法的内容,就可以制作成微课。此外,由于微课是以视频为载体,且多为学生自学提供便利,时间不宜过长,因此在选题上还应考虑所选内容是否适合微课录制。

传统的高数课堂因教学内容抽象多呈现枯燥乏味的现象,为此在微课教学的设计上首先要摒弃教师"满堂灌"的方式。题材选定后,应对微课视频的教学内容、导入和提问、总结等环节进行精心设计,突出重点,讲清楚概念和原理,让学生明白通过简短的微课教学能学到什么知识、解决什么问题。此外,还应考虑课件素材、授课方式等因素,尽可能利用多媒体资源,丰富教学形式,以期达到吸引学生积极主动学习的效果。

（二）微课在课前的应用

高等数学的学习对象为大一新生，对大学课程的学习规律还处于适应阶段，面对抽象性强的高等数学课，大部分数学基础薄弱的学生很难跟上节奏，因此，老师可以在课前将新授章节的基本定义、定理制成微课后要求学生提前预习。在智能手机普及的互联网时代，学生可以随时随地的通过QQ、微信等网络平台实现移动式自主学习。微课的教学时间短，一般为5~8分钟，即便是学习自觉性不够强的学生也能在老师的引导下也可以利用课间进行预习，这样，经过学生提前预习的课堂，教学效果得到了明显的提高。

（三）微课在课后的应用

高等数学课程的特点决定了这门课程需要加强课后练习来巩固定理、公式的应用。尽管在互联网时代，学生有很多途径可以获取到课后习题的答案，但是不少学生往往只知其然不知其所以然。这与高等数学的教学目标和课程定位是相悖的。因此，老师可以将定理证明、公式推导以及一些经典例题制作成微课后，通过网络平台发布给学生课后参考、强化练习，实现线上教学和线下答疑的有效结合，同时帮助学生提升应用数学解决实际问题的能力。

三、微课融入高等数学教学的展望

虽然微课在国内的起步较晚，但是近年来在"互联网+"的大时代背景下，其在教育领域得到迅速推广和应用。微课以时间短内容精、方便学习的优势融入高等数学的教学中，缓解了传统教学中学生难学、教师难教的局面，有效的改善了学生基础良莠不齐状态下，课堂教学进度难以协调的尴尬现象。因此，在高等数学教学改革中应鼓励开发微课的设计及制作。

（一）进一步完善微课的种类

现有的微课多数还是针对教材中的某个知识点的讲授，由于开设高等数学课程的专业较多，微课在制作上应考虑学生的专业特点，针对不同专业、不同基础的学生设计微课内容，尤其是经典例题的选取上尽可能实现学科交叉，以期达到高等数学服务于专业课程学习的效果。同时，还应考虑学生的参与度与互动性，采用视频、动画等方式，增强微课教学的感染力和趣味性，调动学生参与自主学习的积极性。

（二）推动教师信息技能的培训

制作一个好的微课，除了要有良好的教学设计，教师还要整合各种相关的教学素材，同时还需要有较强的应用信息技术的能力。微课融入高等数学教学尚处于探索阶段，高数教师在微课的制作方面更是缺乏专业的指导，因此在微课的设计和开发中难免有所欠缺。然而,教师作为微课教学的"导演者",微课的成品将影响着微课的推广和使用,为此,学校应该提供教师参加微课制作等信息技能方面的培训,鼓励教师学习新理念新技术,组建微课制作团队,不断提高数学教师的信息素养和技能,推动微课教学的完善发展。

(三)辐射其他课堂

随着微课在高等数学教学中的进一步完善和推广,通过互联网平台,可以将数学微课共享到不同的专业、班级课堂以及不同类别的自学群体中,如需要数学基础的大学物理、经济学等课堂,重修学习、自学考试、考研学习等自学人群。

总之,在"互联网+"的浪潮下,微课在高等数学教学中的应用具有广阔的前景,借助微课的新型教学手段,可以将传统的高等数学教学延伸到网络教学,使学生不受时间、地点限制,自主地学习、练习、复习,不断提高学生自身的数学素养,促进其应用数学思想解决实际问题的能力。

参考文献:

[1]刚蕾,操露,罗文彬."微课"时代下高等数学与信息化教学融合的探讨[J].考试周刊,2016年第9期.

[2]高岩,姜春艳.浅谈如何将"微课"融入到高等数学教学[J].职业时空,2014,5.

[3]赵景服,高冉,张洪涛.浅谈微课在《高等数学》教学中的设计与开发[J].学苑教育,2016,1.

[4]崔冉冉.互联网背景下高等数学教学改革研究[J].数学学习与研究,2016(13).

基金项目:2017年度广西高等教育本科教学改革工程项目(一般项目):基于分类教学模式的应用型民办高校数学课程优化建设研究,项目编号2017JGA353。

作者简介:

农秋红,女,1985—,广西崇左市人,硕士研究生毕业,广西外国语学院讲师。主要研究方向:高等数学,数量经济,统计学教学与研究。

[原文载于《智富时代》杂志,2017年12月(2018年第2期)第181页。]

案例教学法在人力资源管理课程教学改革中的应用

广西外国语学院国际经济与贸易学院　韦平妮

摘　要:人力资源管理课程具有实践性和应用性极强的特点,其教学目标是培养具有专业知识、善于解决实际问题的复合型人才。传统的教学模式主要是以教师知识灌输为主,不能使学生把理论知识运用到实践中。根据人力资源管理课程性质和教学目标,该门课程进行教学改革势在必行。本文在结合传统教学模式的基础上,分析案例教学法在人力资源管理课程中的应用,希望可以对人力资源管理课程教学改革提供帮助。

关键词:案例教学法;人力资源管理;应用

人力资源管理课程是一门实践性和应用性极强的学科,因此,教学过程中需要把教师知识灌输方式转变为学生参与讨论方式,进行实践教学。而案例教学法,是指教师选取现实生活中具有代表性的案例提供给学生学习和讨论,培养学生独立思考问题和分析问题的能力,鼓励学生主动参与讨论的一种教学方法。因此,案例教学法适用于人力资源管理课程的教学。

一、案例教学法的特点

案例教学法相对传统教学模式具有明显不同,主要表现在以下几个方面:(1)真实性。案例所描述的基本上都是真实的事件,学生根据自己所学知识,得出结论。(2)自主性。学生自主进入课堂讨论,老师加以引导,突出学生学习的积极主动性。(3)启发性。案例分析可以让学生养成有效的思考和分析问题的能力,从而想办法寻找解决问题的方法,目的在于启发学生独立思考问题和探索解决问题的方法,着重培养学生独立思考能力。(4)实践性。通过进入模拟情境和其他平台,学生可以接触到大量的社会活动,将所学理论知识运用到实践中,充分掌握人力资源管理的经验和技能。(5)综合性。案例相对一般的举例内容丰富,同时案例的分析、解决过程也比较复杂。学生不仅需要具备基本的理论知识,而且还要随机应变,灵活处事,才能确保案例教学的顺利进行。

二、人力资源管理课程教学采用案例教学法的必要性

(一)案例教学法的实施适用于学生,符合人力资源管理的教学目标

人力资源管理课程的教学目标是培养具有专业知识、善于解决实际问题的复合型人才。人力资源管理的内容比较深奥,在课堂教学中,通过对案例学习和分析,可以使学生更好地理解理论知识,学习到现实生活中的人力资源管理经验,同时,还可以提高实践能力。

(二)案例教学法可以让教师提高教学质量和综合素质

案例教学法的实施,除了要求教师必备扎实的专业基础知识,设计符合学生实际的案例,同时还需要教师具备回答学生问题的灵活应变能力,引导学生展开话题的讨论和分析,最后还要善于总结话题,确保案例教学的顺利完成。因此,案例教学法可以提升教师的各方面能力以及综合素质。

基于案例教学法的这些益处以及特点,同时又结合人力资源管理课程寻求理论与实际相结合的教学目标,人力资源管理课程的教学改革采取案例教学法教学模式显得极其重要。

三、案例教学法在人力资源管理课程中的应用

(一)从实际情况出发选择案例、设计亟待解决的问题

使用案例进行教学,是为了提高学生在真实环境中分析问题、解决问题的能力。所以,选择的案例要符合现实情况,贴近生活,最好是真实的案例。应该满足以下要求:一是具有针对性。关于人力资源管理的案例,国外有很多著名的案例,但是,那些案例文化背景跟中国文化背景不同,最好适当引用一些即可。教师针对学生实际情况,采用国内外相结合的形式来进行教学效果会比较好。再者,在课堂授课中要根据学生阅历不深的实际情况,教师设计的案例需要自己可以把控的并且使学生容易理解,这样可以更贴近实际。二是具有典型性。教师要精心挑选跟教材章节相适应的案例,所设计的问题要跟现代企业人力资源管理活动的特征相吻合,同时也要贴近生活,比如具有代表性的中国某些企业人力资源管理案例。让学生通过学习分析典型案例,掌握人力资源管理的知识和经验。三是具有趣味性。教师所选的案例要生动形象,能够调动学生学习的积极性,让他们在轻松的环境下进入案例学习和谈论,引起学生对问题进行思考的兴趣,从而提高学生解决问题的能力。

（二）采用情景模拟训练、分角色演练法相互结合，促进教学质量

教师在讲解理论知识的同时，穿插采用情景模拟训练，对全部学生进行分小组、分角色扮演人力资源管理活动。比如，进行应聘环节模拟演练。设计逼真的应聘环境，把学生分成8个人每组，分别担任不同的职位，让学生感受到不同职位地位的不同。通过重现真实案例场景，学生身临其境地感受到人力资源管理的各个环节，视觉上得到直接的解析，为以后真正融入实际的工作环境做好铺垫。通过不断演练，学生容易吸收和消化所学知识，学生获得的成效比接受老师知识灌输还要理想，学生乐于接受这种教学方式，不仅学习积极性和主动性得到提高，还可以把理论与实践相结合，轻松掌握教学内容，从而实现教学目标。

（三）鼓励学生积极参与讨论，培养学生独立思考问题的能力

在人力资源管理课程教学中，教师要引导学生进行案例讨论，根据学生掌握基础理论知识程度，先讲清问题重难点，把学生积极引导到讨论中，让学生针对问题而展开讨论，相互交流知识和看法，独立思考问题，想办法去解决问题，养成独立探索解决问题的能力。

（四）对案例分析进行总结归纳

教师在案例分析活动结束后，根据学生在讨论过程的表现进行打分，对表现比较好的学生给予肯定，激发学生参与讨论的积极性。另外，很重要的一点就是对整个案例分析进行总结。案例分析没有标准的答案，教师对学生讨论结果进行总结，对于学生的学习效果、学习思维等各个方面进行分析，根据学生的不同情况，好的方面鼓励学生继续发扬，不足的地方就要加强改进，提出改进的建议，帮助学生提高学习能力。

教师的点评是对学生在整个学习过程中对学习的理解进一步的深化。因此，教师在进行点评时，要详细分析学生在谈论过程中容易受到限制的地方，鼓励学生进一步思考，努力寻找更合适的解决方法。同时，引导学生进行反思的好习惯，从而改进方法提高学习效率。

四、实施案例教学法应该注意的事项

（一）教学内容适当

人力资源管理核心内容包括6大模块：人力资源规划；招聘与配置；培训与开发；绩效管理；薪酬与服务管理；劳动关系管理。根据这些内容，目前很多具有典型性代表的人力资源管理案例多数是国外企业案例，如沃尔玛、瑞典爱立信等企业。无可厚非那些企业的人力资源管理做得非常规范，学生可以适当借鉴吸取经验，但是课堂上建议教师多引用中国本土企业最具代表性的案例，尽量不要离学

生太遥远,脱离实际,否则就达不到理想的成效。

(二)案例教学规范化、系统化

人力资源管理课程的案例分析由一系列环节组成,主要有:案例展示环节、案例问题引入环节、案例评价和总结等几个环节组成,这就需要花费很多时间在案例教学上。教师在进行理论知识和案例教学过程中要对教材非常熟悉,做好教学计划,定好教学目标,在不影响理论教学的前提下丰富案例教学的应用。设计的案例要环环相扣,形成一套规范化和系统化的教学方法。

(三)教师业务水平和综合素质过硬

当今社会发展很快,知识更新的速度也很快。教师要及时吸取新的知识和人力资源管理理念,拓宽知识面,提升自身全面能力和素质。所以,进行案例教学的组织,所选案例不能总是引用虽然很典型但是过于陈旧的案例,要跟上时代,采用跟传统模式相结合的教学方法,鼓励学生自觉的积极参与到课堂教学,使学生很好地将理论知识运用到实际活动中,为高等教育教学培养应用型和能力型的教学目标做好人才培养,提高教育教学质量。

(四)实施案例教学符合学生实际情况

案例教学法作为教学改革中一种具有可行性的教学方法,其教学模式跟传统的教学模式正好互补。有些学生习惯一直以来教师知识灌输的学习方式,对于案例教学刚开始不能适应。这就需要教师从学生实际情况出发,对整个案例进行策划符合学生实际情况,尤其在进行分组的时候要采用小组讨论形式,做好全面规划。作为整个教学环节的掌控者,教师自身要跟上时代的步伐,教授给学生最先进的人力资源管理知识和理念,使学生提高从业竞争力。

参考文献:

[1]陶建华.案例教学在人力资源管理课程教学改革中的应用分析[J].品牌,2015(03).

[2]何学菊.《人力资源管理》课案例教学思考[J].信阳农业高等专科学校学报,2011(6).

[3]邱静艺.《人力资源管理》课程案例教学实践与体会[J].教学管理,2009(01).

[4]李灵芝.案例教学在人力资源管理课程教学改革中的应用[J].高教学刊,2015(05).

[5]王佩.案例分析法在人力资源管理课程中的应用[J].经营管理者,2016(10).

作者简介：

韦平妮，女，1986－，广西百色市人，本科毕业，广西外国语学院教师。主要研究方向：管理学，商务礼仪，教学管理。

（原文载于《经营管理者》杂志，2017 年 7 月第 07 期第 122 页。）

面向东盟的国贸专业教学模式的研究与实践

广西外国语学院国际经济与贸易学院　陈婷婷

摘　要:面向东盟的复合型外贸人才培养,是中国－东盟自贸区和北部湾经济区迅速发展的需要,广西高校在专业建设中应明确人才培养定位、优化课程体系、提高教学质量以实现加快培养面向东盟的外贸人才目标。

关键词:面向东盟;国贸专业;教学模式

一、引言

来自广西壮族自治区统计局数据,广西与东盟国家进出口贸易值仅 2015 年 1—5 月份便达 88.49 亿美元,同比增长 16.7%。巨大的外贸市场使得外贸行业急需要大批外贸人才。但是,外贸行业的人才需求与高校培养人才出现了尴尬的脱轨现象,这与现行的国贸人才培养有很大关系。高校在培养国贸专业人才如何做到与市场接轨,在人才培养方案,在教学模式上应该有所创新,才能做到"立足广西,面向东盟,强化素质,接轨市场"

二、外贸专业的教学现状

国际经济与贸易专业作为一个发展时间较久的老牌专业,在专业建设过程中已形成相对固定的教学模式。

（一）人才培养定位

国际经济与贸易专业由于市场需求大,办学门槛低,广西诸多高校均开设了国贸专业,各高校在人才培养目标上结合区域经济的发展需要,将人才培养定位于立足广西,服务东盟,服务北部湾。

（二）课程设置

在课程设置上,大体分成四大模块,一是基础模块;二是专业理论知识模块;三是专业实践教学模块;四是延伸模块。四大模块的课程构建将国贸专业的理论知识与实践内容有效结合。并通过延伸课程使学生整体素质得到提高。

（三）教学方法

面向东盟建设的国际贸易专业侧重于提高学生实践动手能力，以就业为导向，以岗位需求为立足点，教师在教学方法，教学手段上能与时俱进，利用信息化技术进行教学、从视、听、练、亲身体验等多维方式来提升教学质量。

三、面向东盟建设的国贸专业教学模式存在的问题

广西高校在专业建设过程中，虽然能抓住东盟及北部湾经济区开放的机遇，加入一些地方特色，但依然存在以下问题。

（一）专业人才培养的同质化较为普遍

首先，自中国－东盟自贸区及北部湾经济开放后，广西高校在国贸专业人才培养方案上纷纷做出调整，大都强调立足广西、服务北部湾、服务东盟，但或多或少仅仅停留在"概念"和"口号"上面，在培养目标、课程设置、专业培养模式、教学过程等方面的深度融合做得不够。其次，国际贸易专业在培养目标、课程体系、教学模式等各方面，都存在一套相对固定的体系与模式。各高校在制订人才培养方案时，也大都套用这一模式，即使稍有改革创新，也仅仅是局部性的。

（二）知识体系陈旧、教学质量不高

广西高校的外贸专业课程构建相对固定，部分高校应市场需求在原基础上加入了东盟小语种的语言学习，但效果并不显著，部分学生仅能进行日常用语交流，距离商务工作的要求还有很大距离，在口号上提出的英语＋小语种的双语言优势并不能真正体现。此外，部分高校因为师资力量不够，师资质量不高的限制，在教学计划制定上，只能根据教师来设置课程，教学活动上照本宣科，脱离实际。

四、面向东盟的国贸专业教学模式创新对策

（一）优化课程体系，真正落实专业＋跨专业交叉式课程教学

高校要培养东盟市场急需的国贸专业人才，应根据岗位职业要求，以外贸业务流程为主线全方面优化课程系统。在原有的四大模块基础上，落实专业＋跨专业的交叉课程教学。如国贸＋东盟小语种复合型课程设置，将东盟小语种纳入学校的正常教学计划，在整个大学阶段实现英语＋小语种不间断学习，课程上体现阶梯式递进关系。由基础语言向商务函电写作、商务会话、东盟国家风俗国情等课程进阶。

（二）加强国贸专业"双师型"师资队伍建设

东盟市场对外贸人才的需求更多倾向于具备实践操作能力的人才。而目前广西高校国贸专业因为内外部条件的限制，在专业教学中呈现重理论、轻实践的

现象。要加强国贸专业的师资队伍建设,专业教师应加强自身实践能力的培养、利用校企合作便利,假期课余时间到外贸企业进行亲身实践,另外,学校应邀请外贸企业人员对专业教师进行实践教学培训或向外企行业招聘有经验的外贸人员来充实师资队伍。

(三)立体案例教学贯穿课堂教学

国贸市场风起云涌,步步为营,所涉及部门多,风险大。而学生在课堂中只能学习到真空式的理论知识,要培养能快速适应外贸业务的学生,必须引入真实的立体案例教学,学生根据案例中问题通过团队讨论,实证等方式去自主寻找答案。通过案例将外贸业务中所涉及外贸、法律、金融、语言等知识贯穿起来,让学生在案例中学会分析问题,解决问题的能力。

(四)扩大互联网 + 教育的应用

目前互联网的运用已深入到各个领域,教育行业也应顺势扩大互联网 + 教育的应用。如现在主流的微课、慕课等制作,翻转教学课堂,让学生不再局限于课堂学习,使学生对学习更具有主动性,自主性。但是广西高校在互联网 + 教育的运用上仍处于滞后状态。广西应加大资金投入,将互联网 + 教育运用真正落实,应做到两方面,一是将教学资源有效整合,建立现代信息网络技术平台。将教学视频、电子教案、助学课件、电子图书、案例库、素材库等内容上线、建立学生线上学习考核制度,教学与学生线上线下不间断交流,做到教学多元化。二是利用互联网建立校内实训平台。操作能力的培养离不开实践教学。高校的实践教学主要有校内外实训组成,校外实训基地的建设因商业机密等问题,学生往往得不到实际性的锻炼。在校期间的实践教学更多只能依靠校内实训完成。因此,购买外贸实训软件,利用互联网实现实践教学是较好的建设手段。

(五)大力引入大学生创业创新项目

教育部自 2011 年起在大学生创新性实验计划的基础上,增加了创业训练和创业实践项目。这一计划旨在通过以问题和课题为核心的教学模式改革,倡导以学生为主体的创新性实践改革。同时通过项目实践,锻炼学生思考问题、解决问题的能力。广西高校的国贸专业也应抓住这一机遇,加大对中国 – 东盟自由贸易区及北部湾经济相关的课题研究,提高学生实践与科研能力。

参考文献:

[1]詹晶. 浅析 KSAO 模式下国贸专业立体化教学模式[J]. 山东教育学院学报,2009(1):80 – 82

[2]刘杨. 三本院校《国际贸易实务》教学存在的问题与对策研究[J]. 课程

教育研究,2014(8):55－56

[3]廖万红.面向东盟国贸专业实践教学体系的构建[J].教育论坛,2013(6):142－143

基金项目:本论文系2013年度广西高等教育教学改革工程立项重点项目:面向东盟的国际商贸人才本专业＋跨专业模块之教学模式研究与实践,项目编号:2013JGZ162。

作者简介:

陈婷婷,女,1983—,广西玉林市人,经济学硕士,广西外国语学院讲师,经济师。主要研究方向:国际经贸合作,跨境电子商务。

原文载于《当代教育实践与教学研究》杂志,2015年7月第07期第40－41页。

五、应用实践教学改革

"工学结合"视域下财务管理专业实训教学的重要性与对策研究

——以广西外国语学院为例

广西外国语学院会计学院　黎奇

摘　要:随着我国教育改革的不断深化,特别是提出"探索本科层次职业教育"模式改革以来,本科院校在培养专业人才方面发挥了重要的作用,尤其是在我国大力提倡创业、创新的"双创"背景下,如何更好地培养财务管理专业优秀人才是教育教学改革的重要方向,这就需要将"工学结合"作为财务管理专业教学的重要模式,积极探索理论与实践相结合的有效教学体系。本文在"工学结合"视域下,以广西外国语学院为例,对如何更好地开展财务管理专业实训教学进行研究,首先对"工学结合"视域下财务管理专业实训教学的重要性进行探讨,在此基础上分析财务管理专业实训教学现状,找出一些不容忽视的问题,最后提出优化对策。

关键词:本科教育;工学结合;财务管理专业;实训教学;模式创新

"工学结合"是一种将学习与工作相结合的教育模式。学生的工作作为学校专业培养计划的一部分,除了接受企业的常规管理外,学校有严格的过程管理和考核,并给予相应学分。随着我国本科院校教育改革的持续深化,特别是教育部2014年提出"探索本科层次职业教育"以来,广西外国语学院在开展职业教育方面进行了一系列的尝试,特别是在教育教学改革方面下了一番功夫,积极探索培养具有较强专业性、创新性、综合性、应用型人才的有效教学模式,并且取得了一定的成效。但从总体上来看,广西外国语学院财务管理专业还没有在这方面取得实实在在的成效,特别是还没有从"工学结合"的角度积极探索财务管理专业实训教学的有效模式,这一点已经成为制约广西外国语学院财务管理专业教学改革的重要因素。对此要引起重视,要坚持问题导向,既要看到实训教学的重要性,又要着眼破解存在的问题,积极推动财务管理专业实训教学改革。

一、"工学结合"视域下财务管理专业实训教学的重要性

对于本科院校教育教学改革来说，将"工学结合"作为培养专业人才的重要教学模式已经成为一种发展方向，在这种情况下，如何更好地开展财务管理专业实训教学显得十分重要。只有立足于"工学结合"，积极探索有效的实训教学模式，才能使财务管理专业学生得到更多的学习和锻炼，进而更能适应未来发展的需要。深入分析"工学结合"视域下财务管理专业实训教学的重要性，突出体现在以下三个方面。

一是有利于推动财务管理专业教学模式改革。随着本科院校教育改革的不断深化，特别是在本科院校教学目标、人才培养体系的不断拓展以及专业化推进上，对于财务管理专业学生来说，未来走上工作岗位必然要以较高的专业水准立足于单位、立足于社会，进而提升自身的发展能力，这就需要在教学目标方面以培养学生的职业发展能力为重中之重，这也是"工学结合"的重要目标。在这样的目标下，必须高度重视学生理论与实践的结合，只有高度重视实训教学，才能使本科院校推动"工学结合"，特别是在教学方面会更加重视学生理论素养以及专业水准的提升，教学模式相应地就会改变，以适应本科院校教育改革的需要。

二是有利于提升财务管理专业学生综合素质。对于"工学结合"来说，至关重要的就是让学生一边学习一边工作，其目标就是培养学生的综合素质。通过加强财务管理专业实训教学，能够极大地培养学生的实践能力，特别是通过将理论与实践相结合，能够使学生在未来更加适应社会，使学生的专业素质、职业素质、道德素质、人文素质等都得到培养和锻炼。比如通过创新实训教学模式，让学生到广阔的社会天地去调研、去学习、去锻炼，使学生更早地接触社会、适应社会，那么学生的综合素质便会得到提升。又如通过让学生去企业实习，可以让学生更多地感受到企业的氛围，特别是在有薪酬的情况下，可以让他们感受到挣钱、谋生的不易，进而更加珍惜学习的时光。

三是有利于促进本科院校教育教学工作转型。本科教育已经开始向培养专业化人才转变，特别是对于地方本科院校来说，应当为培养区域性专业化人才多做工作，这也是本科院校未来改革和发展的需要。对于财务管理专业来说，由于其就业要求高，而且对学生的职业素养也有较高的要求，在"工学结合"的背景下，通过积极改革和创新财务管理专业实训教学工作，为本科院校教育教学工作转型进行试验。在当前情况下，机关和企事业单位对财务管理人员的素质要求很高，有很多岗位都要求应聘人员有较强的实践经验。因而学生在校期间的实训改革和创新，能够使教育教学转型，进而为学生的未来发展创造条件，为社会提供优秀的财务管理人才。

二、"工学结合"视域下财务管理专业实训教学存在的问题

从总体上来看,广西外国语学院在培养专业人才特别是区域性专业人才方面,发挥了重要的作用,并且将实训教学纳入重要的教学体系当中,对于培养本科院校学生的专业素质起到了很好的推动作用。但按照"工学结合"的要求,当前广西外国语学院在实训教学方面还存在没有做到位的地方,很多方面还有局限性,通过对此进行分析,有助于更好地推动"工学结合"视域下的实训教学创新。

一是存在实训理念比较落后的问题。对于本科院校财务管理专业来说,实训教学与职业院校实训教学具有一定的不同之处,因而必须用科学的理念作为指导。但从当前广西外国语学院财务管理专业实训教学的情况来看,还存在着"模仿"职业院校实训教学的现象,导致广西外国语学院的实训教学缺乏特色和针对性,没有体现"工学结合"的特点,制约了实训教学的有效性。比如个别教师在开展财务管理专业实训教学的过程中,尽管按照"工学结合"的方式进行,但却缺乏对学生的有效指导,只是要求学生到企业打工,增长见识,提升自己的实践能力,实训具有随意性,缺乏系统性和指导性。

二是存在实训模式缺乏融合的问题。对于本科院校来说,要想更好地开展实训教学工作,必须将实训教学与理论教学以及其他教学进行有效融合,否则就不符合独立本科财务管理专业的需要。但从当前广西外国语学院开展财务管理专业实训教学的情况来看,个别教师在具体的教学过程中还没有将理论与实践融合起来,没有将实训教学与其他专业教学结合起来,就实训教学开展实训教学的问题比较突出,甚至很多学生还没有掌握相应的理论知识就开始实训教学或者让学生到企业去实习,这必然会制约实训教学的效果,学生也会因为理论不足而无法更好地投入实训,甚至会出现逆反心理,在实训方面出现"对付"现象。

三是存在实训方法不够多元的问题。实训教学属于实践教学,按照"工学结合"的模式开展实训教学,必须更多地培养学生综合素质,因而创新实训方法至关重要。从当前广西外国语学院开展实训教学的情况来看,还存在方法不够多元的问题。比如广西外国语学院在开展财务管理专业实训教学时,没有从财务管理专业的实际情况出发,尽管在专业知识实训方面比较突出,但对于财务管理人员来说,"职业道德"至关重要。大多数本科院校并没有开展与之相适应的实训教学内容,因而还缺少有效性。再比如广西外国语学院尽管建立了"校企"对接实训模式,但使用"工学结合"的模式并不到位,尽管很多学生素质过硬,但学生没有收入,这不利于激发学生的实习热情。

三、"工学结合"视域下财务管理专业实训教学的优化对策

按照"工学结合"的要求,广西外国语学院要想进一步做好本科院校财务管理专业实训教学工作,必须坚持问题导向。针对当前实训教学存在的不足,积极探索有效的实训模式,重点在以下四个方面进行改革和创新。

一是创新实训教学理念。理念的先导性作用,使"工学结合"视域下财务管理专业实训教学必须在创新实训教学理念方面下功夫,如果理念不转变,就无法更好地落实到具体的教学当中。这就需要广西外国语学院深刻认识到"工学结合"视域下财务管理专业实训教学的重要性,要将实训教学作为推动本科教育改革、培养专业人才的重要举措,积极探索,发挥教师的作用,强化实训教学模式创新,使其更加适应广西外国语学院财务管理专业教育教学工作的需要。创新实训理念,重要的就是在开展实训教学时一定要坚持素质化、人本化、职业化、市场化的导向,在培养学生理论素养的基础上强化学生的实践能力,构建以学生职业发展为核心、以促进充分就业为目标、以适应企业需求为主线、以推动财务管理专业教学改革为突破的实训体系,既要引导学生"工学结合",又要建立更多的实训基地、平台和载体,确保实训教学有所依托。

二是强化实训教学融合。本科院校实训教学尽管与职业院校有一定的相似之处,但也有自身的特点,最为突出的就是既要提高学生的理论素养,也要提升学生的职业能力,特别是发展能力。因而在具体的实训教学过程中,广西外国语学院要按照"工学结合"的模式,积极推动实训教学融合发展。要将实训教学与市场需求紧密结合起来,加大市场对财务管理专业人才需求情况的调查,在此基础上有的放矢地开展实训教学,能够使学生在未来更加适应市场需求;要将实训教学与学生职业道德建设结合起来,在开展实训教学的过程中融入学生职业道德教学,这也是财务管理专业学生必须具备的素质;要将实训教学与体育教学结合起来,将体育教学作为重要的依托,比如可以通过体育拓展训练,让学生到广阔的天地进行锻炼,以更好地适应社会,再比如可以带领财务管理专业学生到企业开展对接活动、体育比赛活动等,让学生了解更多的企业情况,为未来更好地适应工作创造一些有利条件。

三是拓展实训教学方法。对于广西外国语学院实训教学来说,一定要推动实训教学方法创新,要高度重视"工学结合"的推进,这应当成为广西外国语学院实训教学的重要方面。在这方面,首先必须夯实学生的财务管理理论基础,只有理论基础夯实了,才能让学生在"工学结合"方面起到更大的作用。比如在开展实训教学的过程中,可以采取边讲课边实训的模式,使学生在接受理论知识的基础上,

能够及时地进行实践锻炼,这样不仅能加深对理论知识的理解,也让学生的实践能力得到加强。对于广西外国语学院来说,应当建立财务管理专业专门的实训基地。加强对企业财务管理模式的调查和分析,可以将企业的财务管理模式引入广西外国语学院的实训基地,进行有针对性的实训教学。这样会极大地提升学生适应社会的能力,同时也让学生在实训的过程中进行探究式教学,学生的创新能力也会得到加强,这应当成为广西外国语学院财务管理专业实训教学的重要方向。

四是深化校企合作机制。校企合作模式是实训教学至关重要的模式,而且也是"工学结合"的重要形式。但当前广西外国语学院在校企合作方面还存在不够深化的问题,因而应当探索出符合广西外国语学院财务管理专业校企合作的有效机制。要将"产教融合"作为校企合作的重要形式,高度重视"工学结合"模式的创新。广西外国语学院可以多使用一些为企业培养定向人才的"订单式"教育模式,这样能够使学生在学校接受理论知识、在未来就业的"订单企业"接受实训,而且企业根据自身的需要对学生的专业方向以及专业素质提出一些意见和建议,广西外国语学院可以按照他们的意见及时调整理论教学内容。这样的校企合作模式,对提升财务管理专业实训教学质量具有重要的价值,而且对学生未来就业也具有重要的支撑作用。

综上所述,在当前教育教学改革持续深化的大背景下,培养专业人才已经成为广西外国语学院未来的重要方向,这就需要对广西外国语学院教学模式进行改革。对于财务管理专业来说,尽管市场需求量大,但对他们的要求也在不断提高,这就需要以"工学结合"作为重要的教学模式,积极探索财务管理专业实训教学的有效形式。在创新实训教学理念、强化实训教学融合、拓展实训教学方法、深化校企合作机制四个方面下功夫,真正使实训教学取得更大成效,提升财务管理专业学生的综合素质。

参考文献:

[1]徐娜力.独立学院财务管理课程"工学结合"教学模式浅析[J].知识经济,2016(11).

[2]宋森.高职财务管理专业"工学结合"实践教学探索[J].财会通讯,2012(13).

[3]裘腰军.会计专业工学结合实践教学探析[J].会计之友,2011(34).

[4]蔡清龙.基于工学结合的高职财务管理专业课程体系研究[J].市场论坛,2010(12).

[5]赵海鹰.工学结合模式下会计电算化课程教学改革浅析[J].中国管理信

息化,2010(10).

作者简介:

黎奇,男,1989—,广西贺州市人,研究生班毕业,广西外国语学院讲师。主要研究方向:会计学,财务管理。

（原文载于《学园》杂志,2017 年 1 月第 2 期第 12 - 14 页。）

以会计职业技能竞赛促进实践教学改革

广西外国语学院会计学院　谢清

摘　要：实践教学作为高等教育教学活动的重要环节,要求对学生在传授理论知识的基础上,培养专业技能、提高实践素质以及创新意识。会计作为一门技术性较强的经济管理应用学科,实践教学则是会计教育活动的重要部分,不仅要教会学生知识,更要培养学生的应用能力。应用型院校在人才培养定位上要突显职业的适应性,通过职业技能竞赛可让学生体验会计不同岗位的职业要求。

关键字：会计;技能竞赛;实践教学

《国家中长期教育改革和发展规划纲要(2010—2020年)》和《国家中长期人才发展规划纲要(2010—2020年)》中明确要求:锻炼学生适应社会和就业与创业能力,培养、发掘创新型、实用型、复合型人才,在国家的倡导下,各学校都积极参与了各种各样的会计技能竞赛,以此来检验学生掌握和运用专业知识的综合能力,同时为企业选拔人才提供实践能力的考查依据。会计作为一门技术性较强的经济管理应用学科,实践教学则是会计教育活动的重要环节,不仅要教会学生知识,更要培养学生的应用能力。而现在很多高校的会计实践教学主要以手工模拟账务处理及其他专项核算为主,在学生毕业前再进行综合实训,实训手段以仿真为主,少有实战的训练;实训资料中存在仿而不真,与实务操作存在较大的差异,显然,这样的实践教学已不能适应新形势发展的要求。民办高校学生的基础较差,学习热情不高,在理论研究方面的培养难度较大,因此,从实践应用方面去提高学生的学习兴趣,培养技能型应用人才,更适合学生的实际情况。

一、技能竞赛促进实践教学的意义

(一)提高实践操作性

现代会计人才是集理论与实践于一身的全才。会计行业的特点是实践性、操作性较强,但实践经验和操作技能直接接受理论的指导。理论指导实践,实践验证理论,彼此互相促进、共同发展。将此种思想与人才的成长相结合,只有不断地从实践中升华理论,并不断地将理论转化为实践才能实现人才规格的不断提升。会计实践教学就是将理论知识通过实践展示。

(二)满足经济发展对会计人才的应用型定位

会计是经济管理的重要组成部分,是经济信息的提供者。应用型会计人才是会计行业的中坚力量,是经济信息的掘取和分析者。经济发展需要应用型会计人才,21世纪经济的腾飞更需要应用型会计人才。顺应知识经济潮流对应用型会计人才定位,确定应用型会计人才的培养目标及培养方式,使学校培养的应用型会计人才适应经济需求,并不断由低级向中、高级过渡已成为会计界和会计领域及会计教学过程中探讨和解决的问题。

(三)提升会计类专业人才的核心竞争力

当今市场竞争非常激烈,人才是企业在竞争中获胜的重要因素。会计职业技能竞赛能够以真实、全面、具有代表性和逻辑性强的企业经济业务为研究对象,让学生在竞争的情况下训练灵活处理业务的能力,以满足使之步入社会后在繁杂与瞬息万变的经济活动中具备较强的实践应变能力,进而提升竞争力。

二、会计职业技能竞赛与实践教学的现状分析

(一)会计职业技能竞赛开展的现状分析

目前,以较大规模开展的会计技能竞赛是每年的9—12月份举办的全国大学生会计信息化技能大赛,该比赛分为两个阶段,第一阶段为资格赛,主要考查学生处理企业基本财务业务的信息化技能;第二阶段为信息化企业管理软件应用技能比赛(即总决赛),考查学生对企业实际业务流程分析能力和信息处理能力。其参赛对象是全国各类院校在校学生,至2007年举办以来。进入总决赛的高校都有300家以上。职业技能竞赛采用行业发展前沿技术,体现了社会各行业最新的对会计技能型人才的职业技能要求,能促进学生更深入、更熟练地掌握企业的实际业务,强化在信息化环境下企业业务的处理能力,并为各个学校展示自身的教学实力提供了平台,其顺利进入工作岗位或走上创新创业的道路打下良好的基础。

(二)应用型高校会计实践教学的现状分析

目前,很多高校的会计实践教学主要以手工模拟账务处理及其他专项核算为主,在学生毕业前再进行综合实训,教学模式单一,实践课程分布不均,实践教学与实际脱节,偏重会计信息的生成过程而忽视对会计信息的使用。缺乏"双师型"教师,使实践课程变成照本宣科、闭门造车。

（三）应用型高校赛教结合的情况

虽然以职业技能竞赛促进实践教学改革是实践教学研究的一个热点，但赛教如何有效结合仍需进一步研究。有些高校为了能在大赛中取得优异的成绩而提高自身的知名度，会提别挑选参赛学生和带队教师，对其进行单独的强化培训，这样就会使其与其他课程的学习相脱节。有些高校由于学校的政策、实训场地、经费保障等不到位，在竞赛前仓促组队、草草培训参赛，造成成绩不理想。

三、以赛促教的改革建议

技能竞赛是行业发展的前沿技术，体现岗位对人才的需求，要求学生在掌握专业理论知识的基础上，能在实践中灵活应用。因此，会计专业的课程设置要科学合理，既要考虑前后开课顺序，又要考虑理论与实践的结合。

（一）课程设置与技能赛项目的结合

会计是技术操作性强的学科，在课程设置上要考虑综合性与实用性，所开设的专业课程可以对应设置一些技能比赛项目以提高学生的学习热情。

课程名称	能力培养目标	技能竞赛项目
基础会计、财务会计、财经法规	熟悉会计原理、运用财务知识分析处理业务问题	会计基础知识竞赛、凭证填制及装订竞赛、账簿登记竞赛、报表编制竞赛等
出纳实务、会计综合实训	熟悉出纳业务操作及会计全套账务处理	点钞、珠算、小键盘输入、数字书写、手工账务操作等竞赛等
成本会计	正确计算与分配产品成本	产品成本计算竞赛
财务管理、财务报表分析	熟悉资金运作	企业经营沙盘竞赛
ERP、会计电算化	熟悉财务软件	会计信息化竞赛

（二）借助学生社团力量有效开展技能竞赛

技能竞赛不应只局限于参加大赛，会计是一门技能操作很强的学科，在每一个学习的环节，都可以开展技能实践，那么，就可以开展各个不同学习进度环节的竞赛，以此来激发学生的学习热情。通过开展多层次、多阶段的方式促使广大学生的参与。然而，在课堂上有限的时间及有限的师资较难开展丰富多彩的竞赛项目，可以在课余，借助学生社团的力量。以 GW 为例，成立会计协会，负责组织开展各种竞赛项目。

（三）落实竞赛管理制度

为使技能竞赛能规范化、常规化开展,应制定相应的管理制度,把竞赛列入常规的教学活动内容当中。可以成立竞赛委员会,负责监督竞赛的组织开展情况,并制定赛程制度,确保竞赛目标的实现。

(四)建立有效的奖励制度,激发教师与学生的热情

奖励是对辛勤付出最好的肯定,为使技能竞赛能长效开展,发挥以赛促教的效用,应建立有效的奖励制度。奖励可分为物质奖励与精神奖励,然而应以精神奖励为主。精神奖励与学生的学分和评优、教师的职称评定挂钩,从而激发学生与教师的热情。奖励的种类个根据不同的竞赛项目而设定,可设个人、团体、总分、单项等,这样既可促使个人能力的有效发挥又能体现团队的协助合作。

(五)注重"双师型"教师的培养

技能竞赛体现社会各行业对会计技能型人才的职业要求,学生技能培养的关键在于指导教师的专业理论知识、技能和实践能力的水平。因此,学校应鼓励与支持教师到企业中学习,增强实践的操作,了解企业的人才需求。然而,教师的个人能力是有限的,要完成竞赛的指导,需要一个教学团队。团队成员可以是来自校内的教师,也可以是企业的专业人士。通过对竞赛的指导,教学团队成员间的相互交流、研究,对彼此的素质提升也有一定的促进作用。

总之,会计的实践教学是会计人才培养的重要部分,技能竞赛有利于促进实践教学开展。民办高校应发挥自身的有利条件,有效组织开展竞赛,对应用、创新型人才的培养具有较好的促进作用。

参考文献:

[1]陈锐. 从会计技能竞赛看民办高校的会计教学改革[J]. 科技资讯,2013(36):169-171.

[2]黄娟蜀. 以多层次会计技能竞赛平台推动高职会计专业教学改革[J]. 广西教育,2013(11):28-29,175.

[3]郝德勇. 职业技能竞赛及其对教学改革的意义与实践研究[J]. 教育教学论坛,2011(11):211.

[4]曾洁容. 高职院校会计技能竞赛体系的构建[J]. 现代商贸工业,2014(17):123-124.

基金项目:广西外国语学院教学改革工程立项项目:"会计职业技能竞赛对应用型民办高校促进实践教学改革的研究"。

作者简介:

谢清,女,1983—,广西南宁市人,硕士研究生毕业,广西外国语学院经济师。主要研究方向:会计学、税收管理。

(原文载于《智富时代》杂志,2015 年 5 月第 9 期第 200、202 页。)

创新高校行政管理专业实践教学模式的探讨

广西外国语学院工商与公共管理学院 黄宁

摘　要:高校行政管理专业属于一门对实践性要求较高的专业,所以开展实践教学显得尤为重要。怎样构建教学体系,创新实践教学模式,不断优化教学环节,切实提高学生的实践能力和创新能力成为当前高校行政管理专业面临的一项难题。本文对该问题进行了分析和探讨。

关键词:行政管理专业;实践教学;模式

教育部在 2001 年时,明确提出:"实践教学对培养学生的综合素质、提高学生的创新精神以及实践能力具有重要的作用。"高校行政管理专业属于一门对实践性要求较高的专业,承担着为社会培养高素质人才的重要使命,所以开展实践教学显得尤为重要。怎样构建教学体系,创新实践教学模式,不断优化教学环节,切实提高学生的实践能力和创新能力成为当前高校行政管理专业面临的一项难题。笔者就当前高校行政管理专业教学的现状进行了阐述,并提出了创新高校行政管理专业实践教学模式的对策。

一、当前我国高校行政管理专业发展的状况

众所周知,行政管理属于一门实践性非常强的专业,进行实践迫在眉睫。然而,综观当前的高校行政管理专业教学的状况,在实践教学方面还存在一定的不足,主要表现为以下几方面。

(一)未建立起完善的实践教学体系,缺乏学校的特色

由于行政管理专业呈现出对实践性要求较高的特点,一直以来,国外公共行政都充分认识到实践教学的重要性。例如,法国国家行政学院的学生的课程安排中,其中有一半的时间是在校外进行,而加拿大行政官员培训学院的学生大约百分之七十的时间是在校外进行学习。然而,综观我国高校的行政管理专业的教学状况,在整个教学活动中,实践教学所占的比例非常低,与国外相比较,还存在很

大的差距。与此同时,我国还未建立起完善的实践教学体系,而且也未建立起系统且确切的目标,这样就无法满足学生实践能力发展的需求。

除此以外,还缺乏科学完善的考核体系,教师对学生的实践能力考核缺乏科学性和严谨性,这很大程度上降低了实践教学的严肃性和计划性。很多高校所设定的大纲、教学内容等方面都非常相似,未真正体现出本校的特色,这样就不利于学生在今后就业中体现出自身的特色。

(二)实践教学环节不严密,管理不完善

一般而言,重视对实践教学的管理是建立起良好教学秩序的重要保障,同时也是促进实践教学有组织、有计划开展的有力保障。然而,由于很多高校所设置的课内实践教学环节缺乏完善的教学大纲、教学内容以及科学的考核方法,从而对实践教学活动的开展产生了不利影响。而且参加实践活动的学生也大多是从事一些较为烦琐的杂事,在短期的实习过程中,也是无法真正学习到行政管理组织实际运作、相关的政策等。同时所进行的毕业实习也仅仅是走过场,很难保证实习的质量。除此以外,学生所写的毕业论文,所应用到的知识点非常有限,而且单一,而且教师对学生论文指导这个环节缺乏足够的重视,造成学生论文抄袭现象较为严重,无法真正提高学生动手能力以及培养学生创新精神。

(三)校外实习的基地较少,无法满足学生岗位实习的需求

通过不同的实践教学活动,我们不难发现,让学生进行岗位实习是提高学生创新能力以及综合能力的有效途径。为了培养出社会发展所需求的创新型人才,各高校都充分认识到了校外学习基地建设的重要性,并在这个方面努力,很多学校开始与政府、企事业单位签订协议,少则几十家,多则上百家。然而,由于很多高校对所签订单位的工作性质、发展状况以及工作流程缺乏全面的认识,导致学校无法充分发挥自身所具备的人才优势、技术优势以及资源优势,无法为合作单位提供高质量的服务。所以,合作单位也仅仅是被动地接纳学生进入企业进行实践学习,对于一些行政事务的核心很少让学生真正了解并参与其中。

(四)教师实践教学水平普遍不高,缺乏一支专业素质较高的教师队伍

当前,很多院校都没有制定出实践教师师资方面的制度,而且也没有将实践教学融入教师工作评价体系中,这样就无法充分调动教师开展实践教学的积极性和主动性。与此同时,很多教师一直以来都是从事基础的理论工作,没有在政府以及企事业单位工作的经历,单纯地靠这些教师去对学生的实践活动进行指导是很不完善的,缺乏专业性。尽管一些院校聘请了校外实践教学的兼职教师,但是这样无法真正形成一支将专职教师作为主体,兼职聘任教师相互结合的师资队伍。在这样的情况下,对实践教学活动的正常开展以及培养学生的实践能力都产

生了不利影响。

二、创新高校行政管理专业实践教学的对策

（一）重视实践认知，增强学生的感性认识

简而言之，认知实践是指学生凭借参观、见习等方法来切实了解行政管理的实际状况。在这个过程中，学生不是被动地去接受外在的信息，而是应该时刻保持积极的心态，多观察、多听讲、多询问，通过自身的主观感受，对行政管理及其运行机制形成一个大概的印象。通常情况下，这个教学模式能够有效地促使学生在短时间内对行政管理概况有初步的认知和了解，如行政管理组织的运行状况、相关的政策变化等。这种模式在国外应用广泛，美国希拉丘斯大学马克斯维尔学院就采取这种方法开展了多样化的考察和见习，取得了良好的效果。从这个方面来分析，我们在进行行政管理计划安排的时候，对认知实践活动做出详细的安排是很有必要的。在专业课程完成的前提下，结合学生们的性格、爱好等因素，将学生科学划分为不同的小组，并安排学生到不同地方任职见习。与此同时，在学生见习的过程中，邀请政府部门的同志做学生见习的指导老师也是很有必要的，这样对于学生在见习过程中，出现的问题，能够及时解决，并对学生开展的活动进行总结，帮助学生完成见习论文。通过开展这样的活动，能够有效地拓宽学生们的视野，强化对学生行政管理的感性认知，同时也加强了学生与政府、学生与学生之间的沟通和交流。

（二）充分利用校内管理资源，最大限度实现实践教学与校内管理资源的整合

由于学校内部的行政工作与政府、企事业单位的行政工作有着根本的差别，在经过了学院相关部门的协商之后，建立起校内公共管理的实习基地，并将此挂靠院办。为了切实提高实习的效果，安排指导老师对学生的实习状况进行指导、考核和评价，而且学生所在的院系领导要不定期地对学生所在的实习单位进行走访，这样就能够对学生在实习过程中遇到的问题了如指掌。在学生实习工作结束后，要结合学生所提供的实习报告、单位的考核成绩，对学生进行综合评判。采用这种方法不仅利于加强组织，最大限度地降低成本，而且实现了行政管理人员参与教学活动以及学生参与学校管理的双赢。

（三）组建行政管理实习基地，切实提高学生的岗位适应能力

岗位实习是所有实践活动中，能够提高学生综合能力、创新能力的有效途径，其他的实践活动只能单纯地培养学生单方面的技能，不能够让学生在有限的时间内对行政管理运行机制有一个全面的了解。如何有效地避免在实习过程中出现的流动性较大、浪费时间和金钱等问题，达到预期的目标，组建行政管理实习基地

是很有必要的。这就要求在实习的基地中,营造出行政环境,让学生感受到真正的行政管理工作的流程,同时还可以促使学生对行政管理的基本观点、原理进行思考,最大限度地启发学生使用行政管理学的理论知识应用到现实中发生的问题中,提高自身的分析问题和解决问题的能力。我国高校对这个问题逐步开展了探索,在2006年10月,陕西省通信管理局就与西安邮电学院签署了协议,协议中明确规定,陕西省通信管理局属于西安邮电学院公共管理专业的实习基地,该学校在每年的春季和秋季都会向通信管理局派送一批公共管理专业的学习去实习,也就是说,这个实习基地的设立,为学生实习提供了非常好的实践机会。

三、创新高校行政管理专业实践教学模式

(一)建立科学的实践教学体系是提高高校行政管理专业实践教学质量的基础

科学的实践教学体系直接影响高校教学质量以及人才培养的目标。这就要求高校转变观念,坚持为社会培养具有实践能力以及创新能力人才的理念,充分认识到实践教学的重要性。同时要不断完善实践教学的规章制度,确保实践教学活动都能够规范开展,学校要制订完善的实践教学计划、教学大纲、考核标准。而且要将实践教学活动充分融入学生学习的整个过程中,组建起一个层次分明、相互衔接的教学体系,更好地促进实践教学活动的开展。

(二)建立一支高素质的师资队伍是提高高校行政管理专业实践教学质量的重点

在实践教学活动中,教师扮演着重要的角色,是提高实践教学质量的重点,因此建立一支高素质的师资队伍是很重要的。具体要从以下几点入手:第一,健全教师考核和激励机制,这样才能够最大限度地调动教师开展实践教学活动中的积极性和主动性,对表现突出的教师要进行一定的奖励,以便充分发挥模范带头的作用;第二,学校要尽量为教师安排实习的机会,可以定期组织老师去企事业单位中进行交流、培训,以便建立起双师型的教师队伍;第三,聘请实践能力强、理论水平高的资深专家为学生开展讲座,并担任学生的实践指导老师。

(三)建立质量监控体系是提高高校行政管理专业实践教学质量的保证

将实践教学和理论教学放在同样的地位,逐步建立起与之相适应的质量监控系统,有机地将实践教学融入全面质量管理中。为此,首先要不断完善实践教学制度管理。严格依照行政管理专业的培养目标,制定相应的教学管理文件,并实施相应的质量监督措施。其次,要不断完善实践教学大纲的管理制度,如实践教学的内容、教学的手段、考核方法等。最后,建立实践教学质量管理制度。根据实践教学各环节规定的教学内容和要达到的技能要求,制定检查和评价体系,通过科学的评价和考核,促使实践教学达到应有效果。

参考文献:

[1]宋超. 本科行政管理专业建设的误区及其消解[J]. 南通大学学报(教育科学版),2007(3).

[2]汪克孜·伊布拉音. 高校行政管理专业教学若干问题探讨[J]. 中国成人教育,2007(8).

[3]井西晓. 行政管理专业(本科)就业形势与专业定位分析[J]. 四川教育学院学报,2009(7).

[4]杨梅,谭安富,刘玉琼. 行政管理专业实践教学现存问题及对策研究[J]. 赤峰学院学报(自然科学版),2010(10).

[5]刘美萍. 论提高行政管理学教学质量的途径与方法[J]. 煤炭高等教育,2006(02).

[6]聂丽,赵江东,祝家贵等. 高等学校实践教学体系的构建与探索[J]. 实验室研究与探索,2007(04).

作者简介:

黄宁,男,1971—,广西玉林市人,广西外国语学院副教授,高级经济师。主要研究方向:行政管理,物流管理,人力资源管理。

(原文载于《广西教育学院学报》杂志,2014 年 6 月第 12 期第 125 – 127 页。)

基于 SimTrade 软件实训平台的国贸
实践教学反思

——以广西外国语学院国贸专业为例

广西外国语学院国际经济与贸易学院　陈婷婷

摘　要：SimTrade 外贸实习平台是互联网＋教育概念的运用，是运用现代信息技术的虚拟仿真实训平台。本文以 SimTrade 平台为研究对象，阐述 SimTrade 平台在国贸专业实践教学的应用、创新、效果及不足，并提出建议。

关键词：SimTrade；国贸专业；实践教学

一、国际贸易专业实践教学

国际经济与贸易专业是广西外国语学院老牌的、重点专业之一。经过 10 多年的专业建设，国贸专业逐渐形成具有一定成熟性、成效性、特色性的专业。国贸专业是实践性非常强的专业，为了让学生能够将所学理论知识和技能操作融会贯通，形成学生"零距离"就业的综合能力，我院一直致力于实践教学。其主要包括校内外实践教学，校内实践教学包括具有先进水平的国际贸易综合实训室、通关综合实训室。校外实训基地包括与广西泛特国际贸易有限公司、广西凭祥万通国际物流有限公司、南宁市佳永商务有限责任公司等 10 多家外企进行校企合作。此外定期邀请外企人员来校举办相关讲座，让学生及时了解国际经济贸易发的现状与趋势，为学生进行教学、就业指导，部分企业还能为学生提供实习和就业岗位。校外实训基地对有效提高学生技能操作能力确实有不可超越的优势，但是校外实训基地的数量少、容量小，商业机密性强，部分校外实训只能流于形式，提高学生技能只能依靠校内实训。近几年，我院采购了 SimTrade 外贸实习平台指导国贸专业校内综合实训，并取得明显的教学效果。

二、SimTrade 教学

(一)SimTrade 外贸实训平台介绍

SimTrade 外贸实习平台是由南京世格软件开发公司与对外经贸大学根据国贸专业实践教学的需求而开发的一款教学软件。它是通过归纳总结整个外贸行业的流程和操作惯例,在互联网上建立接近真实的国际贸易环境,让学生在仿真的工作环境中亲身体验国际之间贸易的风险与乐趣。在理论上,SimTrade 平台高度融合了电子商务、市场营销、国际金融、外贸商务函电、外贸单证、国际贸易实务等课程,模拟了当今国际贸易的真实环境。在技术上,SimTrade 采用了最新的 B/S 架构设计,安装、使用和升级都非常简便。在实际应用上,SimTrade 注重学生的学习积极性,通过模拟游戏升级模式,将业务操作赋予娱乐性,激发学生求胜心理进而激励学生进行教学实训。在教学功能上,SimTrade 平台让学生通过对工厂、出口商、进口商、出口地银行和进口地银行五个角色的扮演,模拟操作进出口业务,在较短的时间内了解国际贸易操作流程,继而熟练掌握各种业务技巧。体会供应商、客户、政府机构和银行之间的互动关系,了解国际贸易之间的资金流,物流和业务流的运作方式,最终达到了在实践中学习。

(二)SimTrade 实训平台教学创新

SimTrade 外贸实习平台在实践教学上是颠覆式的教学创新,是真正项目教学法的运用,对教学功能、学生学习、教师教学均有一定创新。

1. 教学功能创新

我院国贸专业的培养目标主要面向外贸公司、物流、货代、报关行等一线企业,SimTrade 平台作为校内实训的教学软件,首先是模拟了目前外贸行业的岗位工作环境,为培养目标的实现提供可行基础。其次 SimTrade 平台以外贸企业实际操作为准则,将理论知识运用于实际,能很好达到教学目标的认知目标、能力目标和素质目标的要求。最后,SimTrade 平台突破实训教学的重点和难点,突出实训进出口业务流程和单证操作两个重点,并将现实行业的变动如汇率等联系起来,保证软件与现实外贸背景同步更新,突破实训教学的真实性难题,保证了项目教学法的实训效果。

2. 学生学习创新

SimTrade 平台给予学生很高的自主学习空间,并能培养学生自我评价,自我反思的能力。首先学生可以通过实习指导书理解外贸完整工作流程。其次,平台的"在线帮助"强化了学生在实训中的主体地位。学生通过学习完全能自主完成工作任务。再次,"我的公文夹"是 SimTrade 为学生特别设置的文件管理中心,在这里学生可以查看所有的合同和单据列表,学生可以随时查看检查单据,也培养学生学会整理归档能力。最后,SimTrade实训平台内部有评分机制,学生可以定量考核,自我评价,及时掌握自身的综合能力、业务能力、预算能力、单证能力等四项能力指标。

3. 教师教学创新

SIAMTRADE平台真正体现学生学习为主,教师指导为辅的教学关系,同时提高了教师的教学水平和教学技能,弥补了专业教师缺乏企业工作经历的不足,增强了教学效果。教师可以使用SimTrade的自动评分系统统计学生成绩,还能查看学生得分的详细资料,包括财务状况、业务能力、单据制作等七项得分,便于掌握每个学生技能水平,及时跟进指导。平台还包括大量的实务图片和详尽帮助,教师还可以根据实际外贸环境,区域经济特点来调整产品、运费、港口、汇率等信息,对教师教学工作起到很好的补充与调整。教师通过系统平台,大大提高了教学水平和工作效率,在很大程度上减轻了工作负担。

4. SimTrade教学反馈与不足

为了更好地运用SimTrade外贸实习平台来做好校内实训,我院针对学生使用效果、意见等内容设计了一份调研问卷,期末向参加实训的学生发放235份,回收218份,有效问卷为215份,调查问卷分析如图:

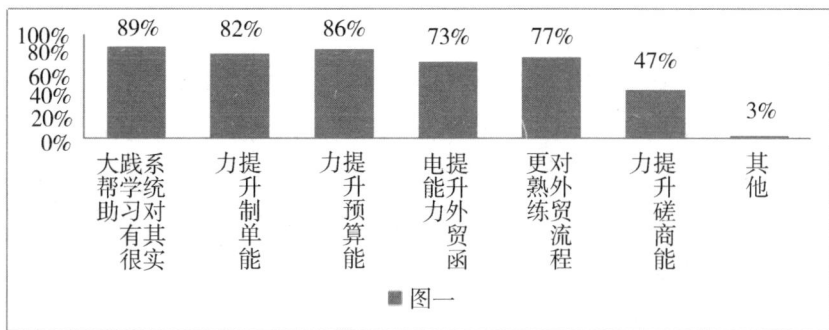

图一

图一数据反映学生基本对SimTrade外贸实习平台的使用效果是非常肯定的。对学生的实践教学效果显著,但是系统毕竟是互联网教学辅助工具,在教学必然存在局限性。图二反映的是学生在使用系统过程中发现的系统存在的不足。43%学生认为系统设置不合理,特别是系统的物流只有使用了海运,对空运和陆运的运输方式均未设置,导致有学生计算钻石运费0.5元,严重与现实脱节;此外,系统对流程的设置过于简单,报关、报检、运算等内容均是鼠标轻轻一点即可完成,体现不出真实业务中报关报检的重要性与复杂性,导致学生误以为外贸实

训便是制单业务。

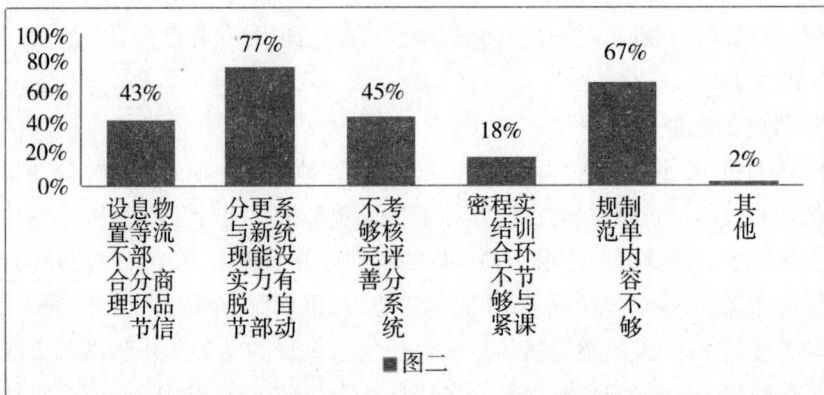

■图二

三、促进国贸专业实践教学的建议

（一）加强课程知识积累

SimTrade 平台将各课程深度融合运用，在教学过程中，发现学生对各课程的知识掌握不够扎实，知识运用凌乱，导致实训效率较低。要更好地将理论知识转为实践能力，学生在专业课程学习中应加强对课程知识的有效积累，使国贸课程形成专业知识体系。这样在综合实训或实际工作中才能轻松应对。

（二）优化校内实训，加强校外实训

SimTrade 平台是互联网＋教育的运用，对校内实训的建设有了很大提升，学校应提高系统的使用率，并组织学生参加 POCIB 全国大学生外贸从业能力大赛，通过比赛促进实训建设。在优化校内实训同时还应该意识到 SimTrade 平台毕竟是模拟仿真教学软件，与真实环境有一定的差距，所以教师在关注校内实训同时，还应重视加强校外实训基地的开放利用。

参考文献：

[1]廖万红. 面向东盟国贸专业实践教学体系的构建[J]. 教育论坛，2013，(6)：142－143.

[2]王洪海. 外贸实习平台在国际贸易实训教学中的应用[J]. 职教探索，2014，(5)：162－163.

[3]刘艳. SimTrade 外贸实习平台在国际贸易专业中实践教学研究[J]. 高校实验室工作研究，2013，(11)：112－114.

作者简介：

陈婷婷,女,1983—,广西玉林市人,经济学硕士,广西外国语学院讲师、经济师。主要研究方向:国际经贸合作,跨境电子商务。

（原文载于《媒体时代》杂志,2015年7月第07期第210-211页。）

论高校专业技能竞赛对国际经济与贸易专业实践教学的影响

——以广西外国语学院为例

广西外国语学院国际经济与贸易学院　韦小蕾

摘　要：国际经济与贸易专业因其具有较强的实践性和操作性，使得实践教学越来越受到相关院校的重视。高校专业技能竞赛考核了高校的实践理念、指导教师的实践教学能力及参赛学生对专业技能的掌握水平，同时也对课程体系设置、"双师型"教师队伍建设、教学方法与教学内容等方面产生重要影响，促进落实"赛教结合、寓教于赛、以赛促改"的教学模式，推进国贸专业理论与实践相结合的教学改革，加快培养高技能实用型人才的进程。

关键词：技能竞赛；国际经济与贸易专业；实践教学；教学改革；广西外国语学院

一、引言

《国家中长期教育改革和发展纲要（2010—2020）》提出高等教育要强化实践教学环节，开发实践课程，增强学生技能实训的成效。明确了促进实践教学是提高人才培养质量的重要手段之一。广西外国语学院（以下简称学院）是一所全日制民办本科院校，致力培养应用型、复合型、创新型、国际型的高素质人才，其中国际经济贸易专业以培养适应国际经济一体化的人才为主，要求学生熟悉国际贸易的基本理论和方法，掌握与专业相关的实际业务操作技能。由于该专业具有较强的实践性和操作性，因此树立实践教学理念是对授课教师的明确要求。为此，近年来学院的国际经济贸易专业课程改革逐步向实践教学倾斜，实践教学条件得到了明显的改善。从国际经济贸易专业现有的实践教学平台来看，主要是通过建立实验室并购买进出口业务模拟软件，学生在一定学时的模拟操作后初步具备从事进出口业务的专业技能。然而受限于传统教学模式的束缚，"双师型"师资队伍实践教学力量不足，教学方法较为单一等因素，实践教学基本上根据理论的内容来设置,相对程式化,不利于激发学生的主观能动性和创新意识,国际经济贸易专业的实践教学仍有很大的改进空间。如何在现有的基础上促进和强化本专业的实践教学,为社会提供专业素质过硬、契合企业要求的人才,是值得国际经济贸易专业工作者深思的课题。

二、国际经济与贸易专业参加专业技能竞赛的实践经验

组织学生参加专业技能竞赛是广西外国语学院国际经济与贸易专业教学改革工作的推进方式之一。2013 年学院首次组织国际经济与贸易专业的 20 名学生参加第三届 POCIB 全国大学生外贸从业能力大赛,获得团体一等奖的成绩,其中 15 名参赛学生分获全国个人一、二、三等奖,激发了该专业学生参加技能竞赛的热情。2015 年,学院继续组织学生参加此竞赛,获得团体二等奖。2016 年,在总结前几年参加的经验及教训的基础上,学院组织 40 名学生形成两个队伍参加第六届 POCIB 大赛,两个参赛队均获得团体一等奖,多名学生获得个人奖项,不论是在获奖数量和质量上都取得了较大的进步。目前,组织学生参加职业技能竞赛已成为学院培养高技能人才的有效途径,对国贸专业建设产生了一定的推动作用。

(一)建立激励机制,形成浓郁的竞赛氛围

学院历来提倡将专业技能竞赛作为提高学生实践能力的重要手段,并重视和鼓励师生参与各类竞赛,如 POCIB 全国大学生外贸从业能力大赛、OCALE 跨境电子商务创业创新大赛、"大智慧杯"全国高校金融精英选拔赛及全国商务秘书大赛等。与此同时,在《广西外国语学院科研奖励暂行规定》中制定专门的章节,对指导学生参加大学生专业竞赛获奖的教师给予一定的现金奖励,在评优、岗位晋升、职称评定上给予一定的优先;学院将竞赛成绩作为学生评奖评优的重要指标之一,获奖的学生还可免修相应的课程,并获取一定的创新实践学分。此外,学院在参赛费用、参赛场地等方面也提供了相应的支持与帮助。如此,学院师生参与专业技能竞赛的氛围较为浓郁。

(二)配备教学平台,奠定赛前基础

国际经济与贸易专业技能竞赛中的各个项目需借助相关软件来实现。为此,学院斥资建设了国际贸易综合实验室、国际商务谈判模拟实验室,并购置了与竞赛相关的模拟教学软件,如 SimTrade 外贸实习平台,外贸单证教学系统,跨境电子商务教学系统等,为比赛前的强化训练提供了基础。这些实验室教学平台除了能被竞赛学生用于备战训练外,还可以被国际贸易与贸易专业的全体学生用于日常实践课程的模拟实训。

（三）注重学生的选拔培训,做好赛前热身训练

要取得良好的竞赛成绩,离不开专业教师团队的悉心指导和学生的艰苦训练。学院为每个参赛队配备带队教师和指导教师各一名,参加竞赛组委会安排的赛前培训会,保证竞赛能高质量地进行。在学生毛遂自荐的基础上,对报名的学生进行面试,主要考量其专业知识素养、英语能力水平、团队合作精神等综合实力,从而筛选出参赛选手。随后,利用校内实验室借助模拟教学软件对参赛学生进行定期培训,指导教师提供线上及线下辅导。对学生进行选拔及培训,做好赛前热身训练,有利于提高其技能竞赛水平,培养其外贸业务技能。

三、专业技能竞赛对国际经济与贸易专业实践教学的影响

（一）优化课程体系设置

几年来,学院以专业技能竞赛为契机,指导和推动国际经济与贸易专业教学改革,对课程体系设置也进行了优化,一改以往教学过程中"重理论、轻实践"的不足,加强对实践教学的重视。首先,调整理论课和实践课课时比例,合理增加国际商务单证、进出口通关、进出口业务等校内实践课程的学时。其次,改善实验室紧张、实训设备陈旧等状况,学院加大经费投入购置实践环节的教学设备,配备国内最新的实践教学软件,为学生的校内实践提供了良好的平台。第三,积极开展校企合作,将外贸企业的真实案例作为教学资料引入课堂,同时聘请企业具有丰富实践经验的一线外贸从业人员作为兼职教师,提高学生的实际操作能力,以达到培养适应社会经济发展要求的高技能人才的培养目标。

（二）促进"双师型"教师队伍建设

专业技能竞赛既是学生专业技能水平的较量,还反映了指导教师实践教学的效果,检验了学校的实践教学理念及教师自身的专业技能水平。当前,高校教师年龄结构趋于年轻化,中青年教师已经成为教师队伍的主力军。这些年轻教师大都拥有较高的学历和专业理论素养,但大部分缺乏进企业工作的实践经验,在教学过程中往往体现出理论性强而实践性弱的特点。教师指导学生参加专业技能竞赛的前提是自身的专业实践技能必须达到竞赛水平或企业的标准,这就促使教师自觉更新知识,提高自身的实践技能和实践教学能力。一是鼓励专业教师积极参加社会实践,赴外贸企业挂职锻炼,了解企业所需的专业技能,提高自身的实践教学能力。二是支持专业教师不断提升学历与职称层次,考取相关职业资格证书,同时强化实践培训。因此,专业技能竞赛促进了高校的"双师型"教师队伍建设,促使高校优化教师结构,提升师资队伍的实践教学水平。

（三）创新教学方法与内容

教学创新主要表现在教学方法、教学内容、教学过程等方面的创新。传统国际经济与贸易课程虽然采用情景和案例教学法，但这种填鸭式的教学方法无法让学生获得深刻的理解和体会。不同于传统教学方法的"纸上谈兵"，专业技能竞赛则较好地模拟了外贸企业真实的工作环境，学生在竞赛中仿佛身临其境，真枪实战，有助于加深其对国际贸易工作岗位的认识，增强实践能力，掌握工作技能。同时，在技能竞赛过程中学生成为教学活动的主体，实现了从以"教"为中心向以"学"为中心的转变，从传授模式向学习模式的转变。此外，教师可收集竞赛中各环节的外贸案例，将其转化成日后实践教学的资源，为全专业学生的技能训练提供生动的素材，提高实践教学的真实性。

（四）激发学生学习兴趣，改善教学效果

国际经济与贸易专业技能竞赛呈现了现有国际贸易理论和实务框架，注重理论和实物的结合，并根据当下的国际贸易环境快速调整，贴近国家经济贸易的发展现实，帮助学生拓宽知识面，提高实践和操作能力。由于引入了一定的激励机制，专业技能竞赛是一种对日复一日课堂学习的调剂，能有效地激发学生对专业实践课程的学习兴趣，有利于学生从被动学习向主动学习进行转变，形成较强的专业向心力。同时，专业技能竞赛还有利于形成融洽的师生关系。在竞赛的过程中，师生之间会有更多的交流机会，愉快的竞赛过程还能增进师生之间的情谊。如此，在日后的授课过程中师生的配合会更加顺畅，教学效果也会有所改善。

参考文献：

[1]徐辉，李长华. 国际贸易专业技能竞赛对国际贸易教学的影响探析[J].对外经贸，2013(5)：143－144.

[2]POCIB 国际贸易从业技能综合实训[EB/OL]. http://www.pocib.com.

[3]夏岩磊. 国际经济与贸易专业"外贸业务技能模拟实践教学"研究[J].宿州学院学报，2010，25(12)：112－114.

[4]秦艳丽，谢海军. 专业技能竞赛融入应用型教学的路径研究——以国际经济与贸易专业教学实践为例[J]. 赤峰学院学报(自然科学版)，2016，32(6)：255－257.

[5]谭立群，邓丽娜. 基于国际商务技能的创新实验教学模式研究——以国际经济与贸易专业为例[J]. 2011，11(2)：86－89.

作者简介：

韦小蕾，女，1991—，广西南宁人，硕士研究生，广西外国语学院教师。主要研究方向：国际贸易，国际物流。

（原文载于《对外经贸》杂志，2017年4月第04期第135—136页。）

以数学建模及数学实验为抓手
促进高等数学教学改革

广西外国语学院国际经济与贸易学院　韦玉球

摘　要:高等数学课程是高等理工科专业的核心基础课程,通过对它的学习为后续课程和专业知识储备必要的基础知识以及学会用数学理论和数学知识解决实际问题奠定基础。文章通过介绍数学建模是学生数学应用实践的舞台、数学实验课程是数学常规课程实践应用的有力补充,从而提出高等数学教学改革的思考。

关键词:数学建模;数学实验;教学改革

高等数学课程是高等理工科专业的核心基础课程,事实证明,通过对它的学习可以使学生初步认识常量、变量的概念以及事物变化的基本规律性,了解和掌握用定量思维方式客观和比较准确地描述事物的秩序、结构、变化、发展的基本思想方法,为学习后续课程和专业知识储备必要的基础知识;为将来从事工程技术工作,学会用数学理论和数学知识解决实际问题奠定基础。一直以来,高等数学课程的教学改革就从来没有停止过,如何结合本校的实际情况开展课程教学改革,是高校教务行政管理者和任课教师共同关心并正在努力践行的一项艰巨任务和神圣使命。笔者在从事高等数学课程教学的实践中,逐步认识到,组织大学生参加全国大学生数学建模竞赛活动、积极开展数学实验教学活动,对课程教学效果的提升及其有益,并且是促进高等数学课程教学改革的"催化剂"和"加油站"。

一、数学建模活动的开展为学生开辟了数学应用实践的舞台

20世纪90年代,大学生数学建模竞赛就已经陆陆续续在全国各个大学展开,目前已经分为本科、专科和高职等多层次,每年定期举办,对学校教学水平和学生学术科研能力进行最权威测试和检测的一种重要的高校"第二课堂"活动。我们都知道,数学模型是"对于现实世界的一个特定对象,为了一个特定的目的,根据特有的内在规律,做出一些必要的简化假设,运用适当的数学工具,得到的一个数学结构"。

数学建模不仅为学生开辟了数学应用实践的舞台,而且在培养大学生创新精神,提高综合素质等方面有着不可替代的作用,概括起来这项活动具有:①运用数学知识分析和解决实际问题的能力;②利用计算机建立和求解数学模型的能力;③面对复杂事物的想象力、洞察力、创造力和独立进行研究的能力;④关心、投身国家经济建设的意识和理论联系实际的学风;⑤团结合作的团队精神和分工协调的组织能力;⑥富于参与的竞争意识和不惧困难、奋力攻关的顽强意识;⑦查阅文献、收集资料及自学的能力;⑧撰写科技论文的文字概括及表达能力。

二、数学实验课程是数学常规课程实践应用的有力补充

与数学建模活动紧密相连的是数学实验课程的开展。数学实验是在数学教学活动中,师生根据待解决实际问题的特点和要求,经过对实际问题的深入研究,提出某些合理的假设、使问题得到简化,并进行抽象概括,运用数学观点和思想方法建立数学模型,再研究数学模型的解法,利用计算机求得结果,最后回到实际中去应用、解释和检验。数学实验教学极大地改变了传统教育模式的方法和手段,这样的模式置师生于同等地位,要求学生对要研究的问题、学习内容进行报告、答辩,所以可以极大地调动学生自觉学习的积极性,这种形式真正突出了学生主动学习的地位。数学实验教学促进了数学实验室的建设,使原始落后的教学手段得到革命性的改进。例如,计算机、网络和屏幕投影灯成了师生必须熟练掌握的工具,学生的各方面的能力都得到显著的锻炼和提高。通过数学实验,可以使学生更直观更真切地学习课堂上听起来枯燥的数学理论和数学原理。数学建模是一门实践性和应用性很强的课程,其本质是一种创造性的实践工作,对大学生可持续发展具有非常重要的意义。

三、对高等数学教学改革的思考

高等数学教学的目标和任务就是通过教学活动使学生基本掌握高等数学的思想、方法和技巧,并能学以致用并初步具备自学所需的数学能力。数学建模、数学实验是实际问题对数学运用的集中体现,大量的实际问题为数学的应用提供了很好的实例。通过这些实例,可以促使学生认识到高等数学在破解实践问题的作用,进而深入了解数学应用的方法和技巧。针对目前高等数学教学方面的欠缺,本文就如何进行高等数学教学改革提出建议供同行参考。

（一）教学模式的更新——开展必要的课外科技活动

数学建模能力的形成是基础知识、基本技能、基本数学方法培训的一种综合效果，为了全面提高学生应用数学的能力，充分利用全国大学生数学建模竞赛的契机，组织学生开展竞赛培训班和其他丰富多彩的课外活动。如请专家做数学应用的报告，举办数学建模专题讲座，开展校级、年级、班级的数学建模竞赛活动等。数学建模集训队需要长期开展活动，对他们进行系统培训，如采用专题训练、讨论研究等方法，并要配备业务能力较强的数学与计算机教师对他们进行系统的辅导，力争在全国数学建模竞赛中取得好成绩。

（二）教学内容的改革——寓数学建模思想于课堂教学之中

在常规的高等数学课堂教学活动中，任课教师可以考虑利用数学建模的思想方法寓于我们的教材组织和教学设计。具体步骤如下：①针对教学内容而选择实际意义的实际问题，建造情景和背景；②把实际问题化成数学问题，即对实际材料进行数学描述，建立数学模型；③数学材料的逻辑组织化并定义新的概念、运算，进一步推导出其基本性质和建立相关数学公式、数学定理等等；④把数学理论应用于实际问题中去，利用新建立的理论解决实际问题．按照上述路线图开展教学，在多数学场合下都能收到事半功倍的效果。

（三）教学手段的改革——数学实验及数学软件应用与常规数学课堂教学有机结合

为了提高学生的数学建模能力和数学实验效果，除了应在教学活动中输入必要的数学建模思想和方法，还需要设计开设数学建模选修课，实践证明这是引导学生熟悉和习惯利用数学理论和知识与实际问题挂钩牵线的最有效的方法。在选修课的开设中，注重至少部分内容要坚持采用多媒体授课，利用数学软件进行教学，使数学内容以更加直观的方式展现给学生，同时掌握用数学软件解决实际问题方法。

总之，在数学课程体系的教学改革中，注重数学教学的应用性，增加实验环节，是培养学生用数学方法分析问题、解决问题、抽象思维和知识创新的好方法．此外，教师要努力提高自身素质，在能够使用现代化的教学手段和方法教学的同时努力增强科研意识，在科研中进行知识创新，提高自身素质，适应高等教育发展的需要。

参考文献：

[1]任普强．以数学建模教学为突破口　促进工科数学教学改革[J]．工科数学,1998(14)．

[2]张双德,杨灿荣.大学生数学建模竞赛与高等数学教学改革[J].数学教育学报,1999(3)::64-68.

[3]卢喜森.数学建模思想在高等数学教学中的一个应用[J].广西大学学报(自然科学版),2003(28)::25-27.

[4]叶其孝.数学建模及大学生数学建模竞赛[J].工科数学专辑,1994(11).

作者简介:

韦玉球,女,1981—,广西河池市人,硕士研究生毕业,广西外国语学院讲师。主要研究方向:高等数学教学,数量经济,教学研究。

(原文载于《教育论丛》杂志,2015年8月第8期第107-108页。)

国际贸易理论与政策实践教学改革探索

广西外国语学院国际经济与贸易学院　孙西楠

摘　要：国际经济与贸易专业是一门涉外性与实践性都极强的专业，但在我国现阶段的国际贸易应届毕业生中，大多存在着学习的相关理论知识与实践不能很好结合的问题，这就严重影响了学生的求职历程。针对这种情况，近年来各高校都在积极探索在国际贸易专业中，国际贸易理论与政策实践相结合的教学方法，并取得了一些教学成果。本文就国际贸易理论与政策实践教学的改革进行相关讨论，希望能对我国相关高校国际贸易专业国际贸易理论与实践课程的更好展开带来一定帮助。

关键字：国际贸易；理论与政策实践；教学改革

前言

随着我国社会的不断发展，我国经济全球化程度的不断加深，为了满足我国的相关对外业务，社会对国际贸易专业的人才需求十分惊人。高校作为培养专业性国际贸易人才的前沿基地，承担着想社会各界输送高应用型的国际贸易人才的重任。在这种大环境趋势下，对国际贸易理论与政策的实践进行教学改革，提高我国高校国际贸易专业学生的实践能力就显得很有必要。

一、社会对国际贸易人才的需求现状

随着我国经济与全球经济联系的加深，大量的外资企业落户中国，我国的相关进出口贸易也在与日俱增，在这种经济发展的大环境趋势下，社会各界对国际贸易人才的需求发生了变化。在我国对国际贸易方面人才的需求中，能够熟练掌握外贸知识、有一定程度的英语能力以及有具体实践经验的实用性国际贸易人才受到了社会各界的宠爱。根据相关权威机构调查表明，我国外贸行业现阶段主要需求的人才需要能够独立掌握进出口技术，而这点正是我国各高校国际贸易专业毕业生所欠缺的能力。在我国各高校国际贸易专业毕业生中，缺乏实践经验、动手能力差、英语应用能力差使得其很难在刚毕业便马上适应国际贸易方面的工作,这就对学生的就业与社会的需求带来了不小的麻烦。

二、高校国际贸易理论与政策实践教学存在的问题

我国自 20 世纪 90 年代开始加大自身的教育改革力度,用以提高学生的实践与创新能力,但根据近年来我国国际贸易专业的实际教学情况来看,我国各高校在国际贸易理论与政策实践教学中还存在着诸多的问题。

(一)国际贸易理论与政策实践教学中过度重视理论

在我国高校的国际贸易理论与政策教学中,重理论与轻实践是大多数高校常出现的通病。在我国现阶段高校的国际贸易理论与政策教学和社会实际需求联系不够紧密,这就造成了相关教师在具体教学活动中只注重培养学生的理论知识,并一味强调培养"重基础""宽口径"的高级复合型人才,却忽视了对学生综合实践能力的培养,这就造成了学生国际贸易实际操作能力的不足。而在高校的国际贸易理论与政策的实践教学中,学生的实践时间太短也是常出现的国际贸易理论与政策教学的现状,在这种学生实践时间的不到保证的实践教学中,学生的实践能力自然不可能很强,在这种环境下培养出的国际贸易方面毕业生自然也无法满足社会对相关人才的需求。

(二)国际贸易理论与政策实践教学设计不健全

在我国高校的国际贸易理论与政策教学中,教学理论与教学实践的比例一般是三比一,国际贸易理论与政策的教学实践只占全部教学的百分之二十五,这就使得学生自身对国际贸易理论与政策的实践不足,自身的实践能力自然得不到保证。此外,在我国高校的国际贸易理论与政策教学实践中,很多高校安排的相关实践课程缺乏一定的科学性依据,而由于校方缺乏对国际贸易理论与政策专业能力和相关技能之间关系的研究,其所安排的国际贸易理论与政策的实践教学的效果自然很是有限。

(三)高校中缺乏"双师型"国际贸易专业教师

在学生参与国际贸易理论与政策教学的相关实践中,相关专业教师的指导有着很重要的作用,一所高校是否拥有一支高质量的国际贸易教学实践团队,直接影响着学生相关课程的实践效果。作为一名国际贸易方面的实践指导教师,理应具有充足的相关理论知识,以及丰富的相关外贸工作经验,只有这样才能对学生的相关教学实践提出最为恰当的指导。在对这种对教师的能力的需求中,"双师型"教师人才应运而生。但在我国大部分高校的国际贸易理论与政策实践教学中,"双师型"人才因为其本身培养的困难与培养周期的漫长,直接导致了高校对

"双师型"人才的普遍缺乏,而这种人才的缺乏直接影响着学生的国际贸易理论与政策实践教学。

(四)国际贸易理论与政策实践教学的教学环境不够完善

在我国高校的国际贸易理论与政策教学的实践中,从原则上来看是应该分为实验室实训与社会实践两个环节的,近年来我国一些高校着手开始创建相关的教学设施,并购买了相关国际贸易的模拟软件用以满足相关实践教学的需求。虽然我国一些高校着手开始创建相关校外实习基地,但因为建设步伐的缓慢与资金投入的不足,这就直接导致许多校外相关的社会实践活动无法顺利展开。当下,我国高校中国际贸易理论与政策教学的实验室实训与社会实践,大多还只在校园内进行,而大多的实践内容也只是通过计算机进行相关国际贸易的模拟。国际贸易方面培养的相关学生属于面向市场的应用性人才,其本身必须具备丰富的理论知识与极强实践能力,所以我们说国际贸易理论与政策实践教学的教学环境不够完善。

三、国际贸易理论与政策实践教学的改革

从上文中我们可以了解到国际贸易理论与政策教学中出现的问题,笔者结合自身相关经验,提出以下国际贸易理论与政策实践教学的具体改革措施。

(一)在国际贸易理论与政策教学中为学生制订科学专业的人才培养方案

在我国高校的国际贸易理论与政策教学中,其教学宗旨是根据国际贸易专业教学的实际情况提出的,所以我们在进行国际贸易理论与政策教学前,必须对其相关教学项目进行科学具体的分析。根据高校国际贸易理论与政策教学的现状我们了解到,想要对国际贸易理论与政策实践教学进行改革,就必须对相关国际贸易人才培养方案进行科学具体的分析。

在具体的国际贸易人才培养方案科学分析中,笔者试着就自身经验将国际贸易理论与政策教学中的学生国际贸易"应用性"能力设为一级能力指标,在国际贸易"应用性"能力一级指标下,包含着学生对世界市场的相关分析与决策能力、学生的进出口贸易综合能力与学生国际贸易风险防范与管理能力三个二级指标,而这些二级指标还可以进行具体细分,在这里介于篇幅关系笔者便不一一列举了。总之,高校在对国际贸易理论与政策教学进行细分后,相关教师就能更清楚地了解学生应该掌握的相关知识,并可能根据这些信息安排有针对性的国际贸易理论与政策实践教学,有效提高相关实践教学的针对性与时效性,使学生真正掌握国际贸易的理论与相关实践能力。

(二)在国际贸易理论与政策教学中通过多种教学手段,完善教学结构

1. 及时更新相关教学内容

国际贸易理论与政策教学是一门时效性很强的课程,其本身与国际贸易政策措施、国际贸易规则以及国际贸易发展课程有着较为紧密的联系,而这些内容本身会不定期地发生变化。在这种教学背景下,相关国际贸易理论与政策课程的执教教师需要通过网络资源,及时的更新相关国际贸易的教学内容,并且时刻关注相关业界的最新时讯,做到与时俱进的国际贸易理论与政策教学,以此培养学生的经济敏感度,并提高学生的国际贸易的实践能力。

2. 加强教学中师生间的探讨

在大学的国际贸易理论与政策具体教学中,执教教师应抛弃传统的填鸭式教学方式,采用互动教学的办法与学生积极开采互动,做到师生间的共同发展。在具体的课堂教学中,相关教师应通过对学生的不断引导,使其掌握相关贸易操作技能,并与学生探讨相关国际贸易中出现的问题,以此提高学生对国际贸易理论与政策相关知识的综合运用能力。

3. 借助多媒体技术进行相关教学

随着我国各高校基础教学设施的普及,相关教师应在国际贸易理论与政策授课中采用多媒体技术,更加直观地向学生进行相关知识的教学。在国际贸易理论与政策教学中,课堂的教学效果直接影响着学生知识的获取程度。通过多媒体技术进行相关教学,教师不仅大大将少了板书浪费的时间,更通过较为直观的演示增强了学生对相关课程学习的热情,大大提高了国际贸易理论与政策课程的教学效果。

4. 大力推广双语教学

在社会对国际贸易方面的人才需求中,外语的掌握情况是相关企业其尤其看重的一项能力,以此在高校的国际贸易理论与政策教学中,理应开展双语教学促进学生英语能力与所学知识的有机融合。通过对国际贸易理论与政策课程的双语教学,学生能够积累大量专业的英语词汇,直接提高了学生的相关专业知识实践能力。但在具体的双语教学推广中,我们也要清楚一些学生的英语基础较差,完全的双语教学很容易使其对相关课程丧失兴趣。针对这种情况,相关高校可以采用母语教学,英语课件的方式进行"半双语教学",这样不禁解决了学生英语水平不足的问题,更对学生英语的相关恐惧心理的消除有着很好的作用,各高校理应在国际贸易理论与政策课程中进行大力推广。

（三）高校通过自身资源为学生提供国际贸易理论与政策教学的综合业务实训

拥有国际贸易实践能力是一名国际贸易专业毕业生必备的能力,为了我国各高校必须通过相关途径加强自身的相关教学实践,开展国际贸易综合业务实训就是一种很好的办法。在具体的实训过程中,校方可以通过校内的模拟实训室进行相关国际贸易的模拟,提高学生的相关实践操作能力,并以此促进学生理论知识与实践能力的结合,推动我国相关国际贸易理论与政策的实践教学改革。

（四）为国际贸易理论与政策实践教学建立专业的校外实训基地

在国际贸易理论与政策课程的实践教学中,校外实训基地的建设是其中尤为重要的环节之一,相关高校应以学生就业为导向,培养符合社会需要的国际贸易专业人才。在具体校外实训基地建设中,校方可以选择与一些较为成熟的国际贸易相关企业达成协议,通过安排学生到该公司实习进行学生的校外实训,并以此实现校方与企业之间的双赢。此外,在实训基地的建设中,高校还应与海关、港口等部门保持联系,组织学生定期进行相关部门工作的参观,增强学生学习知识的使命感,加深学生自身的国际贸易实践能力。

（五）加强高校自身师资力量,注重"双师型"教师的吸收与培养

一所高校自身师资力量的强弱,直接关系着其教学质量的优劣,为了实现我国国际贸易理论与政策的实践教学改革,相关高校就必须加强自身的师资力量,并大力培养与吸收"双师型"的教师人才。"双师型"人才在学生的实践教学中,不仅能够妥善解决学生遇到的一切相关实践问题,还能将相关行业的第一手信息传授给学生们,不仅提高了学生对于国际贸易的实践能力,更提高了学生所学知识的即时性,对国际贸易理论与政策的实践教学改革有着很好的推动作用。

四、结论

综上所述,面对社会中对国际贸易相关人才需求的不断增加,相关高校必须通过对自身国际贸易理论与政策的实践教学进行改革,提高学生的相关国际贸易实践能力,以此促进我国国际贸易的相关发展。

参考文献:

[1]李健.高校国际贸易实务模拟实验教学探索与实践[J].科学咨询(决策管理),2010(5):126-128.

[2]王伟,郑颖.国际贸易实务课程实践教学改革的思考——以天津财经大学珠江学院国际贸易实务课程为例[J].黑龙江教育学院学报,2010(6):68-69.

[3]袁辉,宁凯,许晓军. 独立学院国际经济与贸易专业实践教学改革的探索与实践——以沈阳工业大学工程学院为例[J]. 中国市场,2011(10):160-161.

[4]乔红学. 高职国际贸易实务专业实践教学研究与探索——以绍兴职业技术学院为例[J]. 沿海企业与科技,2011(8):117-121.

[5]邓炜,姜延书."实践导向"的国际贸易实务教学改革探索——基于北方工业大学经管学院的实践教学经验[J]. 黑龙江对外经贸,2011,11:69-71.

作者简介:

孙西楠,女,1985—,广西桂林市人,硕士研究生毕业,广西外国语学院讲师。主要研究方向:民族经济学,国际贸易。

（原文载于《经济》杂志,2016年5月第5期第86-87页。）

高校商务礼仪课程实践教学模式探讨

广西外国语学院国际经济与贸易学院　韦平妮

摘　要:文章首先阐述了商务礼仪课程在高校教学中的重要性,同时,本文将探讨商务礼仪课程实践教学最近几年的现实情况,发现问题,提出相应的解决策略,以期对商务礼仪课程的实践教学有现实的意义。希望能够对高校商务礼仪课程的教学改革提供现实的参考意见和帮助。

关键字:商务礼仪;实践教学;教学改革

一、商务礼仪课程实践教学的重要性

商务礼仪是商务人员在商务活动中约定俗成的礼仪规则。它有利于塑造良好的个人形象和企业形象,对于个人在人际交往以及工作当中起到至关重要的作用。对大学生而言,学习并掌握好商务礼仪知识不仅可以提高个人素质和修养,还可以提高就业竞争能力。因此,很多高校都把商务礼仪作为公共选修课程,尤其是商务管理院系更是把该门课程作为专业基础课程。

商务礼仪是高校集知识性、实践性为一体的课程。学习它的主要目的在于日常生活与实际工作当中可以熟练的运用出来,而不仅仅是为了学习商务礼仪的基本理论知识而已。实践教学是为了培养学生发现问题,从而想办法去解决问题,不断探索新的方法的能力,最终能够掌握礼仪技能从而实现教学目标。商务礼仪课程设置的内容好像很容易理解,但是实际操作出来却有一定的难度,只是一味地学习理论知识就不能达到充分掌握技能的教学目标。基于这个特征,实践性教学就成为商务礼仪课程教学必不可少的环节。只有经过实际的操作和演练,才能收到理想的成效。所以,商务礼仪课程实践教学就显得极其重要。

二、商务礼仪实践教学现状分析

(一)教学方法过于单一,缺乏实践教学环节

商务礼仪的课程特性决定了实践环节的必要性,那么,怎样才可以把理论知

识应用到实践当中去是从事商务礼仪教学的教师需要思考的问题。但是,目前很多高校的商务礼仪课程教学方法过于单一,教学手段过于陈旧。在教学方法上,很多教师还是习惯采用传统的"教授型"教学方法,即老师在课堂上教授新知识,然后布置家庭作业给学生课后去完成,巩固所学知识。课堂上学生只能被动地接受理论知识,缺乏主动性。高校使用的教材在教学计划制订的过程中,理论课教学安排得比实践课教学要多,不管在课堂上还是课外时间学生真正可以演练的机会比较少,很少有机会将理论知识应用于实践,这就导致教学效果不够理想。

(二)学校对商务礼仪实践教学的重视不够

目前大多数高校商务礼仪课程还没有专门的教学场地可用于实践教学,授课地点主要还是在以多媒体教室为主的教室里面,教学设施比较简陋。教师在授课过程中由于教学设施的限制,进行实践教学比理论教学难度大很多,从而无形中减少了实践教学环节,导致教学手段落后。实践教学的实施单单靠教材是远远不够的,还需要道具和场地等实物,这就需要学校各部门以及校外有关单位的提供和帮助。但是,由于经费的不足往往得不到相应的重视,实践教学场地缺乏是个严峻的问题。再者,校外实施实践教学具有一定的风险,如果实践环境不够安全,教师进行实习指导时困难重重,心里承担的压力比在教室教学要大很多,自然不会经常带队出去实践,学生可以实践的机会不会太多。

(三)师资水平不高

由于商务礼仪课程内容简单在多数院校不是专业课程,学校领导对该门课程重视程度不够。根据以往商务礼仪教师队伍研究发现,大多数院校担任该门课程教学任务的老师很多都是外行人,他们没有经过系统的礼仪学习和培训,同时更是缺乏实践的经验。很多人都是一边学习一边给学生进行授课,只注重教授理论知识,教学效果不佳。除了知识和技能水平不够扎实之外,授课教师还要担任其他课程的教学,没有足够的精力去研究和探索人才培养的模式和方法,以致很多教师还是采用传统的教学方法完成教学任务。

三、加强商务礼仪实践教学的策略

根据目前高校商务礼仪课程教学的现状发现,主要的教学方法还是以课堂教授为主,这种老师讲学生听的单向性的灌输教学方式,极大地挫伤了学生的学习积极性。所以,在对教学方法和教学模式进行改革时,可以加大实践教学的比例,从而拓展实践教学的方法和途径。

(一)结合商务礼仪教学内容设置,学校跟企业合作,组织学生参与社会实践

学生可以在实践中掌握商务礼仪理论知识和技能,使理论知识得到更好地运

用。具体实施方法如下：比如，教师在讲授商务礼仪理论知识后，让学生根据所学知识参加公司、酒店等正规企业以及当地政府部门组织的各种展览展销活动、庆典活动、新闻发布会大型活动的实践，让学生暂时担任某个岗位参与这些活动的筹划和服务，包括对领导、参展商、嘉宾等重要人物的接待，包括从车站、机场、码头的接待到会议、宴会等接待工作。通过一次次大型活动的参与实践，学生掌握了待人接物的礼仪技巧，使自身的实际操作能力得到进一步提高，礼仪修养和综合素质也得到更好的提升。进行社会实践是巩固课堂教学内容，让学生可以更好地掌握礼仪技能的一种很好的课外教学法。这样才可以真正达到商务礼仪课程实践教学的目的。

（二）培养和引进优秀教师，建立一支功底深厚的实践教学指导教师队伍

商务礼仪课程性质决定了教师在教学过程中的言传身教非常重要，教师的知识内涵和素养就显得极其重要。首先，结合国家"双师型"教师的培养制度，不断加强教师对课外礼仪知识的运用学习，培养中青年教师成为"双师型"教师。根据实际情况安排部分着重培养的教师到权威的礼仪培训机构或者教育机构进行培训、进修、学习，教师不仅可以丰富礼仪知识还可以提高自身的实践教学水平。其次，保留目前已经具备的师资力量，同时引进大批量的具有商务礼仪实践经验的教师，也可以聘用一部分企业礼仪教师。适当安排教师到各大企业进行挂职锻炼，寻找机会让他们参与大型礼仪接待任务或者大型活动的策划，提高教师对礼仪的感性程度，这样可以不断提高教师的实践运用能力。教师在授课过程中采用多媒体和一体机等现代教学设备结合视频进行教学，通过观看商务交际礼仪、谈判礼仪、服饰礼仪、宴请礼仪等视频来弥补某些理论方面的不足。

（三）课堂内外相互结合进行教学，充分利用资源

虽然商务礼仪教材的编写包括理论知识讲授、课后案例分析题以及实训作业几个模块，但是由于空间有限，在课堂上师生互动不多，学生可以进行实践的机会受到限制，单纯在教室学习无法达到充分掌握技能的效果。所以，教师可以引导学生打破空间界限，走出课堂进行课外实践。例如，充分利用课外业余时间，积极利用校园活动的各种平台，包括迎接新生晚会、参加学校和社团周年庆典，鼓励学生积极参赛，如茶艺比赛、导游比赛等，包括对每项活动的组织以及策划，会场的布置和协调。任何一项活动的开展都离不开礼仪教师的引导，教师可以充分利用校内资源，积极引导学生进行教学实践，使学生把所学到的礼仪知识和技能充分运用到现实生活中。

（四）情景演练法

这是强化与检测学生礼仪教学实践能力的一种很好的教学方法。采用情景

模拟教学方法,通过重现真实案例场景,从视觉上给学生直接的教授和分析,让学生利用自己学到的专业知识通过角色扮演去练习,真正融入今后实际的工作环境。商务礼仪课程的特殊性要求在课堂的教学过程中教师最好的方法是对理论与实践相结合。因此,情景模拟教学方法在商务礼仪实践教学中被广泛地应用。教师根据教学内容以及学生的实际情况,设计切合实际的商务礼仪案例,提供各种情境和要求,对情景模拟活动的实施过程要分步实施,注意掌控。在课堂操作中可以根据学生性格差异和特长进行分小组、分角色开展模拟活动,教师也可以参与其中进行积极引导。比如,在商务谈判的模拟训练中,教师扮演公司总经理,学生扮演商务谈判接待方,教师注意语言、表情以及动作示范,引导学生采用恰当的用语和交际技巧配合谈判的顺利开展。在此过程中注意介绍、握手、递送名片、坐姿等礼仪的规范。另外一种形式是让学生自行组织情景模拟活动,学生根据情境要求设计最后表演出来。教师在旁边观察指导,让学生大胆进入角色进行情景演练,及时发现哪些用语、哪些行为不符合商务礼仪规范,教师要先记录下来,等情景模拟活动结束后让学生先自行反思,然后再点出存在的问题,最后,师生一起寻找合适的解决方案。最终实现商务礼仪的实践教学目标。

(五)扩大校内外实践教学基地,完善教学设施

根据商务礼仪课程教学内容设置以及学生人数,扩大校内礼仪实训室,购买相关礼仪用具和设备,满足学生进行实践的需求。同时,学校跟多方企事业单位合作,如公关公司、酒店、旅行社等,建立相对稳定的校外实训实习基地。充分利用校外资源,提高学生的商务礼仪运用能力。

四、结束语

通过商务礼仪课程实践教学改革,商务礼仪实践教学环境必将得到有效改善,学生的行为礼仪、综合素质一定会有很大提高,从而形成良好的礼仪实践氛围,为当代社会需求提供高素质的人才服务。

参考文献:

[1]熊越强.对商务礼仪课程实践教学模式的探讨[J].商场现代化,2008(4).

[2]林清群.商务礼仪教学模式改革探讨[J].时代教育.2013.

[3]王冬梅.商务礼仪课程教学方法改革与创新研究[J].现代商贸工业,2014(4).

[4]杜娟.商务礼仪教学中情景模拟教学方法的应用[J].教育理论与心理学,2014(11).

作者简介:

韦平妮,女,1986 – ,广西百色市人,本科毕业,广西外国语学院教师。主要研究方向:管理学,商务礼仪,教学管理。

（原文载于《山西青年》杂志,2017 年 6 月第 6 期第 227 页。）

跨境电商背景下广西应用型本科院校
国际贸易专业实践教学的探究

广西外国语学院国际经济与贸易学院　陈婷婷

摘　要:伴随着跨境电商的快速发展,国际贸易出现了新型的交易方式。因此国际贸易专业的实践教学也应顺应形势,将跨境电商与传统的贸易技能培养结合起来。在专业技能培养的同时,加强提升学生对电子电商＋外贸的职业能力,填补跨境电商发展人才的巨大缺口。

关键词:跨境电商;应用型本科;国际贸易;实践教学

近年来,以互联网＋外贸的新型国际贸易方式得到了国家及各地方政府的大力支持,纷纷出台各种相关政策和规则制度来促进,规范跨境电子商务的发展。在全球贸易环境变化的情况下,各大应用型高校国际贸易专业也在纷纷探索其实践教学的改革,以期跟上经济环境的变化。

一、跨境电子商务人才需求状况

阿里研究院在 2016 年 9 月 1 日发布了一则报告《贸易的未来:跨境电商连接世界——2016 年中国跨境电商发展报告》。报告里指出了 2016 年中国跨境电商交易规模达到了 4.8 万亿元,占中国进出口额的 19.5% ,预计到 2020 年,中国跨境电商交易规模将达 12 万亿元,占中国进出口总额的约 37.6% 。随着跨境电商的规模不断扩大,衍生出来的如快递、客服、网络营销等就业市场也在不断增加。而在高校中原有的电子商务、国际贸易、商务英语等为传统国际贸易服务的人才培养、知识结构已不能满足新兴跨境电子商务企业对人才的需求。并已出现大量缺口的态势。根据广西人才市场的最新人才需求调查显示,跨境电商的发展急需具备英语或者小语种的语言能力,又具备电商平台运营的人才,而企业将薪资水平调整至每月 8000～10000 元,依然呈现人才难求的现象。

二、广西应用型本科院校国际贸易专业实践教学现状

广西因为得天独厚的地位区位优势,一直是中国 – 东盟经贸合作发展的重要窗口。广西应用型本科院校的国际经济与贸易专业的人才培养,为双边国际贸易发展起到重要的人才支撑作用。应用型人才培养除了培养学生扎实的理论知识体系,更要培养具备熟练的如国际谈判、跟单、报关报检、结算融资等外贸操作技能。经过本课题小组成员的调研,广西应用型本科院校的实践教学呈现较为严重滞后的特点,主要表现如下。

(一)严重缺乏实践经验丰富的师资队伍

虽然应用型的人才培养目标一直是广西应用型本科院校致力的重点。但是在师资队伍建设方面存在着重重障碍。本科院校的建设对教师的学历与职称均有一定要求,尤其是要求硕博学历或者副教授以上的高学历高职称的教学队伍。这些教师虽自身文化程度较高,但是普遍缺乏外贸工作的实践经验,无法在实践教学中给予学生有效的指导。从而使得培养学生实践能力的效果上大打折扣。而具备丰富外贸实践经验的企业人员往往无法达到学历要求而被高校拒之门外。虽然高校与企业之间有校企合作,企业人员进驻高校开讲座,做培训能解决一些表面存在的问题,但是,实践能力是需要时间、体验和经验传授共同培育出来的,并非几次的讲座及培训能解决实质问题。

(二)教学设施和教学软件较为落后

广西应用型本科院校的建设规模相对较小,无法与研究性大学相比拟。教学设施也相对陈旧和简单,大部分院校的校内实践教学基地仅仅是几间实训室,配上相应实训软件组成,不能提供真实的或者仿真的实践教学场所来进行教学。另外,由于资金和财务的限制,所采购的教学软件往往不能满足实际的教学需要,而且许多软件的开发年限较早,教学内容陈旧,与当前的外贸运作方式存在较大的差异。目前,广西应用型本科院校的实践教学软件大部分采用的是南京世格的 SimTrade 外贸实训平台来进行实践教学,虽然其软件的仿真程度较高,但是 2004 年开发至此,部分内容早与实际工作脱节,实践内容也因为实训系统的限制,较为机械与死板。

(三)实践教学基地形同虚设

开拓校外实践教学基础是应用型本科院校培养学生实践能力的重要手段,目的在于通过校企合作、校政合作等方式来让学生融入实际工作环境当中,进而掌握外贸实操技能。但是,在开发的校外实践基础,因为外贸企业的活动的特殊性,企业人员操作的合同、预算、流程、单据等内容往往会涉及企业内部的商业机密,所以企业一方面不愿意接受在校学生进如入企业实习,一方面在接收能力上也极

为有限。导致，即使每个高校与几十家企业签署了校外实践教学合同，但真正能为国际贸易专业实践教学提供有效场所和促进教学效果的企业少之又少。大部分学生还是只能依靠校内实训基地和软件来完成技能实训。

（四）外贸技能大赛普及率不高

外贸技能大赛具有以赛促建、以赛促教、以赛促学的教学效果。在江浙地区的外贸专业，非常重视参与外贸技能竞赛来促进学生掌握外贸技能。2016年以前，广西尚未曾举办针对国际贸易本科专业举行的外贸技能大赛。部分高校只能参加由国际贸易协会主办的"POCIB全国大学生外贸从业能力大赛"，而且此比赛费用较高，能参与的学生人数不多。而6月10号落幕的由广西教育厅主办的"2017年首届广西高校国际贸易专业技能大赛"，虽反映了技能大赛得到了教育厅及应用型本科院校的重视。但由于举办时间较短，学生参与人数有限，对实践教学的提升效果也极为有限。

（五）新型贸易方式跨境电商尚未真正融入实践教学

跨境电商的快速发展让众多外贸企业看到了商机和找到转型的方向。广西跨境电商也顺势稳步中前行。外部经济环境的变化也得人才培养及高校专业建设要进行转变。广西部分高校已意识到要将跨境电商教学融入实践教学中，由于跨境电商行业属于多学科的综合应用，广西高校在专业建设中将跨境电子商务融入了众多专业中，如国际经济与贸易、电子商务、商务英语、计算机信息工程等专业。虽在众多专业中均出现跨境电商教学内容，但是由于缺乏跨境电商行业专业人员的技术指导，只能有本校专职教师边转型探索，边授课教学。教学内容也趋向于理论知识的传授，对于阿里巴巴速卖通、亚马逊、敦煌网等平台运营、网络营销、海外客服等实操技能的教学无法涉及。加之，速卖通、敦煌网等第三方平台提高了准入门槛，也无法为学生提供实操平台，跨境电商的实践教学也只能像传统贸易的教学仅仅限于软件的模拟实践。

从上述可以看出，广西应用型本科院校国际贸易专业的实践教学较为滞后，依然重在对传统贸易实践教学的建设。教学设施和教学软件了的落后以及教学手段的单一，使得实践教学效果不明显。跨境电商的新式教学内容无法及时在教学内容上更新，也无法形成完善的课程体系。人才培养与企业需求之间脱节的矛盾依然得不到有效解决。

三、跨境电商背景下广西国际贸易专业实践教学改革对策

跨境电商在拉动广西对外贸易市场的同时，国家和广西地方政府也陆续出台一些优惠政策来促进跨境电商的发展。各类转型中的传统外贸企业对熟悉电子商务和外贸经营的复合型人才有迫切的需求。因此互联网技术的应用和跨境电

商的发展为应用型本科国际贸易专业的实践教学提供了新的方向和平台。

（一）加强实践型的师资队伍建设

在师资队伍建设上，应用型本科院校不能一味看重学历和职称的高低，应精心挑选一些有外贸从业经验特别是从历经从传统外贸转型跨境电商的专业人士到学校担任专职或者兼职教师。将其宝贵的实践经验运用到实践教学中。通过开展各种丰富的教研活动和课外实践活动，不仅可以让学生接受专业人士的指导，激发学习热情，也可以让教师接受业务培训交流，提高教师的实践能力。

此外，还应重视提高校内专职教师实践能力的培养，也就是加强"双师型"教师的培养。鼓励教师参加相应的如商务单证、报关、报检、商务英语、经济师、跨境电商等外贸技能培训和技术等级鉴定，通过获得相关认定证书来增强实践技能。最后应该建立长效的实践能力培养激励机制，鼓励教师通过走访企业，挂职锻炼等多种方式提高自身的外贸技能，了解最新的外贸发展动态，特别是掌握跨境电子商务新型外贸方式的运作流程和操作技能。

（二）建设多元化的实践教学方式

多元化的实践教学是提高学生实践技能的重要保证手段。首先应要摆脱传统的单项式教学方式，要充分利用现代信息化技术如微课、慕课、网络、移动学习平台、模拟实习软件等手段来开阔学生视野，引导学生利用现代科技来提高自主学习能力，加强师生之间的互动与交流，从而实现在传授知识的同时达到对学生操作技能和创新思维的培养。

（三）重视专业技能大赛的实践教学

成熟的专业技能大赛可以在最大程度上促进高校的专业建设水平，提升教师的专业技能和提高学生的实践技能的运用能力。首先在教育管理部门层面应该在不同角度、不同深度上多组织国际贸易技能大赛，并给予充分的认定标准。学校层面上更要鼓励教师和更多地学生参与其中。一方面可以使得学生在准备及参赛过程中将所学知识学以致用，提高实践技能一方面也可以提高学生的竞争意识、团队合作意识和培养学生集体荣誉感。

（四）建立跨境电商校企合作、校设企业的双赢机制

跨境电商背景下，国际贸易专业实践技能教学不能仅仅局限于传统贸易的技能训练，大数据应用的互联网外贸必须经过实战训练才能真正掌握跨境电商的实践能力。而跨境电商在外贸中不仅降低了贸易中交易费用，提高交易效率。在教育教学中也降低了实践能力培养的成本。

资源和资金是对学生开始跨境电商实战教学的两大障碍，所以想要获得真实的跨境电商平台的实战机会，最佳渠道就是寻求有效的校企合作。学校可以利用

企业的电商平台为学生间接提供外贸业务实践活动。企业为学生实践项目提供商品、资金、和技术的支持,学生作为学徒与企业的员工在企业平台上开展一系列跨境电商业务活动并为企业创作利润。学生可以从最初的网站注册,到店铺装修、产品上架、平台营销、再到在线客户交流、数据分析、订单处理、售后问题等完成一系列的跨境电商流程。这种校企合作方式将企业的实践过程提前转移至学校进行,既可以节约了企业的用人成本、也可以让学生提前积累了实战经验,是促进学生与用人单位磨合的一种双赢机制。

一些实力较强的高校还可以通过校设企业的方式来为学生提供实践平台。高校可以建立校内产品库,并以学校名义在各大电商平台注册校属企业,并由有经验的教师幕后指导,学生组成团队进行跨境电商各个岗位的轮流实践的方式来共同经营。形成学校与学生双赢机制。但是,此种合作方式对于高校会存在一定风险。

通过以上校企合作和校设企业的方式,专业教师可以及时地与合作企业工作人员沟通,及时了解岗位需求和学习需求的变化,把握电商行业动态,学习相关法律法规,掌握跨境电商经营技能技巧,根据变化对实训实践做出相应调整,从根本上杜绝人才培养的滞后性,提高学生的岗位适应能力。

参考文献:

[1]余萍. 跨境电商背景下应用型本科院校国际贸易欢迎的人才培养探索[J]. 经济师,2017(4).

[2]范新民. 高等教育国际化与跨境外贸电商人才培养:跨界融合视角[J]. 河南师范大学学报,2015(5).

[3]慕艳平. 基于校企合作的电子商务实训课程建设的实践研究——以《电子商务外贸实训》课程为例[J]. 电子商务,2012,(10).

[4]袁媛. 应用型本科院校国际经济与贸易专业实践教学改革研究[J]. 商场现代化,2012(7).

基金项目:2016年度广西高等教育本科教学改革工程项目立项课题:KAS模式下民办应用型本科院校国际经济与贸易专业实践教学平台改革的研究,项目编号2016JGB437。

作者简介:

陈婷婷,女,1983—,广西玉林市人,经济学硕士,广西外国语学院讲师、经济师。主要研究方向:国际经贸合作,跨境电子商务。

（原文载于《教育观察》杂志,2017年9月第9期第74-75页。）

六、提高教学质量的改革

柔性管理法则在民办高校教师管理的应用探究

广西外国语学院高等教育教学质量监控与评估中心　黄萍

摘　要：民办高校作为高等教育的重要组成部分,起步晚、底子薄、发展快。如何建立健全科学有效的教学质量监控机制,加强和优化教学质量的有效监控,合理利用现有的资源、提高教学质量,培养符合社会发展需要的高级人才,这是一个值得关注的课题。在教学质量监控机制中融入柔性管理理念,构建刚柔相济的高校教学质量监控机制是今后高校教学质量监控的一种可行的办法。

关键词：民办高校；质量监控；教师柔性管理

一、柔性管理的含义

柔性管理的概念始于柔性制造。是 20 世纪 60 年代英国莫林公司提出的,主要思想要求在管理的过程中体现柔性特征,用非强制的方式,在人们心中产生一种潜在的说服力,从而把组织制度转化为组织人员自觉行动的一种管理形式,是一种以人为本的人性化管理模式。它应用弹性、可调适性等管理手段来应对目前知识经济时代组织所面临的管理问题,强调管理的内在驱动、激励的有效、影响的持久和适应的迅速,重视情感要素、心理要素、服务要素等对人的积极性和创造性的发挥,是一种更加深刻、高级的管理,更适合于对知识分子的管理。

质量是民办高校发展的前提,教师是民办高校质量的保证。管理者要根据高校发展的内外部环境实际,改变固有的思维模式,转变自身观念和工作方式,更多地从民办高校教师自身需求、价值取向和心理意愿等方面去理解和展开管理工作,不断进行管理创新,只有这样才能开创高校管理的新局面。

二、民办高校教师管理现状分析

(一)民办高校师资队伍现状

民办高校由于建校时间短,办学资金匮乏,资金来源单一等原因,加上政府对民办学校的政策支持力度不够等,招聘的教师以应届大学毕业生和其他公办高校的离退休教师为主,中年老师数量少,中坚力量严重不足,高学历专职教学人员比例偏少,老、中、青教师比例不协调。年轻的刚刚毕业的新老师综合素质偏低,离退休教师年龄偏大,使得青年教师工作艰巨,任务量大,没有太多时间进行自我学习深造和完成科研工作,再加上民办高校由于建校时间比较短,还没有形成有效的激励和约束机制,学校内部管理不科学,教师待遇不高,各种福利无人享受,使得部分教师"人在曹营心在汉"。

(二)民办高校师资队伍管理现状

从外部环境上看,虽然有不少支持民办教育的政策,但真正落实还比较困难,还存在诸多的不公平,比如民办高校教师的评优、职称、进修、科研等就不同程度地存在重公办、轻民办的现象。

从民办高校内部的管理上看,由于民办高校发展的时间短,办学的时间不长,管理不健全制度,大部分高校的管理以刚性管理为主,不太重视人性方面的因素,对教师的进修、升迁、职业前景和生活、婚姻、家庭、子女入学及居住条件等各方面的重视相对较弱。

1. 把工资报酬作为留住人才的唯一条件,认为经济报酬就是教师所有工作的目的。虽然民办高校大部分是青年教师,刚刚参加工作,经济基础差,薪资待遇的要求比较强烈,但是用人单位不能把薪酬的高低当作选择工作的标准。

2. 忽视教师职业生涯规划。人的需求是多元化的,除了追求经济利益,还希望得到尊重,重视自我价值的实现。民办高校教师与公办学校教师有一样高的文化程度,他们也希望有机会、有舞台让他们施展才华,但民办高校的管理往往忽略教师的工作与生活状况,使有很多才华的教师无法看到自己职业的前景,无法确定自己的发展目标。比如薪酬制度的不公开、升迁及用人的家族化等,无法做到去家族化、去老板化、去强权化。

3. 管理制度的刚性约束消长了教师的积极性和上进心。民办高校通过各种制度来规范教师的行为,让教师根据制度来进行各种教学活动,使民办高校的运行逐步趋于规范化和标准化,比如对教师有学历提升要求、对职称有要求、对科研有任务,这自然无可非议,然而,许多民办高校对教师有要求有任务,但对教师学历、职称的途径却少之又少。在派出教师进修学习上有要求,但却投入不足,认为教师进修学习是教师个人的事,使得教师出去学习比在校工作收大为减少,教师外出的动力骤减。而一旦教师外出学习归来或晋升上一级职称,学校又让教师签上不少于一定年限的合同,权利与义务存在不对等的关系。

三、民办高校教师柔性管理策略

（一）完善招聘制度

要用平等与择优的招聘原则,引进既有扎实的专业基础知识又有端正品格的人才来改善民办高校的教师结构,提高整体师资水平,在甄选人才的时候需要从知识、技能水平、个性和工作意愿等方面进行考察,尽可能做到"岗适其人,人尽其才"。对青年教师,主要以择优选聘和培养相结合的原则进行考察,中年教师则以教学经验是否丰富,教学效果是否良好,学生是否能够接受作为内容进行考察;而来自其他高校的退休教师,需要考核是否具备能否推进学校科研工作的发展,推进科学、专业建设和帮助民办高校青年教师提高等各方面的素质,因为这些老师一般都必须是教授,而且某学术方面的资深专家,具有权威性。

（二）更新管理观念,树立"以人为本"的柔性管理理念

打破传统的"以制度为本"的刚性管理模式,管理过程中以老师为出发点,围绕着晋升、晋级来激发老师的积极性、主动性和创造性。用良好的校园文化对老师形成强大的感召力和凝聚力,吸引教师、留住教师,增强他们对学校的认同感和归属感。教师是一个知识型群体,层次高、知识水平高、工作标准高、创新要求高,对于自我完善和自我发展的要求也非常迫切,所以要求在对民办高校的管理中,可以共同的价值观和文化氛围。通过柔性的管理策略来实现学校规范化的制度管理,让刚性的制度化为老师的自觉认识,通过老师的自我管理和自我约束完成学校规章制度的认知、理解、内化。在管理的过程中通过尽可能了解和满足教师的需要,依靠老师、尊重老师、发展老师,注意工作中的沟通和相互作用,使老师的想象力、创造力得到充分的发挥,释放自身的潜力,实现自身价值,促进学校全面健康可持续的发展,达到老师与学校的高度和谐。

（三）创建柔性化的民办高校组织权力机构

首先用扁平式服务型的柔性组织结构与传统的金字塔式控制型的刚性教学组织结构,通过精简机构!减少管理层次,加强部门之间的相互沟通,可以提高信息传递效率和工作效率,确保下层意见或者建议可以直接向高层领导传递,使组织的能力更加柔性化,从而对教育环境、教育对象、教育内容的变化和反应更加灵敏。

（四）形成多样化、科学化的绩效考核机制

要想使老师的工作态度和行为符合民办高校的要求,除了刚性的管理制度外,还需要制定有效的绩效考核制度和激励机制,在了解老师的需要的基础上把握老师的需求,因势利导,把教师工作的积极性、创造性激发,用柔性管理思想建

立切实可行的考评工作思路,构建多样化的、科学化的柔性绩效考核机制。首先,建立一套以发展性为主奖惩性为辅教师的评价制度,可以从学校的实际出发,动员教师积极参与各项规章制度的制定,增强教师的主人翁意识,提高依从度,再运用这些规章制度来约束他们的行为。另外,要考虑制定的制度是否适合民办高校教师的工作性质和工作特点、岗位职责,民办高校教师管理的工作任务和标准是否明确,岗位职责制定是否更为科学。其次,建立健全有效的激励制度。民办高校要想吸引、开发和留住人才,要有有效的激励机制,从"鼓舞教师士气,服务教师需要"的角度,分轻重缓急不民时间,不同层次,切实满足教师的需要。哪怕是不合理的甚至荒诞的要求除了给予控制和调解甚至拒绝外,还要耐心的给以解释。最后还要制定相应的奖惩标准,在考评的基础上,实施奖惩性评价,让老师认同,激发老师工作的内在动机的同时,又施予老师一定的压力,增强他们的危机感与竞争意识。

(五)建立"以人为本"的薪酬体制

薪酬的高低对民办高校教师的优化起引导作用,民办高校应根据学校自己的财力状况和实际情况,力争与同一地区同行业的薪酬水平应保持一致,并与老师的工作成正比,这样才能吸引和留住优秀人才。在薪酬体制的建立中应该充分发挥激励功能,结合教师职务聘任制,

调动教师的积极性,大胆向优秀人才和关键岗位倾斜,还要特别考虑照顾民办高校的新进教师特别是年轻教师,这些老师在民办高校占有比较大的数量,在民办高校的可持续发展战略中起着重要的作用,学校应该在薪酬设计上应体现充分的灵活,从解决教师最迫切的生活问题出发,在有能力的情况下适当调高课时费用,想尽办法培养和留住这些人才。

(六)缔造富有凝聚力的校园文化,提高精神聚力

校园文化是师生的精神环境和文化氛围,有强大的凝聚力和感召力,是约束师生的软环境,有利于形成良好的教风学风,也是高校核心竞争力的重要组成部分。把对民办高校校园文化建设具有积极影响的自主性、竞争性、寻利性等特征加入校园文化建立中,提高办事效率,催人奋发向上,使所有教职工养成办实事、求实效的工作作风,从而提高学校的精神聚力。首先坚持先进文化的引导作用,弘扬当代中国文化的主旋律,兼顾现实性和学术性的和谐,在和谐中形成价值认同,使人产生一种振奋向上的力量,赋予老师权利和完全获取信息的机会,将老师视为"合作伙伴",相信和尊重他们,为他们提供有挑战性的工作,让工作产生的吸引力留住他们。其次,运用校训内涵孕育具有个性化的大学精神。民办高校大学精神是校园精神的本质属性和内在规定,是学校的灵魂。民办高校要想形成自己

的办学特色,就须顺应教育发展潮流,加强人文素质教育,坚持以人为本的理念,以尊重教师的创造力为本,为教师充分利用学校资源去工作、去创造提供方便和可能。

四、结语

"十年树木,百年树人",民办高校教师队伍管理是一项全新的课题,是一项复杂的系统工程,民办高校的管理者可以根据教师的特点,通过加强教师管理工作,提高教师素质,稳定教师队伍,促进教师发展,提升民办高校办学的质量,拓展民办高校的发展前景,实现民办高校的持续稳定发展。

参与文献:

[1]李海峰,邱俊燕.归属感——民办高校教师队伍建设的关键[J].继续教育研究,2012(2).

[2]李妍.民办高校教师队伍发展[J].教育与职业,2012(26).

[3]赵景阁.民办高校教师管理制度及激励措施创新研究[J].法制与社会,2012(23).

[4]张文.试论高校柔性管理[J].教育学术月刊,2010(2).

[5]国家中长期教育改革和发展规划纲要(2010—2020年).中国教育报,2010(7):30.

[6]陶青芝,成云,肖婷.高校教师柔性管理模式建构探析.内蒙古师范大学学报,2009(1).

[7]苏科.高校人力资源柔性管理的策略分析[J].重庆电子工程职业学院学报,2010(4)

[8]刘鸿渊,熊志坚.论现行高校教师教学活动管理模式的有效性[J].江苏高教,2010(2)

作者简介:

黄萍,女,1969—,广西河池市人,硕士研究生毕业,广西外国语学院副研究馆员。主要研究方向:教育教学管理,战略管理与产业信息化。

原文载于《广西教育》杂志,2017年6月第48期第129-130页。